जैक मा और अलीबाबा

व्यवसाय और जीवन–संघर्ष की कथा

जैक मा और अलीबाबा

व्यवसाय और जीवन–संघर्ष की कथा

लेखक

यान किचेंग

अनुवाद

प्रभात मिलिन्द

वाणी प्रकाशन

वाणी प्रकाशन

4695, 21-ए, दरियागंज, नयी दिल्ली 110 002

फ़ोन : +91 11 23273167 फ़ैक्स : +91 11 23275710

शाखाएँ

अशोक राजपथ, पटना 800 004, बिहार

कॉफ़ी हाउस कैम्पस, महात्मा गांधी मार्ग, इलाहाबाद 211 001, उत्तर प्रदेश

महात्मा गांधी अन्तरराष्ट्रीय हिन्दी विश्वविद्यालय, वर्धा 442 001, महाराष्ट्र

सुल्तानिया रोड, मोतिया पार्क, भोपाल 462 001, मध्य प्रदेश

www.vaniprakashan.in
marketing@vaniprakashan.in
sales@vaniprakashan.in

JACK MA AUR ALIBABA
by Yan Qicheng
Hindi Translation of *Jack Ma & Alibaba*
Translated *by* Prabhat Milind

ISBN : 978-93-89012-67-5

Biography/Self-Help

China Translation and Publishing House

Published in collaboration with the China Translation & Publishing House
(a member of the China Publishing Group Corporation)

प्रथम संस्करण 2019

मूल्य : ₹ 299

जयन्त प्रिंटरी एलएलपी, मुम्बई-02 (इंडिया) में मुद्रित

वाणी प्रकाशन का लोगो मक़बूल फ़िदा हुसेन की कूची से

"पाश्चात्य शासन–पद्धति और पूर्वी बुद्धिमता।
जब सम्प्रदाय और अर्थव्यवस्था का संतुलित सम्मिश्रिण होता है
तब महान लक्ष्यों की प्राप्ति होती है।"

— जैक मा

अनुक्रम

पिता और पुत्र

हांगझोऊ का वेस्ट लेक पूरी दुनिया में अपनी प्राकृतिक सुन्दरता के लिए प्रसिद्ध था। वेस्ट लेक की प्रसिद्धि से आकर्षित होकर ही जोंस यहाँ आया था। अपने होटल के कमरे के दरवाज़े पर खड़ा होकर वह अंग्रेज़ आदमी दूर–दूर तक फैले कुहासे या धुएँ को देख रहा था जो सामने की हर एक चीज़ पर छाया हुआ था। किसी आईने की तरह साफ़ सतह वाली झील, उसमें यहाँ–वहाँ फैले हुए हरे–भरे टापूनुमा टीले, किनारे बनी हुई रंग–बिरंगी झोंपड़ियाँ, लचकदार सरसराती हुई टहनियों वाले छोटे–छोटे पेड़, सब पर कोहरे की एक परत–सी चढ़ी थी। सामने दिख रहे दृश्यों में कोई भी चटख रंग शामिल नहीं था और न ही उनमें प्रकृति का कोई अनोखा चमत्कार ही था, इसके बावजूद उन दृश्यों में ऐसा कुछ विशेष जादू अवश्य था जो मन के रास्ते सीधा रूह पर असर कर रहा था।

सामने झील के पानी में तरंगें पैदा करती हुई एक नाव आती दिखायी पड़ी जो दूर से एक पत्ते की तरह छोटी मालूम हो रही थी। बाँस के बने चप्पू के सहारे पानी काटते हुए मछेरे के माथे पर बाँस की बनी हुई एक नुकीली टोपी थी और उसने बारिश से बचने के लिए एक पारम्परिक लबादा पहना हुआ था। इस अद्भुत दृश्य को देखने के बाद जोंस को अचानक इस बात का अहसास हुआ–यांग्त्जे नदी का कुहासे और बारिश से घिरा यही वह दक्षिणी हिस्सा है जिसके बारे में चीनी लोग अक्सर बातें करते हैं। इस अनुभूति से गुज़रते हुआ जोंस को यह अहसास हुआ कि उसकी यात्रा बेकार नहीं गयी है।

"हलो!" उसे ब्रिटिश लहजे में बोली गयी एक धीमी आवाज़ सुनायी पड़ी। यह किसी बच्चे की आवाज़ थी लेकिन वह एक आत्मविश्वास से लबरेज़ आवाज़ थी।

क्या यहाँ कोई और ब्रिटिश पर्यटक आ सकता है? जोंस, जो अब तक गोल्डन माउंटेन होटल की सीढ़ियों के नीचे ही ठिठका खड़ा था, ने मुड़कर आवाज़ की दिशा में देखा। सामने ही उसकी नज़र एक किशोर उम्र के एक लड़के पर पड़ी। लड़के ने काली पतलून के साथ एक सफ़ेद कमीज़ पहनी हुई थी जिसकी आस्तीनें मुड़ी हुई

थीं। उसके पाँवों में प्लास्टिक की चप्पलें थीं। वह एक साइकिल पर बैठा हुआ था जो उसके एक पैर के सहारे ज़मीन पर खड़ी थी। उसका दूसरा पैर साइकिल के पैडल पर टिका था। जब उसने जोंस का अंग्रेज़ी में अभिवादन किया तब उसके चेहरे पर एक चौड़ी मुस्कराहट फैली हुई थी। उसे देखकर जोंस भी चौंक पड़ा। अपनी यात्रा में अभी तक वह आत्मविश्वास और बेफ़िक्री से भरे ऐसे किसी चीनी बच्चे से नहीं मिला था। एक अचरज भरी ख़ुशी के साथ उसने हाथ हिलाते हुए अंग्रेज़ी में बच्चे को जवाब दिया– "हलो, प्यारे बच्चे!"

बाहर अभी तक धूप नहीं निकली थी, बल्कि अभी कोहरे की फुहारें पूरी तरह से रुकी भी नहीं थीं। लेकिन जोंस को उस नम दिन में भी उस लड़के की चमकती हुई हँसी से एक गरमाहट का अहसास हुआ।

उसकी दुबली–पतली और नाटी क़द–काठी की अपेक्षा लड़के का सर थोड़ा बड़ा –सा दिख रहा था। लेकिन उसकी मुस्कान वाकई सुन्दर थी। उसकी आँखें चमकीली थीं और उसके दाँत बर्फ़ की तरह सफ़ेद थे। उसकी मुस्कराहट से हर पल जैसे कोई किरण फूट रही थी।

"क्या आपको वेस्ट लेक अच्छा लगा? आप चाहें तो मैं मुफ़्त में आपका गाइड बन सकता हूँ! हालाँकि यह मेरा कोई पेशा नहीं लेकिन मैं आपको इस इलाके के बारे में कई नयी जानकारियाँ दे सकता हूँ।"

उस प्यारे लड़के की आवाज़ एकदम साफ़ थी और वह धाराप्रवाह बोल रहा था। बेशक उसका लहजा बहुत ज़हीन और लच्छेदार नहीं था लेकिन वह जो कुछ भी कह रहा था जोंस की समझ में पूरी तरह से आ रहा था। उसने लड़के की तरफ़ ख़ुश होकर देखा। एक धार्मिक ईसाई होने के नाते उसने इस रहस्यमयी देश की अपनी यात्रा की शुरुआत इस ख़ुशमिज़ाज लड़के से अपनी मुलाक़ात को एक शुभ संकेत माना। उसकी बात सुनकर जोंस ने अपनी गर्दन एक तरह से हामी भरते हुए हिलायी।

जोंस के इस मौन जवाब से वह प्यारा बच्चा और भी ख़ुश हो गया। उसने जोंस को बैठने का संकेत करते हुए अपनी साइकिल की पिछली सीट को थपथपाया। जोंस को यह यकीन नहीं हो रहा था कि हांगझोऊ के विश्व–प्रसिद्ध वेस्ट लेक की सैर वह साइकिल द्वारा करेगा। इस ख़ुशी की वजह शायद यह थी कि इस बहाने उसे दुनिया के उस मिथकीय पूरब के दर्शन होने वाले थे, जिसके बारे में उसने काफ़ी कुछ सुन रखा था।

जोंस हल्के से उचकता हुआ उस लड़के की साइकिल की पिछली सीट पर बैठ गया। उस प्यारे से लड़के के चेहरे पर एक दृढ़ता का भाव था। उसने झुककर हैंडल

पकड़ ली और पूरी ताक़त से पैडल मारता हुआ आगे बढ़ गया। आसपास चारों ओर के नज़ारे बहुत ख़ूबसूरत थे।

वह प्यारा लड़का अपनी कामचलाऊ अंग्रेज़ी के जरिये जोंस को वेस्ट लेक की दस दर्शनीय जगहों के बारे में बताने लगा। लेकिन जोंस से बात करने के क्रम में उसकी साँस बेतहाशा फूल रही थी। लिहाज़ा जोंस ने अपनी सीट से नीचे उतरते हुए उस लड़के को पीछे बैठने के लिए कहा। पैडल घुमाता हुआ वह ध्यान से लड़के की बातें भी सुन रहा था। उसने सभी मशहूर जगहों की ख़ासियतों और उनसे जुड़ी मिथकों के बारे में उस लड़के से बारी–बारी करके पूछा।

वे दोनों ही अपनी–अपनी तरह के अलग सैलानी थे जो आपसी बातचीत के जरिये एक–दूसरे से नयी–नयी चीज़ें सीख रहे थे। जोंस वेस्ट लेक के बारे में अधिक से अधिक जानने के साथ ही यह जानने के लिए भी उतावला था कि चीनियों की नज़र में सुन्दरता के क्या मायने और पैमाने होते हैं। और, जोंस से बातें करता हुआ वह लड़का अपने अंग्रेज़ी के उच्चारण–दोषों को सुधारने की कोशिशें कर रहा था। उसने जोंस से कई सवाल किये ताकि वह भाषा के दोषों को दूर कर धाराप्रवाह तरीक़े से उसे बोल सके। दोनों के बीच बातचीत जोंस की स्मृतियों में हमेशा के लिए दर्ज़ हो चुकी थी।

बहुत साल बाद जब जोंस ऐसे ही कोई पत्रिका उलट–पुलट रहा था कि अचानक कवर पर एक आदमी की फ़ोटो देखकर वह चौंक पड़ा। उसने अपनी यादों के टुकड़ों को एक–दूसरे से जोड़ने की कोशिश की। यह उसी प्यारे लड़के की फोटो थी जिससे वेस्ट लेक में मिले हुए उसे कई साल गुज़र चुके थे।

वह बड़ा–सा माथा, चमकती हुई आँखें और दुधिया हँसी अभी भी पहले की तरह ही लुभावनी थी। इतने सालों के बाद भी जोंस को वेस्ट लेक में उसके साथ हुई वह अकस्मात मुलाक़ात याद थी जबकि उसके बाद भी उसने दुनिया की कई जगहों की सैर की थी। कवर को ध्यान से देखते हुए उसकी नज़र उस कवर स्टार के नाम पर पड़ गयी–जैक मा। जिस लड़के से वह सालों पहले मिला था, उसे एक प्यारे बच्चे (सनसाइन ब्वॉय) का नाम जोंस ने ही दिया था। अब वह चीनी युवा लड़का जिससे सालों पहले उसकी मुलाक़ात एक संयोग से हुई थी, अब अमेरिका की आधिकारिक वित्तीय पत्रिका फोर्ब्स का कवर स्टार बन चुका था।

फोर्ब्स पत्रिका के कवर पर जगह बनाने का सम्मान हर इन्सान को हासिल नहीं होता है। आख़िर ऐसी कौन–सी कामयाबी थी जिससे उस लड़के को यह मुकाम हासिल हुआ था? जोंस को अचानक 'कालजयी क्लासिक दी अरेबियन नाईट' के

अलीबाबा की कहानी याद आ गयी। जैसे ही अलीबाबा अपने होंठों से 'खुल जा सिमसिम' बुदबुदाता, उसकी आँखों के सामने धन–दौलत का अकूत ख़ज़ाना हाज़िर हो जाता।

जोंस ने दोबारा पत्रिका के पन्ने उलटे। जैक मा चीनी समूह अलीबाबा के 'बोर्ड ऑफ़ डायरेक्टर्स' का अध्यक्ष और सीईओ दोनों था। जोंस के दोनों बड़ी–बड़ी हथेलियों के बीच पत्रिका खुली हुई थी और उसकी यादों में वह दिन बिजली की तरह कौंध गया जब उन दोनों ने एक–दूसरे से विदा ली थी।

पश्चिम में सूरज डूब रहा था और वेस्ट लेक अपने धुन्ध और कोहरे के कवच उतार चुकी थी। सूरज की किरणें वेस्ट लेक की हरिताश्म लहरों से मिलकर एक अनोखे रंग की छटा बिखेर रही थीं। दोनों ही थके हुए थे। तभी थोड़ी दूर से एक और साइकिल गुज़री। साइकिल सवार ने आवाज़ लगायी : "नौजवान, अब बहुत देर हो रही है, रात के खाने का वक़्त हो चुका है।"

वह एक अधेड़ आदमी था। उसका क़द कोई बहुत लम्बा नहीं था और उसकी शक्ल–सूरत उस लड़के से बहुत मिलती थी। जोंस समझ गया कि ज़रूर वह उस लड़के का बाप था। उसके बात करने के लहजे से भी यह महसूस हो रहा था कि यह एक बाप–बेटे के बीच की बातचीत थी। फिर सुदूर पूर्व में अपनी यात्रा की शुरुआत से ही उसने बातचीत के तरीक़ों पर ग़ौर किया था। उम्मीद के मुताबिक़ ही लड़के ने जवाब दिया : "डैड!"

उसी पल जोंस को यह अहसास भी हुआ था कि उस अधेड़ ने अपने लहजे से उसके वेस्ट लेक आने का स्वागत किया था और इसीलिए अपने बेटे के उसके मुफ़्त में गाइड बनने से भी उसे कोई ऐतराज़ नहीं था। उस लड़के ने जोंस को पहले ही बता दिया था कि उसे वेस्ट लेक आये विदेशी पर्यटकों से घुलना–मिलना और बातचीत करना अच्छा लगता है ताकि इसी बहाने वह अपनी अंग्रेज़ी भी बेहतर कर सके।

जैक मा के पिता, लैफा मा एक मशहूर लोक कलाकार थे और एक लोक कला के समूह का निर्देशक भी थे। अपनी परम्पराओं से इसी जुड़ाव के कारण वह जैक मा को हमेशा अपने साथ ओपेरा ले जाते थे। जैक मा को हालाँकि ओपेरा की बहुत गहरी समझ नहीं थी लेकिन उसे दो लड़ाकुओं के बीच होने वाले जंग के दृश्य बहुत पसन्द थे।

स्कूल में भी वह पढ़ाई में बहुत तेज़ नहीं था और मार्शल आर्ट का अभ्यास करने

में उसे बहुत मज़ा आता था। वह कुश्ती में भी बहुत निपुण था। न तो वह लम्बे क़द का था और न ही शरीर से ही बहुत मज़बूत था लेकिन इन कमियों का उसके युद्ध कौशल पर कोई असर नहीं पड़ा। नतीजा यह हुआ कि कई नक़ल करने वाले दोस्तों के साथ उसके बदन पर ज़ख़्मों के बेशुमार निशान भी थे। एक बार तो उसे अस्पताल में अपने ज़ख़्म पर तेरह टाँके लगाने पड़े थे। स्कूल में भी वह नयी–नयी मुसीबतें पैदा करता रहता था। उसकी माँ को भी यही लगता था कि जैक मा की ज़िन्दगी में क़ायदा–क़ानून नाम की कोई चीज़ नहीं थी।

उसे जिन यांग के मार्शल आर्ट पर केन्द्रित उपन्यास बहुत पसन्द थे। मार्शल आर्ट से उसकी इस आसक्ति ने उसके बाद के जीवन और फ़ैसलों पर भी गहरा असर डाला था। जब उसने बाद में अलीबाबा का नया मुख्यालय बनाया तो उसके अलग–अलग हिस्सों के नाम भी उसने जिन योंग के उपन्यासों में वर्णित जगहों के नाम पर रखे। मसलन मीटिंग रूम्स को उसने 'पीच ब्लॉसम आइलैंड' और 'ब्राइट समिट' जब कि लाइब्रेरी को 'इवनिंग इन दी मेपल वुड्स' जैसा नाम दिया था। 'आर्म्ड डिस्प्यूट ऑन वेस्ट लेक' जैसे नामों में उसके बचपन के दिनों की स्मृतियाँ झलकती थीं।

मार्शल आर्ट के अलावा अंग्रेज़ी भाषा को लेकर गहरा लगाव जैक मा की किशोर उम्र का दूसरा प्यार था। उसके पिता इस बात का श्रेय लेते हुए अक्सर कहते थे, "उसके दिमाग़ की मिट्टी को कुरेदने वाली खुरपी मैं था। मैंने उसके भीतर की इस चाहत को पहचान लिया था और इस चाहत को उसकी बुरी आदतों को दफ़नाने के लिए इस्तेमाल किया।"

अंग्रेज़ी सीखने की जैक मा की सम्भावनाओं के पीछे भी दरअसल एक वाक़या था। बचपन से ही वह बागी तेवर का लड़का था। उसके रोष का शिकार अक्सर उसके पिता को ही बनना पड़ता था। जैक मा की एक अजीब आदत यह थी कि जब भी उसके पिता किसी बात पर उसे डाँटते–फटकारते थे तो वह पलटकर उनको अंग्रेज़ी में जवाब देता था। जब उसके पिता हांगझोऊ उच्चारण वाली चीनी भाषा में बोलते थे और उसके जवाब में जैक मा टूटी–फूटी अंग्रेज़ी बोलता था तो दोनों बाप–बेटे की बहस बहुत दिलचस्प हो जाती थी। उसके पिता को उसकी इस अजीब आदत से कोई शिकायत भी नहीं थी क्योंकि इसी आदत के कारण उनको जैक मा की अंग्रेज़ी बोलने की प्रतिभा और इस भाषा से उसके लगाव का अनुमान भी लगा था। उसके पिता की दृष्टि में एक बच्चे को कुछ सीखने के लिए उसमें प्रतिभा के साथ–साथ विषय में

उसकी रुचि भी ज़रूरी थी। इसीलिए जब भी उनको फुरसत मिलती थी वह जैक मा को अपने साथ लेकर विदेशियों की तलाश में वेस्ट लेक चले जाते थे। हालाँकि खुद उनकी अंग्रेज़ी बहुत अच्छी नहीं थी, इसके बावजूद वे अपने बेटे को अंग्रेज़ी सीखने के लिए न केवल प्रोत्साहित करते थे बल्कि हर सम्भव दूसरे उपाय भी किया करते थे। वे हमेशा उन योजनाओं के बारे में सोचते रहते थे जिन्हें आज़मा कर जैक मा की इस प्रतिभा को अधिक से अधिक निखारा जा सके।

अक्सर जैक मा के पिता उसके साथ ही जाते थे लेकिन जब वे कभी–कभी नहीं जा पाते थे तो जैक मा अपनी पुरानी साइकिल के पैडल घुमाता हुआ अकेले ही वेस्ट लेक की तरफ़ निकल जाता था ताकि विदेशियों के साथ बातचीत करता हुआ अपनी अंग्रेज़ी को दुरुस्त कर सके।

विदेशियों से मिलने–जुलने से केवल उसकी अंग्रेज़ी ही नहीं सुधरी बल्कि उम्र के साथ–साथ उसके अनुभवों और जानकारियों का संसार भी समृद्ध होता गया। पाश्चात्य संस्कृति और मूल्यों के साथ ही चीन जैसे तेज़ी से विकसित होते देश के बारे में विदेशियों की सोच और अनुभवों ने युवा होते हुए जैक मा के सोचने–समझने के तरीक़ों को बहुत प्रभावित किया। हालाँकि उसके दिमाग़ी उथल–पुथल का सही–सही अन्दाज़ा उस वक़्त किसी को भी नहीं था। लेकिन मीडिया द्वारा अलीबाबा "एक वास्तविक विश्वस्तरीय ब्रांड" के रूप में स्थापित हो गया तब लोगों को वेस्ट लेक के आसपास अपनी साइकिल पर भटकते उस किशोर लड़के और उसके भविष्य की सफलता और सपनों का अन्दाज़ा हुआ।

हांगझोऊ की वह एक बोझिल रात थी। पूर्णिमा के चाँद की रोशनी में जैक मा के पिता के ललाट पर पसीने की बूँदें चमक रही थीं। लैम्प की रोशनी एकदम मद्धिम हो चुकी थी। वह ताड़ के पंखे झलते हुए सुस्ता रहे थे और उनकी निगाहें अपने बेटे पर टिकी हुई थीं। जैक मा बिस्तर के एक कोने पर चुपचाप बैठा हुआ था। वह आज एक चौकीदार की नौकरी पाने में नाकामयाब रहा था।

"नौजवान जैक मा, तुम्हें अभी बहुत दुःख हो रहा होगा, लेकिन अगर तुम एक चौकीदार नहीं बन सके तो इसका मतलब यही है कि तुम इस काम के लिए नहीं पैदा हुए हो। सभी दरवाज़े एक साथ बन्द नहीं होते। मैंने पहले से ही कई प्रकाशकों से बातचीत कर ली है। कल से तुम उनके लिए अख़बार–पत्रिकाएँ बाँटने का काम करोगे; यह कैसा रहेगा?"

"सचमुच?" जैक मा की आँखें चमकने लगीं।

"मैं तुमसे झूठ नहीं कह रहा; यह एक मुश्किल काम है। तुम्हें अपनी तिपहिया पर पूरे दिन मीलों भटकना होगा। अगर तुम्हें कड़ी मेहनत से डर लगता है तो बेहतर होगा कि तुम इस काम के लिए अभी या बाद में मना कर दो।" उसके पिता खड़े हो चुके थे।

जैक मा भी साथ–साथ उठ खड़ा हुआ। उसने अपने पिता की तरफ़ हाथ बढ़ाया और कहा, "मैं बिल्कुल भी डरा नहीं हूँ। मैं जवान हूँ, मैं मेहनत करने से नहीं घबराता। सिर्फ़ एक तिपहिया ही तो चलानी है? एक साधारण साइकिल से उसमें एक पहिया ज़्यादा लगा होगा। अपनी साइकिल चलाता हुआ भी तो मैं एक दिन में कई किलोमीटर के चक्कर लगाता हूँ।"

"बहुत ख़ूब। कल मैं अपने साथ तुमको काम पर लिए चलूँगा।" जैक मा के पिता ने उसके कन्धे को थपथपाते हुए उसका हौसला बढ़ाया।

दूसरे दिन ही वेस्ट लेक के आसपास अपनी साइकिल घुमाने वाला एक किशोर अब एक तिपहिया चलाने वाले नौजवान में बदल चुका था। अब वह बड़ा हो चुका था। तिपहिया पुरानी थी। चक्कों पर कटने के बहुत सारे निशान थे, ऊपर के ढाँचे पर भी कई खरोंचें और जंग के दाग थे और बैठने वाली सीट भी दरक चुकी थी। जब वह पैडल घुमाता तो तिपहिया में से एक विचित्र तरह की आवाज़ निकलती थी। जैक मा को यह बात समझ में आ चुकी थी कि पुरानी तिपहिया भी बूढ़े आदमी की तरह होती है–दोनों ही पर भारी बोझ लदा होता है। उस पर तुर्रा यह कि तिपहिये के पिछले हिस्से पर किताबों का बड़ा अम्बार लदा होता था। किताबें तब और भारी लगती हैं जब किसी को उनको अकेले ढोना होता है।

जैक मा के पिता ने अपनी जान–पहचान के जरिये उसके लिए यह नौकरी ढूँढी थी। उस नौजवान को पत्रिकाओं का एक भारी–भरकम बोझ अपने तिपहिये पर लाद कर हांगझोऊ के सभी पुस्तक विक्रेताओं और हॉकरों को देना पड़ता था। हांगझोऊ में बहुत तेज़ गर्मी पड़ती थी। कड़ी धूप के कारण सड़कों के कोलतार पिघल कर नर्म हो जाते थे। हवा लगभग रुक जाती थी। वेस्ट लेक के किनारों के पेड़–पौधे स्थिर और ख़ामोश हो जाते थे। उनसे लगातार की डेमकोडे की भयातुर आवाज़ें आती रहती थीं। इसी गर्मी और धूप में जैक मा अपने तिपहिये के पैडल घुमाता हुआ हांगझोऊ की भीड़ भरी सड़कों की दूरियाँ तय करता रहता था।

जैक मा के पिता रोज़ उसे पसीने से लथपथ कपड़ों में घर लौटता देखते, तो

उनको बेहद पीड़ा होती थी और वह जैक मा से आँखें चुराने की कोशिश करते थे। जैक मा के बड़े से चेहरे पर उसकी थकान पसरी होती थी। उसके पिता अपने चश्मे की आड़ में किसी तरह से अपनी भावनाओं को छुपाने की कोशिश करते थे।

"आज का दिन कैसा रहा, जैक मा?" उसके पिता ने उससे पूछा।

"ठीक–ठाक, कोई बुरा भी नहीं," जैक मा ने जवाब दिया।

शाम ढल चुकी थी। जैक मा के पिता बिस्तर पर उसकी बगल में बैठ गये और उसके कन्धे को प्यार से सहलाते हुए बोले, "तुम्हें दर्जनों किलोमीटर रोज़ भटकना पड़ता है। इतनी ही मेहनत तुम यूनिवर्सिटी में अपनी पढ़ाई पूरी करने के लिए क्यों नहीं करते हो? इतनी दूर–दूर तक अपने तिपहिये से भटकने की तुलना में तो यह आसान काम है?"

हालाँकि पिता का स्वर बहुत धीमा था लेकिन जैक मा को यह बहुत तेज़ आवाज़ लगी थी। आधी रात में जबकि सन्नाटा पूरी तरह पसर चुका था, जैक मा बिस्तर पर करवटें बदल रहा था। उसे नींद नहीं आ रही थी। उसके पिता ने उसे जो कहा था वह ग़लत तो नहीं था। उसे तो केवल अपना गणित सुधारने की ज़रूरत थी। आख़िर क्या कारण था कि बाकी छात्र परीक्षाओं में अच्छा करते थे लेकिन वह उनसे पिछड़ जाता था?

दूसरे ही दिन उसने अपनी गणित की किताबें और दूसरे काग़ज़ातों को एकत्र किया। प्रतिदिन वह मुश्किल समीकरणों को सुलझाने में कड़ी मेहनत करता था जैसे यही उसके जीवन का एकमात्र आसरा था। यह उसके पिता के लिए भी ख़ुशी का कारण था। बल्कि उन्होंने परिवार के अन्य सदस्यों को इसका संकेत भी किया कि कोई जैक को इस बीच किसी तरह से बाधित नहीं करे।

जैक मा का रोज़ का काम अब यही था। दिन भर अपनी तिपहिया से हांगझोऊ की दूरियाँ नापना और रात में पढ़ाई करना। गणित में बुनियादी कमज़ोरी के कारण आख़िरी समय में कड़ी मेहनत के बावजूद जैक मा को यूनिवर्सिटी की प्रवेश परीक्षा में गणित विषय में केवल नौ नम्बर ही प्राप्त हुए। सभी विषयों के कुल नम्बर जोड़ने के बाद भी अंडरग्रेजुएट कोर्स में दाखिले के लिए आवश्यक अंकों से अभी भी वह 140 अंक पीछे था। इस अपर्याप्त अंक और जैक के निराशाजनक प्रदर्शन के कारण उसके परिवार ने जो सपने सँजो रखे थे वे सभी धराशायी हो चुके थे। किसी भी सदस्य ने उसको अगली परीक्षा के लिए प्रोत्साहित करने की भी ज़रूरत नहीं समझी। लेकिन जैक मा को इससे कोई फ़र्क़ नहीं पड़ा। वह अगली प्रवेश परीक्षा में सफलता हासिल करने के लिए दृढ़ प्रतिज्ञ होकर कड़ी मेहनत में जुट गया।

यूनिवर्सिटी की अगली प्रवेश परीक्षा की तैयारियों में उसके परिजनों ने उसका कोई सहयोग नहीं किया। उसका अकेला सम्बल उसके पिता थे। उन्होंने न केवल पत्रिकाएँ बाँटने वाली उसकी नौकरी छुड़वा दी बल्कि उसके लिए एक अच्छे गणित ट्यूटर की भी व्यवस्था कर दी।

ट्यूटर पूरे इलाके में अपनी योग्यता के कारण प्रसिद्ध था और वह हफ़्ते में दो दिन जैक मा को पढ़ाने के लिए आता था। उसके दोस्ताना और मज़ाकिया व्यवहार के कारण जैक मा की गणित में रुचि बढ़ने लगी—अपने विषय में दिलचस्पी लेना किसी भी विद्यार्थी के लिए अन्य बातों से कहीं अधिक महत्त्वपूर्ण होता है। इसका सुखद परिणाम इस रूप में सामने आया कि अगली परीक्षा में उसका दाखिला हांगझोऊ नॉर्मल यूनिवर्सिटी में हो गया था और उसी वर्ष अगस्त के महीने में वह उस प्रतिष्ठित विश्वविद्यालय का एक मेधावी छात्र बन चुका था।

जिस दिन उनका बेटा पहले दिन यूनिवर्सिटी जाने के लिए घर से निकला था, उस दिन लैफा मा बहुत ख़ुश थे। जैक मा की योग्यता को तराशने के लिए उसने जो इतने सालों तक अपना ख़ून–पसीना बहाया था उसका सुखद परिणाम सामने दिखायी पड़ने लगा था। अब उसका बेटा अपनी ज़िन्दगी को ख़ुद सँवारने के क़ाबिल हो चुका था। उस पूरी रात वह एक पल के लिए भी नहीं सो सके।

वह पल ख़ुद जैक मा के लिए भी कम महत्त्वपूर्ण नहीं था। आख़िर वह अपनी छोटी–सी दुनिया से निकलकर अपने सपनों की यूनिवर्सिटी में पढ़ाई करने जा रहा था। अब उसका आत्मविश्वास भी बढ़ चुका था। हलाँकि गणित में पूर्व प्राप्त 19 अंकों को बढ़ाकर 79 तक पहुँचाने में उसे बहुत कठोर श्रम करना पड़ा था लेकिन अब वे दिन उसकी स्मृति में एक स्वप्न जैसे कौंध गये थे।

उसने कभी हार नहीं मानी और यही उसकी सफलता का मूलमन्त्र था। बहुत साल बाद जब जैक मा अपनी सफलता के शिखर पर पहुँच चुका था तब उसने लिखा था, "उस समय मैं केवल बारह साल का था जब मेरा जीवन 'द बुक ऑफ़ वन थाउजेंड एंड वन नाइट' की मिथकीय कहानी 'ओपन सीसम' की तरह हो चुका था। मेरे जीवन में एक के बाद एक तोड़ने वाली घटनाएँ घटित हो रही थीं। इसके बावजूद मैंने उन्हें बहुत सहजता के साथ स्वीकार किया क्योंकि मेरे पिता ने सफलता के आदर्श सिद्धान्तों को खोजने में अपने जीवन के अमूल्य वर्ष खपा दिये थे। उनकी यह मान्यता थी कि तुमहें जो रुचिकर लगे हमेशा उसी रास्ते पर चलो। अपनी अभिरुचियों को अच्छे से तराश कर तुम उन्हें अपनी प्रतिभा में परिवर्तित कर सकते हो। तुम्हारी प्रतिभा ही तुम्हारी सफलता का सबसे निर्णायक तत्त्व है।"

हांगझोऊ नॉर्मल यूनिवर्सिटी में अपने प्रवेश के तीसरे साल ही जैक मा को छात्र यूनियन का अध्यक्ष चुन लिया गया। उसके कुछ समय के बाद ही वह हांगझोऊ के स्टूडेंट फ़ेडरेशन का अध्यक्ष बन गया।

अपने बचपन के दिनों से ही जैक मा के अन्दर न्याय के पक्ष में आवाज़ उठाने की प्रवृत्ति जन्म ले चुकी थी। वह हमेशा सबकी मदद करने को आतुर रहता था और अपने इसी विनम्र और ईमानदार आचरण के कारण वह छात्रों के बीच बहुत लोकप्रिय भी था।

एक बार की घटना है। किसी छात्र को एक बेहद मामूली सी ग़लती के लिए परीक्षाओं में उपस्थित होने से वंचित कर दिया गया था। जैक मा उस लड़के को बहुत निकट से नहीं जानता था और दोनों के आपसी सम्बन्ध प्रगाढ़ कतई नहीं थे। इसके बावजूद जैक मा को वह पढ़ाई में एक ठीकठाक लड़का लगा। उसने महसूस किया कि अगर उसे परीक्षाएँ देने से रोक दिया जायेगा तो इसका बुरा प्रभाव उसकी बाक़ी ज़िन्दगी पर पड़ेगा। लिहाज़ा वह आगे बढ़कर उस लड़के की मदद करने से ख़ुद को रोक नहीं पाया। जैक मा के लिए यह एक कर्त्तव्य की तरह था। स्टूडेंट यूनियन का पदेन अध्यक्ष होने की स्थिति का उपयोग करते हुए उसने सम्बद्ध विभागाध्यक्ष से इस मसले पर बातचीत की।

उस समय तक जैक मा की पहचान हांगझोऊ नॉर्मल यूनिवर्सिटी के एक मेधावी छात्र के रूप में बन चुकी थी। अपनी शानदार शैक्षणिक योग्यता, साहसिक चरित्र और वाक् कला में निपुणता के कारण वह एक आदर्श छात्र नेता के रूप में स्थापित हो गया था। इन्हीं गुणों के कारण विभागीय अध्यक्ष और फैकल्टी हेड्स उसकी बातों पर ग़ौर करते थे। इस मुद्दे पर भी उन्होंने जैक मा की बातों की गम्भीरता को समझा–इतनी प्रतिष्ठित यूनिवर्सिटी में एक सामान्य और नज़रअन्दाज़ किये जाने लायक चूक पर किसी भी छात्र के भविष्य से खिलवाड़ करना सचमुच अनुचित था। अन्ततः विभाग और फैकल्टी ने अपने पूर्व निर्णय को वापस ले लिया और वह छात्र ग्रेजुएशन की परीक्षा में आराम से पास हो गया। बहरहाल जैक मा इस घटना को भूल चुका था लेकिन लगभग दस साल बाद जब वह एक दिन तेज़ी से विकसित होते शहर शेंझेंग में एक अजनबी की तरह भटक रहा था, वही लड़का अकस्मात उसके सामने आ खड़ा हुआ। उसने अपने हाथ जोड़ते हुए जैक से विनम्रतापूर्वक कहा, "जैसे ही मुझे अपने एक पुराने सहपाठी के जरिये आपके शेंझेंग में होने की ख़बर मिली, मैं ख़ुद को रोक नहीं पाया। आपको कोई भी परेशानी हो तो मुझे ज़रूर याद कीजिएगा। मैं उसे दूर करने की कोशिश करूँगा।"

यह उस समय की बात थी जब जैक मा अपनी कामयाबी से कोसों दूर था। उन कठिन दिनों में ऐसी सच्ची मित्रता ने उसे गहरे रूप में प्रभावित किया था। पुराने दिनों का वह साथी किसी बड़ी विदेशी कम्पनी की उपशाखा में प्रबन्धक था और उन दिनों गुआनजाऊ में पदस्थापित था।

अपने यूनिवर्सिटी के दिनों में जैक मा अपने शिक्षकों का प्रियपात्र तो था ही, अपने अनेक प्रतिद्वन्द्वियों में भी लोकप्रिय था। यूनिवर्सिटी से पास हो जाने के बाद भी उसे अक्सर पुराने संगी–सथियों के फ़ोन आते रहते थे, "तुम्हारी क्या ख़बर है? क्या मैं तुम्हारे किसी काम आ सकता हूँ? किसी तरह की कोई मदद चाहिए?"

एक योग्य और कर्मठ स्टूडेंट यूनियन के नेता के तौर पर जैक मा की लोकप्रियता यूनिवर्सिटी के कैम्पस से बाहर भी थी। वह अपने क़रीबी दोस्तों और प्रतिस्पर्द्धियों दोनों द्वारा समान रूप से पसन्द किया जाता था। उसके विद्वान शिक्षकों में भी उसके प्रति एक प्रशंसा भाव था। अपनी इन्हीं व्यक्तिगत विशेषताओं के कारण वह पहले हांगझोऊ नॉर्मल यूनिवर्सिटी के स्टूडेंट्स यूनियन का अध्यक्ष निर्वाचित हुआ और बाद में पूरे हांगझोऊ शहर और अन्ततः हांगझोऊ यूनिवर्सिटी के स्टूडेंट्स यूनियन का भी अध्यक्ष बना।

किसी पहाड़ को अपनी जगह से खिसकाने से भी मुश्किल काम किसी व्यक्ति के स्वभाव को बदलना होता है। जैक मा भी अपने आचरण और चरित्र में बुनियादी तब्दीली नहीं ला सकता था। इसीलिए बाद के सालों में भी वह जहाँ कहीं भी गया, हमेशा सच्चे दोस्तों से घिरा रहा। अपनी आर्थिक तंगी के दिनों में भी मित्रों का यही प्यार और लगाव उसकी ज़िन्दगी के सबसे बड़े प्रेरणा–स्रोत रहे। इस बात ने उसके जीवन को एक नया अर्थ और उद्देश्य दिया। जब उसने अपने स्टार्ट–अप उद्यमों की शुरुआत की तो अपने मार्ग के अवरोधों से निबटने में वह इसलिए भी सफल हुआ क्योंकि उसे अपने पीछे शर्तहीन दोस्तों का मज़बूत साथ महसूस हुआ।

जीवन के बारे में कुछ भी निश्चित तौर पर नहीं कहा जा सकता है। इसीलिए जब भी हम अपने अतीत में झाँकते हैं तो हमें ऐसी कई ग़लतियाँ नज़र आती हैं जिनसे हम बच सकते थे। इस आधार पर हम यह दावा भी नहीं कर सकते हैं कि हम जो आज कर रहे हैं वह आने वाले कल की तैयारियों में कर रहे हैं। लेकिन अपने जीवन के आरम्भिक सालों में ही जैक मा के भीतर वह नज़रिया विकसित हो चुका था कि वह अपनी भावी योजनाओं की रूपरेखा बना सके।

समाज की तुलना में यूनिवर्सिटी विचारों के लिए अधिक खुली और स्वतन्त्र जगह होती है। छात्रों के ज़ेहन में सूचनाओं और ज्ञान की एक नयी दुनिया विकसित होती

है। वे रचनात्मक और उद्देश्यपूर्ण क्रियाकलापों से अनेक अर्थों में समृद्ध होते हैं। यदि जैक मा ऐसी किसी भी गतिविधि में भाग लेता तो सबके आकर्षण का मुख्य केन्द्र वही रहता था। अपने आचरण की नैतिकता के कारण अन्य छात्र उसका विशेष सम्मान करते थे। वह एक अद्भुत वक्ता भी था। जिसके चमत्कारिक भाषणों को दूसरे छात्र एक मौन तन्मयता के साथ सुनते थे। साथ ही वह एक अन्वेषी दृष्टिकोण से सम्पन्न युवक भी था। वह संक्षिप्त लहजे में लेकिन सुस्पष्ट तरह से अपनी बात रखना जानता था। उसकी भाषा में उसका दृष्टिकोण साफ झलकता था। उसके पास सभी प्रश्नों के वैकल्पिक समाधान होते थे।

एक बार की बात है, जैक मा कुछ श्रोताओं को सम्बोधित कर रहा था। वह अनायास अँधेरे में बैठे लोगों की तरफ़ देख रहा था कि अचानक उसकी आँखें दो काली–चमकीली आँखों से टकरा गयीं। वे आँखें किसी काले नगीनों की तरह चमक रही थीं और उनमें एक ख़ास किस्म की संजीदगी झलक रही थी। अगर आँखें आत्मा की खिड़की होती हैं तो जैक उस खिड़की के पार भीतर के मन को देख रहा था। जैक को उन कौतुक आँखों में एक त्वरित प्रक्रिया दिखी। जैसे आसमान में बादलों के टकराने से बिजली कौंधी हो। इन दो बादलों की टकराहट से जो नतीजे निकलने वाले थे, उसे सिर्फ़ भविष्य ही बता सकने में समर्थ था।

जैक मा एक मुखर स्वभाव का युवा था। वह निर्णय तक पहुँचने में अधिक वक़्त नहीं लेता था। यह उसका जन्मजात गुण था। अपना भाषण समाप्त करते ही वह उन चमकीली–गहरी आँखों की तलाश में व्यस्त हो गया था।

"हलो, मैं जैक मा हूँ। मेरे ख़याल से यह हमारी मुलाक़ात की शुरुआत भर है। मुझे उम्मीद है कि हम दोबारा जल्दी ही मिलेंगे।" उसने एक चमकीली और सफ़ेद मुस्कराहट के साथ उसकी तरफ़ अपना हाथ बढ़ाया।

संकोच से भरी एक हथेली उसकी तरफ़ बढ़ी और जैक मा ने उसे दृढ़ता से थाम लिया। उन पलों में दोनों के भीतर एक अकल्पनीय प्रेरणा का संचार हो रहा था। दोनों की आँखें एक–दूसरे से टकरायीं। उनमें एक जिज्ञासा थी। "आपसे मिलकर बहुत खुशी हुई। आशा है, आपको अधिक विस्तार से जानने का अवसर मिलेगा।" यह जहाँग यिंग थी। वह एक शान्त और अन्तर्मुखी लड़की थी जो केवल काम भर बातें करती थीं। लेकिन बुद्धि की बहुत तेज़ थी। जल्दी ही दोनों की कई मुलाक़ातें हुईं, उन्होंने एक–दूसरे को जाना और समझा और जल्दी ही दोनों साथ–साथ पढ़ने वाले छात्र से आपस में प्यार

करने वाले प्रेमी–युगल बन गये। बाद में दोनों ने एक–दूसरे से शादी भी कर ली।

आमतौर पर दोनों ही दूसरों की तरह एक सामान्य और प्यारे दम्पत्ती दिखते थे लेकिन उनके भीतर कई विशेषताएँ थीं जो उनको दूसरों से अलग करती थीं। जहाँग यिंग ने एक बार कहा भी था, "जैक मा कोई ख़ास ख़ूबसूरत नौजवान नहीं था। लेकिन उसमें कई ऐसे गुण थे जो सामान्यतः सभी ख़ूबसूरत लोगों में नहीं होते। मिसाल के तौर पर उसने विदेशी मुद्रा कमाने के इरादे से टूरिस्टों के लिए 'इंग्लिश कॉर्नर' नाम का एक पार्ट टाइम काम शुरू किया। विदेशी पर्यटकों के लिए गाइड उपलब्ध कराने का यह हांगझोऊ का पहला उद्यम था। उसने पार्ट टाइम काम करने का कोई अवसर नहीं गँवाया जिसके कारण वह हांगझोऊ का सबसे सफल युवा व्यवसायी बनने में सफल हुआ।"

चीन की एक मशहूर कहावत है, "पति और पत्नी उन पक्षियों के जोड़े की तरह होते हैं जो जब उड़ान भरते हैं तो उनके डैने एक–दूसरे को स्पर्श करते रहते हैं।" जहाँग यिंग क़ेवल जैक मा की प्रेमिका और पत्नी ही नहीं थी बल्कि उसकी जीवन संगिनी और उसके द्वारा शुरू किये गये उद्यमों की सह–संस्थापक भी थी। वह जैक मा की सफलता और विफलता की चिन्ता किये बिना हमेशा उसके साथ दृढ़ता से खड़ी रहती थी। जब भी जैक मा को उसकी ज़रूरत महसूस होती थी वह अपनी समस्त महत्त्वाकांक्षाओं की कुर्बानी देकर उसके पास लौट आती थी।

कई पुरुषों के लिए उनका कॅरियर उनके लिए सर्वाधिक महत्त्वपूर्ण होता है। घर की ज़िम्मेदारियाँ उनकी प्राथमिकता में नहीं होतीं। जैक मा इस अर्थ में एक अपवाद था। उसके व्यवसाय के साथ–साथ उसकी शादी भी न केवल कामयाब थी बल्कि दोनों एक–दूसरे को कई अर्थों में फ़ायदा भी पहुँचा रहे थे। जिस प्रकार यूनिवर्सिटी के दिनों ने उसके भीतर जानकारियों और आत्मविश्वास का संचार किया, ठीक उसी तरह जहाँग यिंग के रूप में उसने अपना सच्चा और विश्वासी साथी पा लिया था।

जब जैक मा हांगझोऊ नॉर्मल यूनिवर्सिटी से निकला तो उसकी आँखों में भविष्य के सुनहरे सपने और इरादों में उन सपनों को सच करने का विश्वास था। यद्यपि अपने भविष्य के प्रति उसके मन में कोई ठोस आश्वस्ति नहीं थी लेकिन उसका मानना था कि बुरे दिनों के बीतने पर अच्छे दिनों को आने से कोई नहीं रोक सकता है।

झंडाबरदार

अंडरग्रेजुएशन की डिग्री हासिल करने के बाद जैक मा एक इलेक्ट्रिक इंजीनियरिंग कॉलेज में प्रोफ़ेसर नियुक्त हो गया। अधिकांश लोगों को छात्र जीवन से निकलकर सीधे शिक्षक बनने में कुछ समय असहजता अनुभव होती है लेकिन जैक मा के साथ ऐसा कुछ नहीं था। इस पेशे में वह अपने को इतना सहज महसूस करता था कि पढ़ाने के काम में उसे कोई मुश्किल नहीं आयी। बोलने की कला उसे नैसर्गिक रूप में प्राप्त हुई थी। 'बोलने के हुनर से सम्पन्न' मुहावरे का आविष्कार सम्भवतः जैक मा के लिए ही हुआ था। वर्षों बाद उसके एक छात्र ने उसकी इस निपुणता को याद करते हुए कहा, "जैक मा की बातें जोश और आत्मविश्वास से भरी होती थीं। वह बिना किसी तैयारी के बोलने में समर्थ था। लेकिन वह जो कुछ भी बोलता था उसमें उसकी बुद्धिमत्ता झलकती थी। इसलिए उसकी कही हुई बातें रुचिकर होती थीं। उसने अंग्रेज़ी सीखने में हमारी रुचियों को बहुत प्रोत्साहित किया।"

जैक मा को जब भी बोलने का अवसर मिलता, वह धाराप्रवाह तरीक़े से अपनी बातें कहता था। मानो उसके पास बताने के लिए अनन्त बातें थीं। उसकी अंग्रेज़ी में एक प्रवाह होता था और उसके कहने का लहजा भी रोचक होता था। इसलिए उसे हांगझोऊ इंस्टीट्यूट ऑफ़ इलेक्ट्रिकल इंजीनियरिंग में एक अंग्रेज़ी प्राध्यापक की नौकरी शुरू करने में कोई परेशानी नहीं हुई। यह काम उसके लिए उतना ही सहज था जितना मछली के लिए पानी में रहना होता है। इसीलिए जब भी वह किसी भी कक्षा में प्रवेश करता था तो छात्र उसकी प्रतीक्षा में शान्ति से बैठे मिलते थे। सभी छात्र इस औसत क़द के प्रोफ़ेसर की बात सुनने के लिए आतुर रहते थे क्योंकि उसका सबक अपने आप में हमेशा सम्पूर्ण होता था। जब भी उसकी नज़र अपेक्षा से भरी उन असंख्य आँखों पर जाती थी, उसके भीतर का आवेग अपनी तीव्रता के साथ बाहर निकलने को व्यग्र हो जाता था। उसका दृष्टिकोण मौलिक होता था, उसका बात करने का अन्दाज़ अवरोध मुक्त होता था और उसके स्वर में एक सुखद विश्रान्ति होती थी। वह कक्षा में

जो कुछ भी कहता था उसका आरोह–अवरोह पूर्णतः नियन्त्रित होता था। उसके अन्दर जटिल बातों को भी सामान्य भाषा में सुलझाने की क्षमता थी। उसके छात्र निःशब्द उसको सुनते थे। जब जैक किसी कक्षा में छात्रों को पढ़ा रहा होता था तब उसकी भाषा का ओजस्वी चमत्कार अपने उत्कर्ष पर होता था।

इंस्टीट्यूट ऑफ़ इलेक्ट्रिक इंजीनियरिंग पास के शियाशा नाम के इलाके में बना हुआ था। उसका कैम्पस विशाल और भव्य था लेकिन उस क्षेत्र का अकेला विज्ञान और अभियान्त्रिक संस्थान होने के नाते उसमें वाणिज्य, व्यापार और विदेशी भाषाओं जैसे नये विषयों को पढ़ाने वाले शिक्षकों की कमी थी–जबकि इलेक्ट्रॉनिक, ऑटोमेशन और अभियन्त्रण जैसे विषयों में पढ़ाने वाले विशेषज्ञ शिक्षकों की कोई कमी नहीं थी। ऐसी परिस्थिति में अंग्रेज़ी के एक प्रतिभाशाली प्रोफ़ेसर के तौर पर जैक मा के पास अपने भविष्य निर्माण की अपार सम्भावनाएँ थीं। इतना ही नहीं, अंग्रेज़ी की उसकी जानकारी के कारण ही इंस्टीट्यूट ने जैक मा को एक इंटरनेशनल बिज़नेस कोर्स में प्रवेश लेने की भी अनुमति दी थी। इस तरह अंग्रेज़ी पढ़ाने के साथ–साथ उसने पार्ट टाइम में इंटरनेशनल बिज़नेस की पढ़ाई भी शुरू कर दी। यह उस समय की बात है जब चीन ने खुले बाज़ार की नीति अभी–अभी अपनायी थी, लिहाज़ा उस वक़्त चीन के लोग अन्तर्राष्ट्रीय व्यापार को पसन्द और नापसन्द दोनों करते थे। यह इसलिए लोकप्रिय था कि प्रत्येक नागरिक चीनी अर्थव्यवस्था में सुधार का हिस्सा बनने को उत्सुक था, और यह अलोकप्रिय इस अर्थ में था कि गिने–चुने विशेषज्ञों को छोड़कर बहुत कम लोगों को इस नये क्षेत्र के बारे में जानकारी थी।

विदेशी लोगों के साथ संवाद कैसे किया जाये? उनके साथ व्यापारिक सम्बन्ध किस प्रकार बनाये जायें? उनके व्यापारिक सिद्धान्त कैसे होंगे? व्यापार करने के लिए वे कैसे लिखित और अलिखित समझौते करेंगे? एक बन्द अर्थव्यवस्था वाले देश के निवासी यूरोप, अमेरिका और जापान से आये व्यापारियों के झुण्ड से कैसे निबटेंगे? हालाँकि विदेश गये हुए किसी भी चीनी व्यक्ति ने वहाँ कुछ ख़रीददारी ज़रूर की होगी लेकिन मात्र इस वजह से वह विदेशी व्यापार करने के योग्य अनुभवी हो सकता था? व्यापार कोई आसान काम नहीं था। यह एक ऐसी प्रक्रिया है जिसमें व्यक्ति एक–दूसरे के साथ काम तो करता है लेकिन इस पारस्परिकता के केन्द्र में व्यक्तिगत मुनाफ़ा होता है। निजी आय व्यापार का सर्वोपरि उद्देश्य होता है। इस रास्ते में एक बड़ा अवरोध वह पुरानी चीनी मान्यता थी जिसके अनुसार धनोपार्जन को नैतिकता के विरुद्ध माना जाता था। इस जटिल मसले से बड़ी कुशलता से निबटने की ज़रूरत थी।

जैक मा खुद एक शिक्षक होने के साथ–साथ एक विद्यार्थी भी था और उसने जो कुछ भी अब तक सीखा था, उसने जैक ज़िन्दगी को एक नयी दृष्टि से देखने की दक्षता दी थी। उसकी कल्पनाओं को एक नया विस्तार मिला था और उन्हीं दूरअन्देश आधारों पर उसने अपनी भविष्य की नीतियाँ निर्मित की थीं।

चीन ने विश्व के लिए अपनी अर्थव्यवस्था के दरवाज़े जैसे ही खोले वैसे ही उसके लिए अन्तर्राष्ट्रीय तौर–तरीक़ों और शिष्टाचार सम्बन्धी नियमों का महत्त्व अचानक बहुत बढ़ गया। उस वक़्त तक बाहरी दुनिया के प्रति चीनी लोगों के मन में बहुत सारी भ्रान्तियाँ और आशंकाएँ थीं लेकिन हांगकोग और ताईवान जैसे देशों में बसे उनके सगे–सम्बन्धी उनके लिए गर्व का कारण बन गये थे।

उन दिनों अन्तर्राष्ट्रीय सम्बन्धों के अध्ययन में चीनियों की रुचि नयी–नयी विकसित हुई थी। अनुबन्धों पर आधारित और मध्यम श्रेणी के उद्योगों के स्वामित्व वाले उद्यमियों के लिए यह क्षेत्र विशेष रूप से रोचक था। विदेशी व्यापार को समझने के लिए उन्हें अतिरिक्त जानकारियों की आवश्यकता थी। ऐसे महत्त्वाकांक्षी लोगों की आवश्यकताओं को पूरा करने के लिए हांगझोऊ और उसके आसपास के इलाकों में ढेर सारे सायंकालीन बिज़नेस स्कूल खुल गये थे। ऐसे ही एक स्कूल में जैक मा को विशेष रूप से अतिरिक्त नौकरी मिल गयी जहाँ उसका काम अन्तर्राष्ट्रीय व्यापार पर अंग्रेज़ी में व्याख्यान देना था।

उस ज़माने से अब तक चीन में अंग्रेज़ी भाषा और शिक्षा का व्यापक विस्तार नहीं हो पाया था, ऐसे में अंग्रेज़ी में अपने धाराप्रवाह और प्रभावशाली व्याख्यानों के कारण जैक मा की प्रसिद्धि दूर–दूर तक फैल रही थी। उसने भी इस संक्रमण काल का भरपूर सदुपयोग अपने लाभ के लिए किया। दिन में अपनी नियमित नौकरी करते हुए उसने एक सायंकालीन स्कूल में पढ़ाने का भी काम शुरू कर दिया था और साथ ही हांगझोऊ में 'इंग्लिश कॉर्नर' के नाम से अनौपचारिक अंग्रेज़ी बोलने–समझने का एक केन्द्र भी स्थापित कर दिया। आर्थिक सुधारों के आरम्भिक वर्षों में ही जैक मा हांगझोऊ में एक जाना–पहचाना नाम बन चुका था। कई लोग तो उसे हांगझोऊ का अंग्रेज़ी का सबसे बड़ा जानकार होने की उपाधि भी दे चुके थे।

एक यूनिवर्सिटी प्रोफ़ेसर के रूप में जैक मा ने जो साल गुज़ारे वे भविष्य के दिनों में उसके बड़े काम आये। अलीबाबा के निदेशक मण्डल का अध्यक्ष बनने के बाद उसे हमेशा विदेशी दौरे पर जाना पड़ता था और उन दौरों में दिये जाने वाले व्याख्यानों में उसे अंग्रेज़ी की सहायता लेनी होती थी। उसके व्याख्यान इतने सहज होते थे जैसे

वह शब्दों को अपनी आवश्यकता के अनुसार हवा में तैरते हुए पत्तों की तरह नरमी से पकड़ रहा हो। उसे कभी भी अपने लिए किसी लिखित वक्तव्य की ज़रूरत नहीं अनुभव हुई और न ही वह अपने व्याख्यान के लिए पहले से कोई तैयारी ही करता था। जैसे ही वह स्टेज पर बोलने के लिए खड़ा होता था और श्रोताओं को अपनी तरफ़ देखता हुआ पाता था–जिनमें वे दो चमकीली आँखें भी होती थीं जिनका उल्लेख किया जा चुका है–जैक मा की स्वर नलिका स्वतः खुल जाती थी और शब्द अपने सम्पूर्ण आवेग में बाहर निकलने लगते थे। स्वयं जैक के अनुसार, "एक बार जब मेरी ज़ुबान खुल जाती है, उसे दोबारा बन्द कर पाना मेरे लिए भी एक मुश्किल काम है।"

किसी भी प्रगतिशील और प्रतिभाशाली उद्यमी को अपनी टीम के उत्साहवर्द्धन के लिए संवाद के स्तर पर स्पष्ट और विशिष्ट होना अत्यावश्यक है। अपने संवादों की साफ़ और प्रभावी अभिव्यक्ति के माध्यम से ही वह अपने अपेक्षित उद्देश्य को प्राप्त करने में सफल हो सकता है।

लोगों को अंग्रेज़ी और अन्तर्राष्ट्रीय व्यापार पर व्याख्यान देने, उनको धनोपार्जन की प्रक्रिया समझाने के क्रम में जैक मा ने स्वयं भी न केवल नयी चीज़ें सीखीं अपितु उनको व्यक्तिगत जीवन में अपनाया भी। उस दौर में चीन में प्रति व्यक्ति की औसत आय बहुत कम थी और किसी निवेश की बात उनकी कल्पना में दूर–दूर तक नहीं थी। इलेक्ट्रिकल इंजीनियरिंग कॉलेज के अधिकांश प्रोफ़ेसर के रहने की व्यवस्था छोटे–छोटे डोरमिनेटरी में थी लेकिन अपने श्रम से एकत्र किये गये पैसों से जैक मा ने कैम्पस के समीप ही अपने लिए एक बड़ा–सा और सुन्दर घर लिया था।

बाद में यह बात जगज़ाहिर हो गयी कि उसने बहुत पहले से अपने पैसों को निवेश कर रखा था। बाद में अचल सम्पत्ति में असामान्य उछाल के कारण उसे अपने निवेश के बदले में ख़ासी कमाई हुई थी। कई सालों बाद जब उसके निवर्तमान घर की क़ीमत काफ़ी अधिक हो गयी तो उसने बेहिचक उसे भी अकस्मात बेच डाला और उन पैसों से वेस्ट लेक के किनारे वेन्हुआ रोड पर एक 200 वर्ग मीटर (2000 वर्ग फुट) में बना नया घर ख़रीद लिया।

वेस्ट लेक केवल पूरे देश में नहीं बल्कि विदेशों में भी एक दर्शनीय स्थल के रूप में प्रसिद्ध जगह थी। ऐसे में वहाँ 200 वर्ग मीटर के एक घर का महत्त्व आप समझ रहे हैं? यद्यपि यह कोई चौंकाने लायक बड़ी ख़बर नहीं थी, लेकिन जैक मा अपनी कल्पनाओं में हांगझोऊ को अलीबाबा के भावी मुख्यालय के रूप में देख रहा था। उस इमारत के बिना जैक मा उस कम्पनी की परिकल्पना भी नहीं करता था जिसने

अपनी व्यापारिक नीतियों और सफलताओं के कारण आने वाले वर्षों में तहलका मचा दिया था। जिस समय अचल सम्पत्तियों की क़ीमतें नियन्त्रण में थीं, उस वक़्त उस घर को ख़रीद कर जैक मा ने अपनी व्यावसायिक दूरदर्शिता का परिचय दिया था– इसके बावजूद वह अभी भी एक व्यवसायी नहीं बल्कि मूलतः एक यूनिवर्सिटी प्रोफ़ेसर था।

अपने इस निवेश का राज बताते हुए जैक मा ने कहा था, "अचल सम्पत्ति में मेरे उद्देश्य का लक्ष्य यह था कि मैं कोई दो शयनकक्ष और एक हॉलनुमा चलाऊ और फैशनपरस्त सम्पत्ति नहीं ख़रीदना चाहता था। सम्पत्ति में निवेश एक सामान्य छोटा–सा अपार्टमेंट ख़रीद कर नहीं किया जा सकता था। इसके लिए वेस्ट लेक के पास कोई ऐसा मकान उपयुक्त होता जो अपार्टमेंट की तुलना में बड़ा हो। मौजूदा चलन से ख़ुद को आगे रखकर ही मैं भी आगे बढ़ सकता था। मुझे यदि बेहतर मौक़ा मिले तो मैं अपने इस घर को भी बेचकर उस पैसे से और बड़ी जगह ख़रीदूँगा।"

कालान्तर में हांगझोऊ इलेक्ट्रिकल इंजीनियरिंग कॉलेज का नाम बदलकर हांगझोऊ डिंजी यूनिवर्सिटी कर दिया गया। जैक मा अपने अर्जित सम्मान और योग्यता के कारण यूनिवर्सिटी के क़ाबिल नौजवान शिक्षकों में एक था। अपने सहयोगपूर्ण और उदार व्यवहार के कारण उसके विश्वासी मित्रों की संख्या भी बड़ी थी जो हमेशा उसकी मदद करने के लिए तत्पर रहते थे।

उस वक़्त उसने सपने में भी यह नहीं सोचा था कि उनके इन घनिष्ठ मित्रों को उसकी वजह से आने वाले दिनों में अनेक मुश्किलों और बाधाओं से होकर गुज़रना होगा। लेकिन उन ज़िद्दी मित्रों ने उसका साथ तब तक नहीं छोड़ा जब तक उसके द्वारा शुरू किया गया व्यापार एक सफल परिणति तक नहीं पहुँच गया। मिसाल के तौर पर उसके पूर्व सहकर्मी पेंग ली ने बतौर उपाध्यक्ष अलीबाबा में अपना योगदान दिया। उसके पुराने छात्र ज्होऊ युए होंग, हान मिन दी शान जिंग फंग उसकी पूरी यात्रा के सहयात्री बने रहे।

उन सबके लिए जैक मा देवता तुल्य था। जैक मा में उनका अपार विश्वास था। वे उसकी प्रतिभा, निर्भीकता, अशेष ऊर्जा और हाज़िरजवाबी के घनघोर प्रशंसक थे। उसके प्रेरणादायी आचरण और स्वार्थहीनता में उनका अटूट विश्वास था। जैक मा ने भी अपनी तरफ़ से किसी को शिकायत का कोई मौक़ा नहीं दिया था।

कई साल बाद जैक मा चीन के सेंट्रल टेलीविज़न के प्रसारण कक्ष में बैठा हुआ था और लाखों चीनी दर्शक उसे देख रहे थे। उसने एक विलक्षण गौरव बोध के साथ कहा–"दुनिया में ऐसा कोई भी नहीं है जो मुझे मेरी टीम से अलग कर दे।"

इस गौरव बोध का वास्तविक स्रोत उसकी टीम का उसमें विश्वास था, और उसकी टीम का विश्वास उसके दृढ़ चरित्र पर निर्भर था। उसके इसी चरित्र के कारण संकट के पलों में लोग उस पर निर्भर करते थे। लोग उसकी चारित्रिक विशेषताओं और आदर्शों से इतने आसक्त थे कि उसके साथ काम करने के नाम पर बड़े–बड़े अवसर ठुकराने को भी तैयार थे। बहरहाल इन बातों पर विस्तृत चर्चा बाद में की जायेगी, फिलहाल यह बात बिल्कुल तय थी कि यूनिवर्सिटी प्रोफ़ेसर के अपने दिनों में ही जैक मा ने अपने आचरण और व्यवहार से पर्याप्त प्रतिष्ठा कमा ली थी।

अब जैक मा के पास एक नौकरी, ख़ुद का घर और अनेक भरोसेमन्द दोस्तों का साथ था। और, जहाँग यिंग तो उसके साथ पहले से ही थी। सामान्य तौर पर किसी भी आदमी की सन्तुष्टि के लिए ये उपलब्धियाँ पर्याप्त थीं। ज़्यादातर लोग तो इस युवावस्था में यूनिवर्सिटी प्रोफ़ेसर जैसा सम्मानजनक पद पाकर ही ख़ुश हो जाते। लेकिन जैक मा एक अलग तरह का आदमी था। शायद उसका जन्म ही चीज़ों को भिन्न दृष्टि से देखने के लिए हुआ था। उसको निकट से जानने वाले लोग प्रायः कहते भी थे–"आप यह अन्दाज़ा कभी नहीं लगा सकते हैं कि उसके दिमाग़ में कौन–सी खिचड़ी पक रही है। लोग अक्सर यह नहीं समझ पाते हैं कि उसकी बड़ी–सी खोपड़ी नये–नये विचारों से भरी हुई रहती है।"

उन दिनों हांगझोऊ में निजी उद्योग–धन्धे स्थापित और विकसित हो रहे थे। 'मेड इन चाइना' के ठप्पों के साथ कई छोटे–मोटे उत्पाद उसी तरह से नज़र आने लगे थे जैसे बसन्त के आगमन की सूचना लेकर हांगझोऊ की किंतांग नदी की लहरें आती हैं।

यह अन्तर्राष्ट्रीय मंच पर चीन के औद्योगिक पहल की पहली आहट थी। पूरी दुनिया ज्हेजिंग प्रान्त के स्वागत का संकेत करने को व्यग्र थी–यह संकेत निजी उद्योगों के स्वागत के लिए किया जा रहा था। हांगझोऊ इस प्रान्त की राजधानी और निजी उद्योग–धन्धों का मुख्य केन्द्र था।

जैक मा विदेशी व्यापार के परिपेक्ष्य में अंग्रेज़ी भाषा के बढ़ते हुए महत्त्व का पूर्वानुमान लगाने में सक्षम था। उसे अंग्रेज़ी भाषा में व्यवासायिक लाभ के लिए उपयोग करने की पर्याप्त सम्भावनाएँ दिख रही थीं। जैक मा व्यापार की अभूतपूर्व समझ के साथ पैदा हुआ था, इसलिए वह इस अवसर को किसी भी क़ीमत पर खोने को तैयार नहीं था। ज़ाहिर सी बात थी कि उसने इन सम्भावनाओं पर सबसे पहले जहाँग यिंग से मशविरा किया–सबसे पहले वह अपनी पत्नी की सहमति चाहता था।

जहाँग यिंग एक पुरजोश, दयालु और बुद्धिमान औरत थी। उसने अपनी गहरी–

चमकीली आँखों से जैक मा को विस्मय से देखा। उसके कल्पनाशील पति के दिमाग़ में फिर एक नया विचार आ गया था! जैक मा ने अपनी बात पर ज़ोर देते हुए जहाँग यिंग से पूछा, "कैसा रहेगा, तुम इस बारे में क्या सोचती हो?" यिंग ने जैक मा की आँखों में उस इरादे की झलक देख ली थी जो बदलने वाला नहीं था। वह जानती थी कि जैक केवल सपने नहीं देखता बल्कि उन सपनों को पूरा करने के लिए कड़ी मेहनत करने का माद्दा भी रखता था। उसने सहमति में अपना सिर हिलाया और छोटा सा जवाब दिया, "यह तुम पर निर्भर है!"

"यह सिर्फ़ मेरे ऊपर निर्भर नहीं है। यह तुम पर भी निर्भर है। मुझे तुम्हारी मदद की ज़रूरत पड़ेगी।"

"तो इसमें कहने की तो कोई बात नहीं है!"

उसी पल जैक मा ने समय गँवाये बिना एक अनुवाद एजेंसी खोलने का निर्णय किया। यह एक छोटी–सी एजेंसी थी जो अनुवाद की सुविधा को व्यावसायिक रूप देने के इरादे से खोली गयी थी। साथ ही इसका उद्देश्य उसके मित्रों और सहकर्मियों की समस्याओं का हल खोजना भी था।

अच्छी तरह से सब कुछ पता करने के बाद उसने अनुवाद एजेंसी खोलने के लिए हांगझोऊ के किंगनियन रोड पर यंग मेंस क्रिश्चियन एसोसिएशन (YMCA) के बगल में स्थित मकान नम्बर 27 का चुनाव किया। एजेंसी में काम करने के लिए बतौर स्टाफ रिटायर्ड अंग्रेज़ी शिक्षकों की नियुक्ति की गयी। जैक मा ने प्रोफ़ेसर की अपनी स्थायी नौकरी नहीं छोड़ी। दिन में वह पढ़ाने का काम करता था और शाम को एजेंसी की प्रबन्धन सम्बन्धित व्यवस्थाएँ देखता था।

इस तरह यूनिवर्सिटी और 'हैबो' के बीच अपने समय को सन्तुलित तरीक़े से बाँट कर जैक मा ने व्यापार की दुनिया में अपना पहला क़दम रखा था।

हल्की–फुल्की तैयारियों के बाद जनवरी 1994 में एक दिन किंगनियन रोड पर YMCA के ठीक बगल वाली इमारत से पटाखों की आवाज़ें आती हुई सुनायी पड़ीं। फूलों के गुच्छों से भरी बास्केट के साथ अनुवाद एजेंसी आधिकारिक रूप से शुरू हो चुकी थी। यह 32 वर्गमीटर (320 वर्गफुट) जगह में एक दुकान जैसी जगह में खुली थी।

जैक मा ने एजेंसी का नाम 'हैबो' इसलिए रखा था क्योंकि अंग्रेज़ी में इसका भावार्थ 'उम्मीद' होता है। लेकिन स्वयं जैक मा के कथनानुसार इसका अर्थ आशा का विशाल सागर था, क्योंकि चीनी भाषा में 'है' का अर्थ सागर और 'बो' का अर्थ

आशा होता है।

आशा के इसी सागर से प्रेरित होकर जैक मा ने व्यापार की विराट दुनिया में प्रवेश किया। उठती–गिरती लहरों से जूझती हुई उसकी अनुवाद एजेंसी अपनी यात्रा पर निकल चुकी थी। शुरुआत में कर्मचारियों की संख्या बहुत कम थी। केवल पाँच स्टाफ के साथ शुरुआत की गयी थी। जैक मा एजेंसी का निदेशक था। पढ़ाने के लिए तीन रिटायर्ड प्रोफ़ेसर थे और दो अन्य कर्मचारी थे जो मुख्यतः जैक से प्रेरणा पाकर उसकी एजेंसी से जुड़े थे। जैक मा की अनुवाद एजेंसी जल्दी ही सफलता का स्वाद चख लेती क्योंकि हांगझोऊ में इसकी सख़्त ज़रूरत थी, लेकिन बदक़िस्मती से उसे समाज और बाज़ार दोनों का ही पर्याप्त सहयोग नहीं मिल पाया। हांगझोऊ का बाज़ार और उसके निवासी अभी नये आर्थिक प्रयोगों का जोख़िम उठाने लायक मानसिक रूप से तैयार नहीं थे। एजेंसी ठीक ढंग से नहीं चल पायी; उसे अभी नये काम नहीं मिल पा रहे थे। पहले महीने की समाप्ति पर एजेंसी की कुल कमाई केवल 700 युआन हुई जो 2000 युआन के उसके मासिक किराये को चुकाने के लिए भी पर्याप्त नहीं थी।

सच बहुत क्रूर होता है। बिना किसी कमाई और नयी शुरुआत के लिए पैसे के अभाव की स्थिति में कोई भी अपने फ़ैसले पर पछता सकता है। जैक मा भी अत्यधिक दबाव में था। इस तनाव से मुक्त होना उसके लिए आसान नहीं था लेकिन पराजित होना उसके स्वभाव में नहीं था। उसने अपनी व्यावसायिक नीतियों में फेरबदल करना ज़रूरी समझा। उसने एजेंसी का आधा हिस्सा एक बुक शॉप को किराये पर दे दिया ताकि अनुवाद एजेंसी के ख़र्चों की भरपाई की जा सके। साथ ही उसने उपहार और ताज़ा फूल बेचने का भी काम शुरू कर दिया।

ऐसे मामूली सामानों को बेचना कोई आसान काम नहीं था। जैक मा ने अपनी यूनिवर्सिटी की नौकरी छोड़ी नहीं थी और सप्ताहान्त में उसे कुछ ख़ाली समय मिल पाता था। ऐसी विषम स्थितियों में उसे तिपहिए पर दूरदराज की यात्रा करने वाले अपने जवानी के दिन याद आ गये। हर सप्ताहान्त में वह अपनी मोटरसाइकिल से गुआंगझाऊ जाता और अपने दुबले–पतले कन्धों पर छोटे–छोटे सामानों से भरे भारी झोले टाँग कर वापस लौटता। उन सामानों में ताज़ा फूलों से लेकर जुराबें–कच्छे तक आम ज़रूरत की अधिकतर चीज़ें भरी होती थीं। फिर वह उन भारी भरकम थैलों को लेकर उन सामानों को बेचने के लिए 137 किलोमीटर (85 मील) दूर के बाज़ार में जाता था।

उसके बदन पर एक कामकाजी आदमी की तरह एक मामूली जैकेट और माथे

पर एक टोपी होती थी लेकिन उसके चेहरे पर हमेशा एक उजली मुस्कराहट तैरती रहती थी। उसे देखकर बामुश्किल यह विश्वास होता था कि यह हांगझोऊ में अंग्रेज़ी का सबसे जानकार आदमी है। सामान्य लोगों के लिए तो छोटे–मोटे सामान बेचने वाला एक आम फेरीवाला था। उसकी शख़्सियत में ऐसा कुछ भी ख़ास नहीं था जो उसे दूसरे फेरीवालों से विशिष्ट बना सकता था। उस समय किसी आदमी को इस बात का अनुमान भी नहीं था कि एक दिन वह दुनिया की सबसे बड़ी उत्पाद–विक्रेता कम्पनी का सीईओ बनेगा।

"आप चाहे उत्तर से आये हों, या फिर दक्षिण जा रहे हों, कम–से–कम एक नज़र इन सामानों पर डालते जायें! अगर आप चूकेंगे तो बाद में आपको पछताना पड़ेगा क्योंकि मैं फिर लौटकर नहीं आऊँगा!" जैक मा के हाँक लगाने का यह अन्दाज़ ख़रीददारों को बहुत लुभाता था। रात घिरने के पहले उसके द्वारा लायी गयी ज़्यादातर चीज़ें बिक चुकी होती थीं।

यह धीरे–धीरे जैक मा का साप्ताहिक नियम बन चुका था। इस काम में उसे नया अनुभव हुआ जो बाद के दिनों में विपणन के कारोबार में उसका मददगार साबित हुआ। कई बार जैक मा के साथ उसकी पत्नी भी जाती थी; पटरी पर लगी दुकानों को चहलक़दमियाँ करते देखना उसके जीवन का यह अनुभव था।

अनुवाद एजेंसी के कर्मचारियों की तनख़्वाह का भुगतान महीने के ख़त्म होने पर किया जाता था। इस मामले में जैक मा बहुत पाबन्द था। साथ ही साथ वह एजेंसी के लिए नये ग्राहकों को आकर्षित करने के लिए भी काफ़ी श्रम करता था। वह बेहतर सेवा के माध्यम से अपने कारोबार को अधिक से अधिक फैलाना चाहता था। वह निजी तौर पर लोगों से सम्पर्क कर उनको अपने काम की गुणवत्ता के प्रति आश्वस्त करता था। यह वह समय था जब वह काम के सिलसिले में लगातार भागता–दौड़ता रहता था। अनुवाद के अपने कारोबार को सुचारु रूप से चलाने के लिए उसने अस्पतालों में दवाइयाँ और मेडिकल उपकरण की भी आपूर्ति की। उसके इस कठोर परिश्रम से जैक मा की इच्छाशक्ति का सहज अनुमान लगाया जा सकता है।

उसके लिए फिलहाल सबसे महत्त्वपूर्ण अनुवाद एजेंसी के काम को किसी भी क़ीमत पर जारी रखना था। उसकी लगन और त्याग ने आख़िरकार अपना रंग दिखाया। 1994 के समाप्त होते–होते जैक मा की एजेंसी ने अपने नुक़सान की भरपाई कर ली थी। 1996 में एजेंसी ने मुनाफ़ा कमाना शुरू कर दिया था। आज 'हैबो' हांगझोऊ की सबसे बड़ी और कामयाब अनुवाद एजेंसी है। जिस छोटी–सी जगह

को जैक मा ने किराये पर लिया था अब वहाँ रिसेप्शन ऑफ़िस बन गया है और अब पूरी एजेंसी एक बड़े भूखण्ड पर बन चुकी है। जैक मा ने उसे 1999 में अपने छात्र जहाँग होंग के हवाले कर दी और अब उसके बाद उसके प्रबन्धन का जिम्मा होंग ने सम्भाल लिया। जैक मा के दिमाग़ में अब नया विचार और नया उद्देश्य था जिसे उसे हासिल करना था।

कई वर्षों बाद जब एक बार जैक मा हैबो अनुवाद एजेंसी लौटा तो उसके पैर दरवाज़े पर ही ठिठक गये थे। अपने पहले कारोबार से जुड़ी कई बातें उसकी स्मृतियों में कौंध गयीं। उसी समय उसने अपनी कलम निकाली और केवल तीन शब्द लिखे, "हिम्मत मत हारो।" ये तीन शब्द आज भी 'हैबो' की वेबसाइट पर दर्ज हैं।

ऐसा कई लोगों का मानना है कि अपनी समुद्री–यात्राओं पर निकलने से पहले क्रिस्टोफर कोलम्बस ने कभी भी अपना गन्तव्य निर्धारित नहीं किया था। वह केवल अगले पड़ाव की तलाश करता था, और किसी नये द्वीप अथवा महाद्वीप तक पहुँचने तक उसका यह सिलसिला जारी रहता था। कभी भी हिम्मत मत हारो, कभी भी मत रुको। यही दो काम किसी आदमी को महान बनाते हैं। शुरुआत में कुछ धुन्ध और द्वन्द्व सम्भव हैं लेकिन कड़ा श्रम करने वालों के लिए भविष्य के दरवाज़े भी यहीं से खुलते हैं।

बड़ी दाढ़ियों वाला बिल एक अमेरिकी शिक्षक था जो मेकनिकल इंजीनियरिंग कॉलेज में पढ़ाने का काम करता था। वह एक दिलचस्प इन्सान था और निजी तौर पर उसकी जैक मा से गहरी पटती थी। दोनों कभी–कभी एक साथ ड्रिंक्स लेने जाते थे और दुनिया के सभी मुद्दों पर खुलकर बातचीत करते थे। प्राचीन काल से लेकर आधुनिक काल और अन्तरिक्ष से लेकर समुद्र की अतल गहराइयों तक किसी भी बिन्दु पर। दोनों दो भिन्न देशों के निवासी थे लेकिन उनके व्यवहार बहुत मिलते–जुलते थे। दोनों नये जोश और नयी कल्पनाओं से भरे हुए थे, और दुनिया को लेकर उनके मन में अपार कौत्तुहल और जिज्ञासाएँ थीं। दोनों अन्वेषी प्रवृत्ति के थे।

जैक मा को वाइन पीना पसन्द था। ख़ास तौर पर उसके लिए बनायी गयी वाइन का स्टॉक आज भी जहाँग यु वाइन सेलर्स में हमेशा उपलब्ध रहता है। हालाँकि उन दिनों वह उतना सुविधा–सम्पन्न नहीं था लेकिन उसके पास वाइन तब भी उपलब्ध रहती थी। वह बिल को अपने घर आमन्त्रित करता था और उसके लिए कोई ख़ास

व्यंजन पकाता था। जैक मा वाइन की बोतल खोलता था; एक ख़ास तरह की मीठी गन्ध उड़ती हुई उनके नथुनों से टकराती थी और स्वाद की कल्पना में बिल के गलों की रंगत निखर उठती थी। बिल और जैक दोनों का यह मानना था कि वाइन इस धरती का सबसे बेहतरीन पेय है। बिल अपनी बड़ी नाक को सिकोड़ते हुए उसकी गन्ध को अपने भीतर खींचने का उपक्रम करता था, "मिस्टर मा, लाजवाब! वाकई आपकी वाइन लाजवाब है! और, उससे भी ज़्यादा लाजवाब आपकी पत्नी है!"

बिल एक दूसरी सांस्कृतिक पृष्ठभूमि से आता था, शायद इसीलिए उसकी बोलचाल में झिझक जैसी चीज़ नहीं थी और वह बिना लागलपेट के अपनी बात कह देता था। जैक यह सुनकर खिल उठता और अपनी बगल में बैठी जहाँग यिंग को एक शरारती धक्का दे देता था।

उस वक़्त जैक मा एक साथ कई जिम्मेदारियाँ निभा रहा था। एक यूनिवर्सिटी प्रोफ़ेसर होने के साथ-साथ वह अनेक सायंकालीन स्कूलों में अंग्रेज़ी शिक्षक, कई कम्पनियों में अनुवादक और हैबो अनुवाद एजेंसी में प्रबन्धक की भूमिकाएँ भी निभा रहा था। उसे लगातार काम मिल रहे थे और उसकी आमदनी में भी उसी अनुसार बढ़ोतरी होती जा रही थी। अब उसके जीवन में एक स्थायित्व आ गया था और वह आर्थिक रूप से भी कमोबेश सुरक्षित भी हो चुका था। जीवन में उसने अगर घिसी-पिटी राह चुनी होती तो आज पूरी दुनिया में उसके नाम की गूँज शायद नहीं सुनाई पड़ती। हांगझोऊ के एक उच्च मध्यमवर्गीय व्यक्ति के रूप में उसने इतना धन अर्जित कर लिया था कि वह तमाम सुविधाओं के साथ अपना जीवन गुज़ार सकता था। लेकिन यह उसकी प्रवृत्ति के प्रतिकूल था। उसकी जीवनसंगिनी जहाँग यिंग भी कहा करती थी-"उसके दिमाग़ में कब नये विचार जन्म लेते हैं, उसकी भनक किसी को नहीं लगती है।"

बिल से मुलाक़ात के बाद उसका मष्तिष्क नये विचारों और प्रेरणाओं से समृद्ध हो चुका था, और वह नये सफ़र पर निकलने के लिए आतुर था। एक बार जब दोनों बातचीत कर रहे थे, बिल ने जैक को एक नयी रहस्यमयी चीज़ के बारे में बताया। वह नयी रहस्यमय चीज़ 'इंटरनेट' थी। इस नवजात और अभी-अभी आरम्भ हुई अबूझ चीज़ में पूरी दुनिया और मनुष्य-जगत को सीमित कर एक मुट्ठी में भर देने की क्षमता थी।

मिसाल के तौर पर इंटरनेट के उपयोग से प्रशान्त महासागर के तो विपरीत तटों पर बैठे दो लोग एक-दूसरे को देखते हुए न केवल बातें कर सकते थे बल्कि अपने

अनुभवों और ज्ञान को एक–दूसरे से साझा भी कर सकते थे। वस्तुतः इंटरनेट के आगमन से एक नये युग का सूत्रपात हुआ था। यह युग कैसा था? बिल ने अपने होंठ पोंछे। हालाँकि वह पूरी तरह से आश्वस्त नहीं था लेकिन उसके मुँह से जो शब्द फूटे उनके अनुसार "यह इंटरनेट का युग" था।

एक अथाह जिज्ञासा से भरा हुआ जैक मा अपनी कुर्सी पर टिककर नहीं बैठ सका था। अपने हाथ में वाइन का गिलास पकड़े हुए वह कमरे में तेज़ी से चहलक़दमी करने लगा; अपनी दूसरी मुट्ठी हवा में लहराता हुआ वह लगातार इंटरनेट के बारे में बोलता जा रहा था। उसे नयी सम्भावनाओं से भरे सूचनाओं के युग के आने की तेज़ दस्तक स्पष्ट सुनायी पड़ रही थी।

जैक मा का इस रहस्यमयी इंटरनेट से कोई पूर्व परिचय नहीं था लेकिन उसे यह बख़ूबी समझ में आ चुका था कि इसमें दुनिया और लोगों की ज़िन्दगियों को पूरी तरह से बदल देने की सामर्थ्य है। वह एक सेकेंड के दसांश में सूचनाओं और संवादों के आदान–प्रदान की कल्पना भर से उत्साहित हो गया था। इससे समस्त मनुष्य प्रजाति की समझ को एक नया विस्तार मिलने वाला था और हमारे सामाजिक जीवन पर पड़ने वाला इसका प्रभाव कल्पनातीत था।

यह अन्वेषण जैक मा की नयी यात्रा का आरम्भ था। यह नयी यात्रा इंटरनेट के मार्ग पर चलती हुई लक्ष्य को प्राप्त करने वाली थी। यद्यपि यह मार्ग अस्पष्ट और धुन्ध भरा था, इसके बावजूद यह सच्चा और वास्तविक मार्ग था। जैसे ही कोई सुनहरा अवसर उसे दिखायी देता, जैक मा उसे भुनाने के प्रयास में तत्पर हो उठता था। बिल के जाने के बाद भी वह बहुत देर तक जगा रहा। वह इस अजीबोग़रीब चीज़ के बारे में ज़हाँग यिंग से बातचीत करता था। दोनों इस कल्पना में डूबे हुए थे कि इंटरनेट के आगमन के बाद हांगझोऊ के निवासियों के दैनिक जीवन में कैसा परिवर्तन आयेगा।

इंटरनेट के इस्तेमाल से लोगों को नवीनतम सूचनाएँ जल्दी और आसानी से प्राप्त हो सकेंगी। इसके माध्यम से संवाद और अभिव्यक्ति भी अधिक सरलता से हो सकेगी। इंटरनेट मानव–सभ्यता के समग्र विकास में सहयोग करेगा। यह सामाजिक विकास और एकता में बड़ी भूमिका निभाएगा। जैक मा की मान्यता यही थी।

ज़हाँग यिंग पीठ टेककर चुपचाप जैक मा के दिल की धड़कनों को सुनने की कोशिशें कर रही थी। वह भली भाँति इस बात को समझती थी कि जिस आदमी को वह प्यार करती है उसके दिमाग़ में किसी नये विचार की खिचड़ी पक रही थी। यिंग

ने जैक की आँखों में एक नयी शुरुआत की उत्सुकता देख ली थी। उसकी नज़रों में उनका घर बस एक बन्दरगाह की तरह था जहाँ जैक अपना बेड़ा डालता था और ईंधन–पानी लेकर दूसरे सफ़र पर निकल पड़ता था।

जहाँग यिंग को अनुमान हो चुका था जैक की अगली मंज़िल इंटरनेट था जिसके बारे में बिल ने उसे बताया था। लेकिन असल सवाल यह था कि यह अवसर प्राप्त कैसे किया जाये? यह उस समय की बात है जब इंटरनेट की अवधारणा से चीन लगभग अपरिचित था। यहाँ भी नियति ने जैक मा का साथ दिया और जिसकी उसको प्रतीक्षा थी वह अवसर उसे जल्दी ही मिल गया।

हालाँकि खुली हुई अर्थव्यवस्था के काल का आरम्भ हो चुका था लेकिन चीन के लिए यह रास्ता अभी भी अन्धकारमय था। प्रवेश–द्वार के खुल जाने से विचारों के साथ–साथ विदेशी उत्पादों की आमद में भी बेतहाशा वृद्धि हुई थी लेकिन आँधी के इस तेज़ वेग में औसत और बेकार चीज़ों से बेहतर चीज़ों को छाँट पाना आसान काम नहीं था। हांगझोऊ ने अन्हुई प्रान्त के फ़ुयांग से लेकर पश्चिमोत्तर के ज्हेजिंग तक एक्सप्रेस वे बनाने का काम आरम्भ कर दिया। इस एक्सप्रेस वे का उद्देश्य ज्हेजिंग में यातायात को विकसित करने के साथ–साथ आधारभूत सुविधाओं और अर्थव्यवस्था का विस्तार करना था।

दरअसल यह एक्सप्रेस वे खुली अर्थव्यवस्था का ही एक हिस्सा था जो विदेशी निवेश के परिणामस्वरूप निर्मित हुआ था। यह एक साझा उपक्रम था और इससे होने वाले मुनाफ़े को शेयरधारकों के बीच विभाजित कर दिया जाता था। इसमें निवेश करने के लिए एक अमेरिकी कारोबारी ने पैसे लगाये थे और जब वह पहली बार हांगझोऊ आया था तो ज्हेजिंग के परिवहन विभाग ने उसका ज़ोरदार स्वागत किया था।

प्राचीन काल से ही ज्हेजिंग एक उपजाऊ इलाका रहा था। प्राकृतिक संसाधनों से समृद्ध होने और कारोबार की दृष्टि से यांग्तजे नदी के मुहाने पर जलमार्ग यातायात की बेहतरीन सुविधाओं के कारण सार्वजनिक करों का एक बड़ा हिस्सा ज्हेजिंग से आता था। एक्सप्रेस वे के निर्माण से ज्हेजिंग के संसाधनों और आर्थिक व्यवस्था के विकास में और तेज़ी आने की सम्भावना थी।

अनुबन्ध पर शीघ्र सहमति बन गयी और भूमि अधिग्रहण का काम पूरा होते ही

परिवहन विभाग के हज़ारों कामगारों को एक्सप्रेस वे बनाने के काम में लगा दिया गया।

हालाँकि निर्माण कार्य के दौरान निवेशकों को वायदे के मुताबिक़ भुगतान करने में विलम्ब हुआ और निर्माण जारी रखने का कोई और उपाय नहीं बचा। आख़िर हज़ारों कामगारों को भुगतान कौन करता?

चीनी अधिकारियों को निवेशक से बातचीत करने का एकमात्र माध्यम अंग्रेज़ी ही था। निवेशक को चीनी भाषा का एक भी अक्षर समझ में नहीं आता था, और इसका सीधा अर्थ यह था कि अन्तर्राष्ट्रीय फ़ोन कॉल के ज़रिये भी इस समस्या का हल नहीं ढूँढ़ा जा सकता था। कोई चारा न देखकर ज्हेजिंग के परिवहन विभाग ने आख़िरकार जैक मा की मदद ली।

"कॉमरेड मा, हमें उम्मीद है कि आप हमारी तरफ़ से विदेशी निवेशक से इस मसले पर बातचीत करेंगे। हम चाहते हैं कि वह अपनी बात से नहीं मुकरे। हम समय पर उसका भुगतान करने का प्रयास करेंगे।" अधिकारियों ने ज़रूरी दस्तावेज़ जैक मा को सुपुर्द करते हुए अनुरोध किया।

निवेशक ने अपने निर्णय पर पुनर्विचार किया और उसने जैक मा को अपने साथ हांगकांग चलने का प्रस्ताव दिया। वह चाहता था कि जैक मा निदेशक मण्डल से स्वयं मिल कर बात करे क्योंकि इतनी बड़ी धनराशि के निवेश पर अन्तिम निर्णय लेने का अधिकार निदेशक मण्डल को ही था, "मा," निवेशक ने कहा, "आपको हमारे निदेशक मण्डल को राज़ी करने में विशेष परेशानी नहीं होनी चाहिए। आपके बातचीत करने के सलीके से हर कोई आपकी बात मान लेगा। मुझे पूरा विश्वास है, अकेले आप ही यह काम कर सकते हैं।"

प्रशंसा एक कारगर हथियार होता है। एक तरफ़ जैक मा इस प्रस्ताव से थोड़ा सशंकित था तो दूसरी तरफ़ उसे अपने बात करने के हुनर पर पक्का भरोसा भी था। उसने सोचा कि यदि वह किसी तरह हांगकांग में निदेशक मण्डल को हांगझोऊ से फुयांग जाने वाले एक्सप्रेस वे पर निवेश करने के लिए सहमत कर लेता है तो उसका आत्मविश्वास कितना बढ़ जायेगा!

अन्ततः जैक मा ने परिवहन विभाग की अनुमति के साथ हांगकांग जाने का फ़ैसला कर लिया। यह 1995 की बात है और हांगकांग की विक्टोरिया पर अभी भी यूनियन जैक लहरा रहा था। पूर्व का मोती कहलाने वाले इस द्वीप पर बसे चीनियों के चेहरे पर इतिहास

के शर्मनाक धब्बे अभी भी दिखाइ दे रहे थे। कस्टम की औपचारिकताएँ पूरी करने के क्रम में उसने कोवलून द्वीप पर ट्रैफ़िक की गहमागहमी देखी। वे औपनिवेशिक समृद्धि और गौरव के अवसान के आख़िरी दिन थे। ब्रिटिश कारोबारी धीरे–धीरे इस उपनिवेश से अपने आप को समेटने लगे थे जहाँ से उन्होंने कभी ख़ासी दौलत और मुनाफ़ा अर्जित किया था।

निवेशक जैक मा को उस होटल ले गया जहाँ उसके ठहरने की व्यवस्था की गयी थी। उसके बाद वहाँ उसे अजीब स्थितियों का सामना करना पड़ा और उसके हांगकांग जाने का उद्देश्य भी पूरा नहीं हो पा रहा था। कभी कोई निदेशक उपस्थित नहीं होता था या कभी मीटिंग स्थगित हो जाती थी। यह एक निरर्थक यात्रा थी क्योंकि हर आदमी हांगकांग छोड़ने की तैयारियों में व्यस्त था। किसी के पास भी सुदूर हांगझोऊ में एक्सप्रेस वे बनाने में दिलचस्पी दिखाने का वक़्त नहीं था।

ऐसी स्थिति में जैक मा की अंग्रेज़ी में बात करने की दक्षता का कोई मतलब नहीं था क्योंकि किसी के पास उसकी बात सुनने का समय नहीं था। हांगकांग की यात्रा हरेक दृष्टि से एक बेकार की कवायद साबित हुई। लिहाज़ा जैक मा ने वापस हांगझोऊ लौट जाने का सुझाव दिया। साल समाप्त होने की कगार पर था और स्थितियाँ बदतर होती जा रही थीं। दस हज़ार से भी अधिक काम करने वाले मज़दूरों का भुगतान बकाया था। एक्सप्रेस वे के अधूरे रह जाने का ख़तरा उत्पन्न हो गया था। यातायात विभाग के अधिकारियों ने निवेशक को राज़ी करने की हर मुश्किल कोशिशें कर ली थीं। इसके बावजूद उन्होंने किसी तरह उच्चाधिकारियों की अनुमति प्राप्त करने में सफलता पा ली थी ताकि जैक मा और निवेशक को निदेशक मण्डल से बातचीत करने के लिए सीधे अमेरिका भेजा जा सके।

जैक मा की नज़र में अमेरिका लाखों मील दूर था। लेकिन उसे इस बात का भी अहसास था कि यातायात विभाग को उस पर भरोसा था और हज़ारों मज़दूर अपने पैसों के भुगतान के लिए उसी पर निर्भर थे। उसकी यात्रा के लिए ज़बर्दस्त तैयारियाँ की गयीं। आने–जाने से लेकर उसके स्वागत में रात्रिभोज जैसे सभी बिन्दुओं का ध्यान रखा गया। जैक मा को एक आलीशान प्राइवेट विला में ठहराया गया।

वह उस विशाल और भव्य विला में गहरी नींद सोया। अगले दिन उसने बड़ी सतर्कतापूर्वक निदेशक मण्डल के साथ अपनी मीटिंग के दस्तावेज़ तैयार किये। वह किसी भी क़ीमत पर निदेशकों का दिल जीतना चाहता था ताकि हांगझोऊ से लेकर ज्हेजिंग तक प्रस्तावित एक्सप्रेस वे का काम सफलतापूर्वक पूरा किया जा सके। ज्हेजिंग की प्रान्तीय सरकार अनुबन्ध की शर्तों को मानने के लिए वचनबद्ध थी कि

निवेशक और निदेशक–मण्डल को अनुबन्ध के मुताबिक एक्सप्रेस वे का लाभांश नियमित रूप से मिलता रहेगा।

उस समय जैक मा को अमेरिका में बहुत अकेलापन महसूस होता था। अक्सर वह अपना खाना अकेले में खाता था और बहुत खिन्न रहता था। उसे निवेशक की क़ानूनी वैधता पर संशय हुआ और उसने वापस लौट जाने का निर्णय लिया। लेकिन उसकी जेब में मात्र 25 सेंट थे, और एक पूँजीवादी समाज में पैसे के अभाव में कुछ भी कह पाना बहुत कठिन था। कोई चारा नहीं देखकर जैक मा एक कैसिनो में जा पहुँचा। वहाँ रात भर नियोन लाइट की रोशनी बरसती रहती थी और दिल बहलाने का खेल पल भर के लिए भी नहीं थमता था। रात भर गाड़ियों की आवाजाही लगी रहती थी और होटलों, रेस्तरांओं और क्लबों से आने वाली तेज़ रोशनी आसपास की इमारतों पर इन्द्रधनुषी छटाएँ बिखेरती रहती थीं। फव्वारों से निकले पानी की तेज़ और रंगबिरंगी फुहारें मोतियों के कणों की तरह चमकती थीं और एक मनोरम दृश्य प्रस्तुत करती थीं। लोगों की काली परछाइयों के अलावा अँधेरे का नामोनिशान नहीं था। यह वह जगह थी जहाँ लोग पैसे फेंक कर जीवन का भरपूर मज़ा ले रहे थे। बेरोकटोक आनन्द की तलाश की कोशिशें जारी थीं और पैसा आनन्द का अकेला माध्यम बना हुआ था।

असंख्य अमीर लोगों की एक बड़ी भीड़ वहाँ आनन्द की तलाश में इकट्ठी थी। महँगे सोफों पर लद कर बैठे हुए वे अपनी आँखों से ज़िन्दगी का हसीन तमाशा देखने में व्यस्त थे। वे दुनिया की सबसे महँगी और बेहतरीन वाइन की चुस्कियाँ ले रहे थे। गोल–गोल घूमते रोशनी के गोलों के बीच बैठे लोग अपनी महँगी चाहतों को पूरा करने के लिए कागज़ के टुकड़ों की तरह पैसे लुटा रहे थे। लेकिन उनकी तरह का जीवन जीने के लिए जेब में पैसों की ज़रूरत होती है और जैक मा की जेब में सिर्फ़ 25 सेंट थे।

जैक मा अपने लिए सिर्फ़ प्रार्थना ही कर सकता था। मन में एक दृढ़ता लिए वह एक स्लॉट मशीन की तरफ़ बढ़ गया। उस मशीन ने निष्ठुरता के साथ अपना मुँह खोला और जैक मा के पैसों को निगल गया। मशीन न रो सकती थी और न ही मुस्करा सकती थी। वह कृतज्ञ अथवा प्रभावित हो सकती थी। इसके बावजूद वह आधुनिक तकनीक का एक शानदार उदाहरण था। उसकी समस्त क्रियाएँ एक अदृश्य नियन्त्रण में थीं। एक के बाद एक जैक मा ने अपने शेष बचे 20 सेंट भी उस स्लॉट मशीन के हवाले कर दिये। उसने बिना पलक झपकाये उन तमाम सिक्कों को निगल लिया।

उसकी बगल में रंगीन रोशनी की किरणों में खड़ा एवं नहाता एक लड़का उसे देख कर हँस पड़ा लेकिन जैक मा शायद उस वक़्त बहुत दूर स्थित अपनी एजेंसी 'हैबो' के बारे में सोच रहा था। उसने एक लम्बी–गहरी साँस छोड़ी। उसके भीतर की उदासी थोड़ी कम हो गयी। उसने अपनी हथेली में दबे सिक्कों को खनखनाया। वे कठोर थे और ठण्डे भी। उसने उन सिक्कों को मशीन में डाला लेकिन मशीन की गहराई शायद इतनी अतल थी कि भीतर से उन सिक्कों के गिरने की कोई आवाज़ बाहर नहीं आ रही थी।

अब तक वह 23 सेंट गँवा चुका था और अब उसके पास सिर्फ़ दो सेंट बच गये थे। उसने उस लोभी स्लॉट मशीन को फिर से देखा जो मुँहबाए उसके सामने स्थिर खड़ी थी। उसकी भूख सचमुच अन्तहीन थी। इतने अधिक सिक्कों को अपना निवाला बना चुकने के बाद भी वह एक भावशून्यता के साथ खड़ी थी।

खीज से भरे जैक मा ने अपनी जेब का आख़िरी सिक्का भी उस मशीन के मुँह में धकेल दिया। अचानक एक तेज़ रोशनी के कौंधने के साथ ही एक घरघराहट की आवाज़ें निकलने लगीं। बगल में खड़ा लड़का उछलते हुए चीख़ पड़ा, "तुम जीत गये, तुम जीत गये!"

अंग्रेज़ी जानने के कारण जैक मा को उस लड़के की बात समझने में कोई दिक़्क़त नहीं हुई। उसके चेहरे पर भी ख़ुशी की लहर दौड़ पड़ी। मशीन को शायद उस पर तरस आ गया था और उसमें एक हरकत होती दिखायी पड़ी। उसके अन्दर से एक लम्बी गड़गड़ाहट की आवाज़ आयी और स्पॉट मशीन ने 600 डॉलर उगल दिये!

यह एक चमत्कार से कम नहीं था। सिर्फ़ 25 सेंट के बदले जैक मा ने 600 डॉलर कमा लिए थे। उसे ऐसा लगा मानो उसकी साँस लौट आयी हो। उसने कैसिनो से बाहर निकल जाने में ही भलाई समझी।

एक पल भी गँवाये बिना वह वहाँ से निकल गया। निवेशक की नीयत वह पहले ही भाँप चुका था और अब वह जल्दी से जल्दी वहाँ से निकल भागना चाहता था। उसकी जेब में 600 डॉलर थे और बिना वक़्त बर्बाद किये उसने सीऐटल के लिए टिकट बुक करा ली।

जहाज़ पर बैठने पर अपनी सीट बेल्ट बाँधते हुए उसने एक राहत महसूस की थी। एक महीने तक बेमतलब की कवायद में समय नष्ट करने के बाद जैक मा अब आज़ाद था। जब जहाज़ अपनी पूरी ऊँचाई पर पहुँच चुका था तब उसने कॉफ़ी पीते हुए नीले आसमान को देखा और सोचा कि आज़ादी कितनी बेशक़ीमती होती है! वह ज़मीन और आसमान कहीं भी आज़ाद था। वह सीऐटल से बेरोकटोक अपने पुराने

दोस्त बिल को फ़ोन कर सकता था। अपनी क़िस्मत और अपने संसाधनों के कारण ही जैक मा उन कठिन परिस्थितियों से बाहर निकलने में सफल हो सका था।

बिल ने फ़ोन पर अपने पुराने दोस्ताना अन्दाज़ में बात की। उसे जैक मा के सुरक्षित सीऐटल पहुँच जाने की तसल्ली थी। वह ख़ुद उस वक़्त शहर से बाहर था लेकिन उसने अपने दामाद को अपने पुराने दोस्त को लेने के लिए एयरपोर्ट तुरन्त भेज दिया।

जैक मा अभिभूत था। यह सच था। भीड़ में दिखते हर आदमी का आचरण एक जैसा नहीं होता है। जिस तरह सभी चीनी एक जैसे नहीं होते उसी तरह सभी अमेरिकन भी एक जैसे नहीं थे। सीऐटल में बिल के दामाद ने जैक मा का इतनी गर्मजोशी से स्वागत किया कि उसे बिल की कमी महसूस नहीं हुई। उसने जैक मा के रहने के लिए एक अच्छी जगह व्यवस्था कर दी ताकि वह आराम कर सके।

थोड़ा विश्राम के बाद जैक मा ने अपनी खोयी हुई ऊर्जा दोबारा प्राप्त कर ली। अब उसके दिमाग़ में वही पुराना सवाल उमड़–घुमड़ रहा था जो अरसे से उसे परेशान किये हुए था–इंटरनेट। उसने महसूस किया कि अच्छा हो अथवा बुरा हो लेकिन इंटरनेट का इस्तेमाल हर आदमी कर रहा था। जब इंटरनेट इतना ज़रूरी है तो आख़िर यह बला क्या है? जैक मा ने यह तय किया कि जब उसे किसी भी बहाने अमेरिका आने का अवसर मिला है तो वह इस सवाल का जवाब तलाशे बिना वापस नहीं लौटेगा। शायद यह उसकी भावी योजनाओं का एक पूर्वानुमान था।

उसने अपनी जिज्ञासा जब बिल के दामाद के सामने रखी तो उसकी हँसी फूट पड़ी, "वाह, कमाल! मेरे साथ चलिए।" बिल के दामाद ने जैक मा के विचारों का समर्थन किया। वह जैक मा को साथ लेकर एक इंटरनेट कम्पनी गया और उसमें एक लाइन से रखे हुए कम्प्यूटरों को दिखाते हुए बोला–"आइए जैक मा, इन्हें आजमाइए। इंटरनेट वाकई कमाल की चीज़ है। इसका इस्तेमाल कर आप उन तमाम चीज़ों के बारे में जानकारी हासिल कर सकते हैं जिनके बारे में आप जानना चाहते हैं।"

जैक मा एक साथ आश्चर्यचकित और सशंकित दोनों था। उसने सोचा–'मुझे तो इसका की–बोर्ड छूते हुए भी डर लग रहा है। पता नहीं यह कितना महँगा है। अगर मुझसे यह टूट गया तो शायद मैं इसे वापस भी नहीं कर सकूँ।' तो पहली बार इंटरनेट के सम्पर्क में जैक मा के आने का अनुभव कुछ ऐसा ही था।

यह जान पाने का कोई ठोस आधार नहीं है कि जैक मा ही चीन का पहला आदमी था जो इंटरनेट के सम्पर्क में आया था, लेकिन इसमें कोई शक नहीं था कि उस समय गिने–चुने लोग ही इंटरनेट के बारे में जानते थे। अलीबाबा में चोरी की चालीस घटनाओं का विश्लेषण करने के बाद जैक मा इस नतीजे पर पहुँचा था कि जिस इंटरनेट के लिए उसने रात और दिन एक कर दिये थे, जानकारी की कमी के कारण उस इंटरनेट में ज़्यादातर लोगों की कोई रुचि नहीं थी। इस सफ़र को तय करने में भी ख़ासा वक़्त लगा जब सालों बाद एक दिन अलीबाबा विश्वविख्यात इंटरनेट कम्पनी के रूप में स्थापित हो गयी। धीरे–धीरे जनता जानने लगी थी कि इंटरनेट केवल एक आभासी अनुभूति नहीं बल्कि वास्तविक उद्यमशीलता के लिए एक दूरदर्शी नज़रिया है।

संगतराशी

'बियर'–यह पहला शब्द था जिसे जैक मा ने बिल के दामाद की मदद से की–बोर्ड पर टाइप किया था। उसके बाद उसने सर्च इंजिन का प्रयोग करते हुए 'सर्च' प्रेस किया। देखते–देखते मॉनिटर पर पाँच कम्पनियों के नाम चमकने लगे। उनमें से तीन अमेरिकन कम्पनी थी और दो जर्मन लेकिन उस सूची में एक भी चीनी कम्पनी नहीं थी। यह देखकर जैक मा को अचरज हुआ। उसका अनुमान था कि चीन के किंगदाओ और यांजिंग दुनिया में जाने–माने बियर हैं। लेकिन दोनों के नाम सूची में अनुपस्थित क्यों हैं? उसने कुछ समय सोचा, फिर की–बोर्ड पर 'चायनीज बियर' टाइप किया।

मॉनिटर पर कुछ भी नहीं दिखा। उसके बाद उसने 'चायनीज हिस्ट्री' टाइप किया। इस बार याहू पर उसे इस विषय पर एक सामान्य और अतिसंक्षिप्त जानकारी दिखायी पड़ी। यह देखकर जैक मा की जिज्ञासा बढ़ गयी। इस वेबसाइट को जैक मा के दोस्त बिल के दामाद ने ही बनाया था। उसने बड़े धैर्य के साथ पड़ताल की और अन्त में इस निष्कर्ष पर पहुँचा कि वर्तमान समय में चीन की शायद अपनी कोई वेबसाइट नहीं थी और न ही किसी चीनी ने अपना वेबपेज ही बनाया था। "आपको अपना ख़ुद का वेबपेज बनाना पड़ेगा ताकि आप अपनी कम्पनी या कार्यस्थल से सम्बन्धित जानकारियाँ उस पर उपलब्ध करा सकें उसके बाद आपको अपने वेबपेज को सर्च इंजिन से कनेक्ट करना होगा। इससे आपको उन लोगों की सूचनाएँ मिल सकेंगी जो इससे मिलते–जुलते शब्दों को सर्च कर रहे हैं।" बल्कि बिल के दामाद ने उसकी कम्पनी से सम्बन्धित सूचनाओं को ख़ुद से अपलोड कर देने की भी पेशकश की और उसे उन सूचनाओं को सर्च करने का तरीक़ा भी बता दिया।

यह सब देखकर जैक मा विस्मय से भर गया। उसने अपने मित्र को अपनी अनुवाद एजेंसी 'हैबो' से सम्बन्धित वेबपेज बनाने का काम सौंप दिया। यह और बात थी कि तुरत–फुरत में बनाया गया यह वेबपेज बहुत आकर्षक नहीं था और उनके पास

पेज बनाने के लिए एक अच्छी तस्वीर भी उपलब्ध नहीं थी। यह शुद्ध रूप से एक लिखित विवरण था जिसमें हैबो के कर्मचारियों के नाम और हैबो द्वारा प्रदत्त सेवाओं का उल्लेख था। कुल मिलाकर यह हैबो का एक शाब्दिक विज्ञापन था।

जैक मा और उसके नये दोस्त ने इसे इंटरनेट पर अपलोड कर दिया और इस तरह से इंटरनेट ने 'हैबो' नाम की पहली चीनी वेबसाइट को जन्म दिया। यदि यह गिनीज बुक में दर्ज होने लायक वाक़या होता तो पक्के तौर पर यह रिकॉर्ड हैबो नाम से बने जैक मा के वेबसाइट के नाम दर्ज़ होता क्योंकि यह इंटरनेट पर रजिस्टर्ड पहली ऑनलाइन वेबसाइट थी।

बहरहाल जैक मा की नज़र में उस वक़्त यह कोई उल्लेखनीय बात नहीं थी। यह तै चाय के अभ्यास के क्रम में आजमाया जाने वाला एक सामान्य दाँव था। लेकिन इस सामान्य से दाँव के कारण ही उसके नये दोस्त ने आधी रात को उसको फ़ोन किया, "जल्दी आकर देखिए! आपके नाम पाँच ई–मेल आ चुके हैं।" उस समय जैक मा बाज़ार में ख़रीददारी कर रहा था लेकिन यह ख़बर सुनते ही वह सिर्फ़ इस बात की तसल्ली के लिए उलटे पाँव लौट आया कि क्या सचमुच उसके नाम से पाँच ई–मेल आये हुए हैं! वे ई–मेल अमेरिका, जापान और यूरोप से आये हुए थे। कुछ ई–मेल कम्पनियों से भेजे गये थे और बाक़ी विदेशी छात्रों के थे। एक ई–मेल में लिखा था– "हमारी जानकारी के अनुसार आप पहली चायनीज वेबसाइट हैं। आप कहाँ स्थापित हैं? हम आपसे कुछ कारोबारी बातें करना चाहते हैं।"

जैक मा को ऐसा महसूस हुआ मानो वह किसी ऊँची उठती हुई लहर पर सवार है। वह अपने सीने में दिल को तेज़ धड़कता हुआ महसूस कर सकता था। हालाँकि वेबसाइट बनाने का उसका विचार बहुत जल्दबाज़ी में लिया गया लगता था लेकिन सच तो यह था कि इंटरनेट पर उसकी तेज़ नज़र तभी से थी जब बिल ने उसे इसके बारे में बताया था। अब इंटरनेट की उपयोगिता को यथार्थ की धरती पर आजमाने के बाद उसका इरादा और पुख़्ता हो गया था। इंटरनेट का उज्ज्वल और चमकीला भविष्य उसकी आँखों के सामने तैर रहा था। उसे अपनी ही बुदबुदाहट कानों में सुनायी पड़ी, "जैक मा, मेरे साथ चलो। मैं तुम्हें इस समुद्र और धरती की निस्सीम यात्रा पर लेकर चलता हूँ।"

लोग कहते हैं कि जैक मा का पसन्दीदा मार्शल आर्ट खिलाड़ी फेंग किंगयांग था। वह हमेशा अप्रत्याशित दाँव आजमाता था लेकिन उस दाँव के नतीजे बेहतर होते थे। शायद उस दिन जैक की उस अप्रत्याशित चाल के पीछे भी उसकी कई सालों

की योजनाएँ और परिश्रम का हाथ था और उस चाल ने उसे कारोबार की दुनिया में एक लम्बी छलाँग लगाने का भी मौक़ा मुहैया कराया था। सच जो भी रहा हो, उसे इस बात का बोध हो चुका था कि इस साधारण–सी घटना में कारोबार की अनेक असाधारण सम्भावनाएँ छुपी हुई थीं।

अब वह चीन के घरेलू उत्पादों से सम्बन्धित समस्त सूचनाएँ एकत्रित करके उन्हें एक व्यावसायिक वेबसाइट पर अपलोड करने में सक्षम था ताकि शेष दुनिया उनसे अवगत हो सके। इसके लिए वह सम्बद्ध कारोबारियों से एक निर्धारित शुल्क लेता था जो उसका मुनाफ़ा भी होता था। अब जैक मा के लिए रुकना मुश्किल था। उसने अपने नये अमेरिकी दोस्त से कहा, "क्यों न हम साथ मिलकर काम करें? तुम तकनीकी पहलुओं का ख़याल रखना। मैं चीन लौट कर कम्पनियों की स्थापना करूँगा।" उसके अमेरिकी दोस्त ने भी उसमें भरोसा दिखाया और दृढ़ उत्तर दिया, "ओके।"

उसी पल दुनिया की पहली बी2बी ई–कॉमर्स मॉडल की शुरुआती योजना का जन्म हुआ। जैक मा ने वही किया जो उसने पहले से ही तय कर रखा था। बचे हुए डॉलर्स से उसने एक 386 कम्प्यूटर ख़रीदा। उसके बाद उसने महासागर पार हांगझोऊ के लिए उड़ान पकड़ ली थी। वापस लौटने के बाद बिना वक़्त बर्बाद किये हुए उसने एक मीटिंग बुलाई।

देखा जाये तो यह कोई औपचारिक मीटिंग भी नहीं कही जा सकती थी। मीटिंग में उसकी पत्नी जहाँग यिंग के अतिरिक्त उसके कुछ क़रीबी दोस्त और छात्र उपस्थित थे। कुल मिलाकर मीटिंग में 24 लोग शामिल हुए थे। ये वे दोस्त थे जो पिछले कई सालों में जैक मा ने अपनी सबसे बड़ी दौलत के रूप में कमाये थे। किसी ने ठीक ही कहा था–दोस्ती बैंक में रखी जमापूँजी की तरह होती है जो आपको एक सन्तुष्टि, ऊष्मा, उम्मीद और सुरक्षा का एहसास कराती है।

अपने घर में जीवन के सबसे क़रीबी और महत्त्वपूर्ण लोगों के साथ बैठकर जैक मा ने अपने अन्दर एक नया जोश और ऊर्जा महसूस की। उसने जीवन में अब तक जो कुछ भी हासिल किया था उन सबके प्रति वह कृतज्ञ था और अपने भावी दिनों के प्रति बेहद आशावान था। एक नये उत्साह के साथ उसने उपस्थित लोगों को इंटरनेट के बारे में बताना शुरू किया। उसके बात करने की दक्षता इस बार भी उसके काम आयी। उसके चौबीसों दोस्त देखते ही देखते उसके छात्र बन गये। उसने उन सबको

एक बिल्कुल नयी अवधारणा से परिचित कराने की कोशिश की जिसमें पूरी दुनिया को बदल डालने की क्षमता थी। उसे पूरी उम्मीद थी कि उसकी बात सुनकर उसके संगी–साथी हमेशा की तरह सम्मोहित हो जायेंगे। उसे पूरी उम्मीद थी कि वह लोगों को उस पाश्चात्य लेकिन लाभदायी अवधारणा को आरम्भ करने में सहयोग करने के लिए राज़ी कर लेगा, और इस तरह चीन अपने पहले इंटरनेट कारोबार की शुरुआत कर सकेगा।

वह एक नये जोश से भरा हुआ था, उसके चेहरे के भाव में एक अद्भुत उत्साह की झलक दिख रही थी। इलेक्ट्रिकल इंजीनियरिंग कॉलेज की अपनी छह साल पुरानी नौकरी में यह शायद उसका सबसे सम्भावनाओं और प्रेरणाओं से भरा व्याख्यान था। आख़िर वह उन बातों को अभिव्यक्त कर रहा था जो एक लम्बे अरसे से उसके दिमाग़ में उमड़–घुमड़ रही थीं।

बोलने के क्रम में जब उसका गला सूखने लगता था तब जहाँग यिंग उसकी तरफ़ पानी का गिलास बढ़ा देती थी। इस बीच में वह लोगों के चेहरों को देखकर उनकी प्रतिक्रियाएँ समझने की कोशिश करता था। आज तक अपने व्याख्यान के उपरान्त उसने लोगों के चेहरों पर ऐसी भावशून्यता और दुविधा नहीं देखी थी। यह उसके लिए एक हैरतअंगेज़ बात थी। कुछ लोग तो इतने अनिच्छुक लग रहे थे कि वे खिड़की के बाहर देखने का उपक्रम कर रहे थे। प्रोफ़ेसर जैक मा इतने बेसिर–पैर की बात कैसे कह सकता है? जैक मा तन कर उठ खड़ा हुआ और उसने बिना लागलपेट के उनसे साफ़–साफ़ पूछा–"आप सब क्या सोच रहे हैं?"

सब लोग यहाँ तक कि जहाँग यिंग भी, एक–दूसरे को अजीब नज़रों से देख रहे थे। एक–एक पल जैसे पहाड़ की तरह बीत रहा था। आख़िरकार चुप्पी तोड़ते हुए किसी ने पूछा–"जैक मा, तुमने जो कुछ भी कहा वह सुनने में बहुत अच्छा लगा लेकिन क्या आप थोड़ी हड़बड़ी में फ़ैसला नहीं ले रहे हैं? अभी तो सरकार ने भी यह काम शुरू नहीं किया है। इस अतल गहराई में पहली छलाँग लगाना क्या ख़तरनाक साबित नहीं हो सकता?"

"बिल्कुल सही बात है!" दूसरे आदमी ने कहा, "अभी पूरे चीन में यह सुविधा कहीं नहीं है। आख़िर आप क्या करने की सोच रहे हैं?"

उसका मुग्ध कर देने वाला व्याख्यान सुनकर भी कोई आदमी उसका साथ दे सकने की हिम्मत नहीं जुटा पा रहा था। किसी को भी इस अद्भुत चमत्कार की वास्तविकता समझ में नहीं आ रही थी। लेकिन जैक मा भी आसानी से हार मान लेने

वालों में नहीं था। उसने अन्तिम विकल्प का सहारा लिया–वोट के जरिये फ़ैसले पर पहुँचने का विकल्प। 24 में से 23 लोगों ने विपक्ष में वोट दिया। सिर्फ़ एक आदमी ने यह कहा, "हम इस रास्ते पर बढ़ सकते हैं। अगर सफलता नहीं मिली तो हम अपना फ़ैसला बदल सकते हैं।"

जैक के सभी क़रीबियों ने इंटरनेट के बारे में उसकी जानकारी और चायनीज वेबसाइट स्थापित करने का उसका प्रस्ताव ठुकरा दिया था। सामूहिक असहमति के उपरान्त मीटिंग ख़त्म हो चुकी थी। लोग एक–एक कर जा चुके थे। जैक मा के साथ केवल एक आदमी खड़ा रह गया था। यह वही आदमी था जिसने उसके विपक्ष में वोट नहीं दिया था। उस आदमी का नाम हे यिबिंग था।

अगली सुबह भी रोज़ की तरह ही पूरब में सूर्योदय हुआ लेकिन जैक मा उसके पहले ही अपनी सुबह की कसरत के बाद लौट चुका था। जहाँग यिंग ने ग़ौर किया कि वह पूरी तरह तरोताज़ा और ऊर्जा से भरा हुआ था। वह समझ चुकी थी कि जैक मा ने कल के मुद्दे पर कोई बड़ा फ़ैसला ले लिया है।

उस सुबह उसने सबसे पहले अपना इस्तीफ़ा कॉलेज के प्रिंसिपल को सौंप दिया। इलेक्ट्रिकल इंजीनियरिंग कॉलेज के किसी भी स्टाफ ने यह कल्पना भी नहीं की थी कि जैक मा इतना बड़ा क़दम उठा सकता है। वे इतनी बड़ी बात के लिए मानसिक तौर पर तैयार नहीं थे, बल्कि कॉलेज में तो उसके लिए एक नया पद सृजित करने की योजना बनायी जा रही थी। उसे विदेशी मामलों के विभाग का अध्यक्ष बनाये जाने का निर्णय लिया जा चुका था।

जैक मा ने सितम्बर 1995 में अपने पद से त्याग–पत्र दिया था। उसके कुछ समय पहले ही उसने अपनी ज़िन्दगी के 30 वर्ष पूरे किये थे। इस छोटी–सी अवधि में उसने कारोबार का थोड़ा–बहुत तजुर्बा और काम भर सम्पर्क–सूत्र कमा लिए थे। अब समय आ चुका था कि वह अपने भविष्य के लिए जोखिम भरा लेकिन कोई बड़ा क़दम उठाये। नीले समन्दर के असीम विस्तार में वह 'मा' नाम का झण्डा फहराती अपनी छोटी–सी डोंगी उतार चुका था। वह अपनी सामान्यतः खुशहाल ज़िन्दगी को पीछे छोड़ चुका था जिसे उसे मुड़कर दोबारा नहीं देखना था। कारोबार की अनिश्चितताओं से भरी निष्ठुर दुनिया उसके सामने थी, लेकिन उसकी तेज़ धाराओं से जूझने के लिए वह उसमें गोता लगा चुका था। उसके पास जो कुछ था, उसने उसका परित्याग कर

दिया था। उसने अपने ख़र्चों को काट कर 6000 युआन की बचत की थी, हज़ारों युआन का कर्ज़ अपने दोस्तों और रिश्तेदारों से लिया और 'हैबो' अनुवाद एजेंसी के कुछ उपकरणों के अतिरिक्त दो शेयरधारकों के शेयर भी बेच दिये। इस तरह उसने 100,000 युआन इकट्ठे किये। उन पैसों से उसने चीन की पहली व्यापारिक वेबसाइट 'चाइना येलो पेजेज़' की स्थापना की। उसकी कम्पनी का नाम था–'ज्हेजिंग हैबो इंटरनेट टेक्नोलॉजी कम्पनी लिमिटेड।'

शुरुआत में कम्पनी में केवल तीन कर्मचारी थे : मैनेजर जैक मा, असिस्टेंट मैनेजर हे यिबिंग और स्टाफ मेंबर जहाँग यिंग। तीनों के बीच अपने–अपने काम का स्पष्ट बँटवारा कर दिया गया था। जैक मा और हे यिबिंग पर बाहर का काम करने और ग्राहकों से सम्पर्क करने की ज़िम्मेदारी थी जबकि यिंग ऑफिस में बैठकर आन्तरिक प्रबन्धन करती थी।

जैक मा और उसकी पत्नी दोनों ने मिलकर कम्पनी के शेयर में 80,000 युआन निवेश किये थे जबकि हे यिबिंग और तीसरे शेयरधारक सोंग वेइक्सिंग दस–दस हज़ार युआन निवेश किये थे।

रंगबिरंगी और धमाकेदार आतिशबाज़ी के बीच ख़ूबसूरत हांगझोऊ में चीन की पहली इंटरनेट कम्पनी कारोबार के लिए खुल चुकी थी। कम्पनी के पास व्यापार करने का एकमात्र उपकरण 386 कम्प्यूटर था जिसे जैक मा ने अमेरिका से वापसी के पहले ख़रीदा था। उसकी भी हालत कोई बहुत अच्छी नहीं थी लेकिन उस ज़माने में वैसा कम्प्यूटर होना भी एक दुर्लभ बात समझी जाती थी। जैक मा ने जहाँग यिंग को धीरे–धीरे खुद भी कम्प्यूटर ऑपरेट करना सिखा दिया था। वह दफ़्तर में बैठी–बैठी ई–मेल भेजने का काम करती थी। जैक मा ख़ुद हे यिबिंग को साथ लेकर ई–कॉमर्स के प्रमोशन और इंटरनेट मार्केटिंग के विज्ञापन के उद्देश्य से बाज़ार निकल जाता था।

इस तरह एक ऐसी ई–कॉमर्स मार्केटिंग कम्पनी जिसके बारे में कोई कुछ नहीं जानता था और न ही कोई इसकी प्रक्रिया को समझता था, बारिश और तूफ़ान में डगमगाती एक किश्ती की तरह एक अथाह महासागर की यात्रा पर निकल पड़ी थी। इस किश्ती का नाविक दुबली काया वाला जैक मा था।

बाद के सालों में सफलता प्राप्त करने के बाद जैक मा जब भी पीछे की तरफ़ मुड़कर देखता था, तब उसे अपनी व्यावसायिक सूझबूझ से अधिक जोख़िम उठाने की अपनी हिम्मत पर गर्व का अनुभव होता था। वह कहता था, "मैंने अपनी ज़िन्दगी में उन घटनाओं को घटता देखा था जिसकी नकल करने के बारे में अक्सर कल्पना

करता था। अधिकतर नौजवानों को अपने जीवन के बेहतरीन रास्ते नींद आने के पहले दिखायी देते हैं लेकिन अगली सुबह जब उनकी नींद खुलती है तो वे सब कुछ भूल चुके होते हैं और उसी घिसेपिटे ढर्रे पर चलने लगते हैं। चीन में कोई व्यवसाय आरम्भ करने के लिए आपको बड़े सपने, विचार और विशिष्ट आदर्श की ज़रूरत नहीं है। आपको मात्र इसकी ज़रूरत है कि आप उस व्यवसाय के लिए क़ीमत चुकाने को तैयार हैं अथवा नहीं, आप ख़ुद को सही साबित करने के लिए कड़ी से कड़ी मेहनत कर सकते हैं अथवा नहीं।

"मेरे दृढ़ निश्चय का कारण इंटरनेट में मेरा विश्वास नहीं था, बल्कि मेरी यह मान्यता थी कि हरेक अनुभव अपने आप में एक तरह की सफलता है। आपको इस जोख़िम के लिए तैयार रहना होगा। अगर आप नाकाम होते हैं तो आप वापसी कर सकते हैं लेकिन अगर आप कोशिश करने से चूक जाते हैं तो आप भी उन लाखों युवाओं में एक हैं जो रोज़ रात में सपने देखते हैं और अगली सुबह अपने सपनों को भूल कर घिसेपिटे ढर्रे पर चलने लगते हैं। जो अपने सपनों की राह पर नहीं चलते हैं वे अपने सपनों तक कभी नहीं पहुँच पाते हैं।"

1995 में जैक मा कोई अकेला इन्सान नहीं था जो इंटरनेट के बारे में जानता था। यहाँ तक कि चीन में भी और भी कई लोग थे जो इंटरनेट के बारे में न सिर्फ़ जानते थे बल्कि उसका इस्तेमाल भी करते थे। लेकिन जैक मा शायद ऐसा पहला आदमी था जिसने इंटरनेट से परिचित होते ही उसका व्यावसायिक उपयोग करना शुरू कर दिया था। इसी कारण से चाइना येलो पेजेज़ को चीन का पहला ऑनलाइन ई–कॉमर्स माध्यम बनने का गौरव प्राप्त हुआ।

कम्पनी का निबन्धीकरण कराया गया और वेबसाइट का विस्तार बहुत तेज़ी से होने लगा। यद्यपि हांगझोऊ चाइना येलो पेजेज़ की शुरुआत के चार महीने बाद तक इंटरनेट सम्पर्क से वंचित रहा। बिना इंटरनेट सेवा के एक वेबसाइट कैसे काम कर सकता था?

सबसे पहले वे लोग चीनी कम्पनियों के दस्तावेज़ों (जिनमें कैप्शन के साथ फ़ोटो भी शामिल होते थे) का अंग्रेज़ी में अनुवाद करते थे। उसके बाद उन विवरणों को सीऐटल पोस्ट किया जाता था। वहाँ जैक मा के अमेरिकी मित्रों की मदद से उन दस्तावेज़ों को वेबपेजों में रूपान्तरित करके उन्हें अपलोड करने का काम किया जाता था। उसके उपरान्त वे उन वेबपेजों को भिन्न–भिन्न रंगों में प्रिंट करके उन्हें वापस हांगझोऊ भेज देते थे। चाइना येलो पेजेज़ उन प्रिंटेड वेबपेजों को सम्बन्धित कम्पनियों

को दिखाने के बाद यह उनको सफलतापूर्वक इंटरनेट पर रजिस्टर्ड होने की जानकारी देते थे। किसी प्रकार के संशय की स्थिति में वे ग्राहकों को होम पेज का वेब एड्रेस और फ़ोन नम्बर दे देते थे ताकि वे सीधे सीऐटल के ऑफ़िस से सम्पर्क करके अपनी शंकाओं का समाधान कर सकें।

जैक मा का चाइना येलो पेजेज़ इस जटिल प्रक्रिया के एवज़ में 20,000 से 30,000 युआन का निर्धारित शुल्क लेता था। इस प्रक्रिया में अतिरिक्त श्रम, समय और धन तीनों ख़र्च होते थे। जहाँ तक समय की बात थी तो एक काम पूरा होने में लगभग दो हफ्ते लगते थे। अन्तर्राष्ट्रीय डाकसेवा भी ख़र्चीली थी। सबसे बड़ी समस्या यह थी कि उस समय हांगझोऊ में न तो इंटरनेट सेवा ही उपलब्ध थी और न ही किसी को इंटरनेट की जानकारी ही थी। इंटरनेट जैसी किसी भी काल्पनिक अथवा आभासी दुनिया के माध्यम से व्यापार करने की कोई सोच भी नहीं सकता था। एक तरफ़ ऐसी दुनिया के लोगों को आश्वस्त करके उनको अपना ग्राहक बनाने में जैक मा को कठोर श्रम करना पड़ता था, वहीं दूसरी तरफ़ उसके अमेरिकी साझीदार उसके मुनाफ़े का भारी–भरकम 60% अपने हिस्से के रूप में ले लेते थे। जैक की कम्पनी को केवल 40% से ही सन्तोष करना पड़ता था।

मुनाफ़े के प्रतिशत में यह ग़ैर–सन्तुलन कोई आश्चर्यजनक बात नहीं थी। अमेरिकी लोग इंटरनेट से पहले से और अच्छी तरह से परिचित थे। वे उत्पादों से सम्बन्धित सूचनाओं पर आधारित वेबसाइट बनाने में दक्ष थे। उसका सीधा अर्थ यह था कि अमेरिका में उनके ग्राहकों की पर्याप्त तादाद थी। अगर वे अपने मुनाफ़े में कटौती भी करते तो उनके व्यवसाय के फूलने–फलने पर कोई दुष्प्रभाव नहीं पड़ने वाला था। दूसरी तरफ़ चीन की अर्थव्यवस्था अभी भी पारम्परिक तौर–तरीक़ों पर आधारित थी। बल्कि यह कहना अधिक उपयुक्त होगा कि चीनी लोग अपनी व्यावसायिक परम्पराओं में आधारभूत छेड़छाड़ के विरोधी भी थे।

और तो और, चीन में विज्ञापन का कारोबार भी हाल–फिलहाल में शुरू हुआ था। कम–से–कम अख़बारों में अथवा टेलीविज़न पर दिखाये जाने वाले किसी उत्पाद की गुणवत्ता को जाने भी दें, तो उनको मूर्त रूप में तो देखा ही जा सकता था। ग्राहकों को आश्वस्त करने के लिए यह एक पर्याप्त कारण था, जबकि दूसरी तरफ़ इंटरनेट की दुनिया अमूर्त और अदृश्य थी। ग्राहकों के लिए देखने के नाम पर मात्र कम्पनियों के रंगीन प्रिंट आउट्स होते थे जिन्हें देखते ही ज़्यादातर ग्राहक अनिच्छा के साथ हाथ मिलाते हुए उठ खड़े होते थे। शायद यह इस कारण भी था कि इंटरनेट समय

से आगे चल रहा था। एक महत्त्वपूर्ण और विशिष्ट चीज़ होने के बावजूद आम लोग इसके लिए अभी मानसिक रूप से तैयार नहीं थे।

इन व्यावहारिक अवरोधों के बाद भी जैक मा हतोत्साहित नहीं हुआ था। वह आख़िरी पल तक जूझने के लिए तैयार था। सबसे पहले उसने उन कम्पनियों से सम्पर्क किया जिनके साथ वह पहले से कारोबार कर रहा था और जिनसे उसके मित्रवत सम्बन्ध थे। अपने व्यापार की शुरुआत उसने अपने परिचितों, पारिवारिक सदस्यों और दोस्तों से भरी–पूरी दुनिया से की। सबसे पहले उसने उन कारोबारियों की वेबसाइट बनाने का काम करना आरम्भ किया जिनके हैबो अनुवाद एजेंसी के साथ पूर्व व्यवासायिक सम्बन्ध थे। अगर उनके पास भुगतान के लिए पैसे होते थे तो ठीक था; अन्यथा जैक मा उनका काम मुफ़्त में ही कर दिया करता।

ऑनलाइन व्यापार की शुरुआत करने वाली कम्पनियों में हांगझोऊ लेक व्यू गेस्ट हाउस, हांगझोऊ सेकेंड टेलीविज़न फैक्ट्री और हैबो के साथ पहले से व्यापार करने वाला एक लॉ फर्म प्रमुख थे। ऑनलाइन होते ही इन फर्मों को तत्काल बाद से विदेशों से फ़ोन और फ़ैक्स आने शुरू हो गये थे जिससे यह प्रमाणित होने लगा था कि जैक मा और उसके अमेरिकी साझेदारों द्वारा शुरू की गयी वेबसाइट ने उनके कारोबार को सकारात्मक रूप से प्रभावित किया था। चाइना येलो पेजेज़ के ज़रिये चीनी व्यापार को अन्तर्राष्ट्रीय मंच पर लाने का मूल उद्देश्य फलीभूत हो रहा था। इसके बावजूद कम्पनी के निदेशक इंटरनेट के दूरदर्शी परिणामों के प्रति बहुत आशान्वित नहीं थे क्योंकि अभी तक उनका परिचय अपने ही वेबपेज से नहीं हुआ था। हांगझोऊ में इंटरनेट की सुविधा नहीं होना सचमुच एक गम्भीर चिन्ता का कारण था।

ऐसी प्रतिकूल परिस्थिति में जैक मा के लिए एक–एक दिन एक–एक साल की तरह गुज़र रहा था। वह चिन्तित था, हांगझोऊ में इंटरनेट सेवा कब शुरू होगी? वह जानता था कि यह अवश्यम्भावी है क्योंकि चाह कर भी लोग इसकी उपयोगिता से इनकार नहीं कर सकते।

जुलाई 1995 में शंघाई इंटरनेट से जुड़ गया। जैक मा को इस बात की जानकारी बहुत जल्दी मिल गयी थी। यह उसके लिए एक सुखद ख़बर थी और उसने बिना वक़्त गँवाये एक 486 कम्प्यूटर ख़रीद लिया। यह उस ज़माने के हिसाब से एक आधुनिक कम्प्यूटर था। शंघाई से इंटरनेट की सुविधा हासिल करने के लिए उसने लम्बी दूरी के फ़ोन कॉल्स को ज़रिया बनाया। ऑनलाइन होते ही सबसे पहले उसने हांगझोऊ लेक व्यू गेस्ट हाउस का होमपेज सर्च किया जिसे अमेरिका में उसके दोस्तों ने बनाया

था। नेट की रफ़्तार इतनी धीमी थी कि इस काम में उसे पूरे तीन घण्टे लग गये। आख़िरकार हांगझाऊ लेकव्यू गेस्ट हाउस का होमपेज उसकी आँखों के सामने था। ख़ुशी से जैक मा खड़ा हो गया और उसने कम्प्यूटर की तरफ़ संकेत किया–"यह देखो!"

धीरे–धीरे लोग इंटरनेट के बारे में जानने लगे और उसका महत्त्व भी समझने लगे। वे कम्प्यूटर की अपार उपयोगिता को पहचानने लगे थे और जैक मा की क़ाबिलियत पर भी भरोसा करने लगे थे। चाइना येलो पेजेज़ ने आख़िरकार मुनाफ़ा कमाना शुरू कर दिया था।

जैक मा को हालाँकि अभी भी 20,000 युआन में से केवल 8,000 युआन ही मिलते थे क्योंकि अनुबन्ध के अनुसार मुनाफ़े के 60% के हक़दार उसके अमेरिकी साझेदार थे। इसके बावजूद जैक मा और उसके साथियों को अब उम्मीद की किरण दिखने लगी थी। उन्होंने इंटरनेट का प्रचार दोगुने उत्साह और श्रम के साथ शुरू कर दिया। इसके लिए वे हांगझोऊ के आसपास के 27 अन्य शहरों में घूमने लगे।

जैक मा ख़ुद को ही बार–बार यह याद दिलाता था, "इंटरनेट आने वाले अनेक सालों तक जनजीवन को गहरे रूप में प्रभावित करेगा। इस मैराथन में बने रहने के लिए खरगोश जैसी रफ़्तार और कछुए जैसे धीरज की ज़रूरत है।''

जिन शहरों में इंटरनेट नहीं था वहाँ जैक मा को अविश्वास की दृष्टि से देखा जाता था। ज़्यादातर लोग उसकी बैटन पर ध्यान नहीं देते थे। कुछ लोग तो उसकी अनदेखी भी करते थे। लेकिन जैक मा पर इन बातों का कोई असर नहीं पड़ता था। उस पर जैसे एक धुन सवार थी। वह लोगों से लगातार इंटरनेट और ई–कॉमर्स के बारे में बात करता रहता था। वह व्यापारियों के साथ–साथ पत्रकारों को भी लगातार लुभाने की कोशिशें करता रहता था।

हांगझोऊ के एक कम्पनी मालिक ने तो यहाँ तक आरोप लगाये कि ई–कॉमर्स लोगों को फाँसने का एक जाल है। इसके बावजूद जैक मा उस आदमी से पाँच बार मिला।

उसके बाद जैक मा ने उसे ई–कॉमर्स से सम्बन्धित सूचनाओं वाले भारी–भरकम दस्तावेज़ भेजने का फ़ैसला किया। उसने उस कारोबारी को बड़े धैर्य और विस्तार से यह समझाया कि ई–कॉमर्स व्यापार करने का एक नया मॉडल है। इंटरनेट पूरी दुनिया में फैल चुका था। उसने हर व्यक्ति और परिवार को एक–दूसरे से जोड़ दिया था। इस लिहाज़ से किसी अन्य माध्यम की तुलना में अपने उत्पादों का इंटरनेट के ज़रिए विज्ञापन करना अधिक लाभकारी है।

हालांकि जैक मा को अपनी वाक्पटुता पर बहुत भरोसा था और उसके पास इंटरनेट पर सफलतापूर्वक विपणन की गयी सेवाओं और वस्तुओं की एक सूची भी थी, इसके बावजूद उस कारोबारी के मन का संशय पूरी तरह समाप्त नहीं हो पाया। कोई और होता तो हार मान कर इस बात को भूल चुका होता और वापस लौट जाता। लेकिन जैक मा सामान्य सोच रखने वाले लोगों से अलग था। उसने किसी भी क़ीमत पर हिम्मत नहीं हारने की ठान ली थी। उस आदमी को यकीन दिलाना बेहद मुश्किल काम था लेकिन जैक मा की नज़र उससे हासिल हो सकने वाले मोटे मुनाफ़े पर थी। उसने कम्पनी से जुड़ी कुछ जानकारियाँ इकट्ठी कीं। कुछ दिनों बाद जब वह अपनी नोटबुक कम्प्यूटर के साथ उस आदमी से दोबारा मिलने गया।

जैक मा ने उस कम्पनी–मालिक के सामने ही कम्प्यूटर के सर्च इंजिन को लोड किया। थोड़ी देर में ही कम्पनी से जुड़ी सूचनाएँ धीरे–धीरे मॉनिटर पर दिखायी पड़ने लगीं। जैक मा ने उसे बताया कि दुनिया का कोई भी कम्प्यूटर दुनिया की किसी भी जगह पर उन सूचनाओं को वैसे ही दिखा सकता है जैसे यह कम्प्यूटर उन दोनों को दिखला रहा है। देखने वाला व्यक्ति अमेरिका, चीन या दुनिया के अन्य किसी हिस्से में है, इस बात से कोई फ़र्क़ नहीं पड़ता है। यही चमत्कार इंटरनेट कहलाता है और जिस जादुई ई–कॉमर्स की बात दोनों कर रहे हैं वह इसी के ज़रिये होता है।

एक चीनी कहावत है 'जो देखिए उस पर विश्वास कीजिए।' अगर इस कहावत का अंग्रेज़ी अनुवाद करें तो यह कहा जा सकता है–सीइंग इज़ विलीविंग इंटरनेट की सुविधा का दोहन करने की जैक मा की आरम्भिक कोशिशें अब रंग लाने लगी थीं और अन्ततः उस कम्पनी के मालिक ने चाइना येलो पेजेज़ को उसका शुल्क अदा कर दिया।

नये ग्राहक बनाने की दिशा में जैक मा के अथक परिश्रम और अद्भुत उत्साह की सबने सराहना की। चाइना येलो पेजेज़ को वह दर्जा हासिल हो चुका था जिसका वह हक़दार था और जिसके लिए जैक मा ने इतनी हाड़तोड़ मेहनत की थी। इस घटना के बाद अधिक से अधिक लोग इंटरनेट और इससे होने वाले फ़ायदों में दिलचस्पी लेने लगे थे।

चाइना येलो पेजेज़ का विस्तार अब हांगझोऊ से बाहर देश के दूसरे भागों में भी हो रहा था। इसके ग्राहकों में हांगझोऊ लेक व्यू गेस्ट हाउस से लेकर हांगझोऊ सेकंड टेलीविज़न फैक्ट्री, किंजिंग लॉयर्स से लेकर वुक्सि लिटिल स्वान (घरेलू उपकरणों का एक ब्रांड) और बीजिंग का गुओअन फुटबॉल क्लब जैसे नाम शामिल थे।

चाइना सेंट्रल टेलीविज़न के अभिलेखागार में *जैक मा दी बुकवर्म* नाम का फ़ीचर प्रोग्राम अभी भी सुरक्षित है जो जैक मा और इंटरनेट पर आधारित है और जिसे हांगझोऊ के एक संवाददाता फेन क्सिनमन ने बनाया है।

उससे पहले 'बुकवर्म' शब्द के बारे में जानना ज़रूरी है। चीन में दो कहावतें प्रचलित हैं–"वास्तविक जीवन में किताबी कीड़े किसी काम के नहीं होते" और "तीन साल लम्बी बगावत करने के बाद भी प्रबुद्धों को जीवन में कुछ भी हासिल नहीं होता है।" चीनी संस्कृति में 'किताबी कीड़ा' और 'प्रबुद्ध' दोनों शब्दों का प्रयोग एक ही अर्थ में होता है। उपर्युक्त सन्दर्भ में इस कहावत का अर्थ यह है कि अध्ययनशील लोग बामुश्किल जीवन में कोई बड़ा लक्ष्य हासिल कर पाते हैं। यदि आप अधिक पढ़ते हैं तो आप वास्तविकता से कट जाते हैं, जो आपको बेवकूफ़ाना मुद्दों की बेबुनियाद पड़ताल के लिए प्रेरित करता है।

किताबी कीड़े आमतौर पर स्कूली छात्र और शिक्षक होते हैं। वे या तो ज्ञान की बातें करते हैं या फिर ज्ञान अर्जित करने के लिए पढ़ते हैं। कुल मिलाकर एक किताबी कीड़ा एक हद तक अड़ियल, अन्तर्मुखी और दुनिया–जहान से कटा हुआ आदमी होता है। फ़ीचर की शुरुआत में ही जैक मा चारों तरफ़ निगाहें घुमाता हुआ एक प्रलापनुमा व्याख्यान दे रहा है कि किस तरह वह चीन को सूचनाओं की सबसे बड़ी लाइब्रेरी बनाना चाहता है ताकि चीनी कम्पनियाँ अन्तर्राष्ट्रीय अर्थव्यवस्था में दस्तक दे सकें। उसके चेहरे पर एक सजग भाव है जबकि सुनने वाले उसे भौचक नज़रों से देख रहे हैं। उनकी आँखों में एक अविश्वास और उकताहट है और उनमें से कोई यह सवाल भी नहीं करना चाह रहा है कि जैक मा की बातों का क्या अर्थ है? यह श्रोताओं का एक ऐसा समूह है जो मानो किसी और ग्रह से आये प्राणी की बातें सुन रहा है। यह फ़ीचर प्रोग्राम इस बात को स्पष्ट करने के लिए पर्याप्त है कि उस साल बीजिंग में जैक मा का स्वागत इस ठण्डे अन्दाज़ में किया गया था।

1995 एक महत्त्वपूर्ण साल था–यह वही साल था जब चीन में इंटरनेट आया था। किसी अन्य आवेगपूर्ण वस्तु की तरह इंटरनेट भी एक तूफ़ान की तरह आया और देखते–देखते इसने पूरे चीन को अपनी गिरफ़्त में ले लिया। चार्ल्स जहाँग, वांग ज्हिदोंग और चेन तिंकिओं जैसी इंटरनेट की दुनिया की नामचीन हस्तियाँ इस क्षेत्र में पदार्पण कर चुकी थीं। इंटरनेट के विस्तार के साथ ही वांग ज्हिदोंग द्वारा स्थापित चाइनीज स्टार और चार्ल्स

जहाँग द्वारा स्थापित इंटरनेट टेक्नोलॉजीज़ चाइना जो बाद में सोहू नाम से जानी जाने लगीं, जैसी कम्पनियाँ कामयाबी से इस क्षेत्र में कारोबार कर रही थीं।

चेन तिंकिओं ने पहले ही लुजिअजुई समूह को ज्वाइन कर लिया था जो इंटरनेट व्यवसाय से जुड़ा हुआ था। इस बात में सच्चाई है कि सूचना पर किसी व्यक्ति का विशेषाधिकार नहीं होता। इसे गोपनीय भी नहीं रखा जा सकता। व्यवसाय की औसत समझ रखने वाला आदमी इससे कुछ प्राप्त करने की क्षमता रखता है। यहाँ इस बात का उल्लेख ज़रूरी है कि ऐसे लोगों की कोई कमी नहीं थी जिनके ज्ञान और अनुभव का स्तर जैक मा से कम था।

चाइना येलो पेजेज़ के सामने भी व्यापारिक चुनौतियाँ और प्रतिस्पर्धाएँ थीं। अभी–अभी उसने मुनाफ़ा कमाना शुरू ही किया था। यह अभी एक बीज से तुरत–तुरत फूटा पौधा था। उसकी समुचित वृद्धि के लिए उसे पर्याप्त मात्रा में धूप, पानी और हवा की ज़रूरत थी। दूसरी इंटरनेट कम्पनियाँ उस तक पहुँचने वाली धूप में बाधक बन सकती थीं। उस पर एक बड़ी समस्या यह भी थी कि हांगझोऊ एक छोटी–सी जगह थी–न केवल एक शहर के रूप में बल्कि जीवन को अन्य तरीक़ों से प्रभावित कर पाने की अपनी क्षमता के सन्दर्भ में भी जैक मा की असल चुनौती यही थी और वह इससे भलीभाँति परिचित भी था।

नतीजतन व्यापक सोच–विचार के बाद जैक मा और उसके शेयरधारकों ने बीजिंग में स्थानान्तरित होने का निर्णय किया जो केवल चीन की राजधानी ही नहीं बल्कि सबसे प्रमुख आर्थिक और सांस्कृतिक केन्द्र भी था। वहाँ ख़ुद को प्रतिष्ठापित करने के बाद उनको न केवल और विकसित होने के अवसर मिलते अपितु देश के सुदूर क्षेत्रों तक भी उनकी पहुँच सम्भव हो जाती। उनके इस क़दम से चाइना येलो पेजेज़ को एक पूर्ण विकसित पेड़ का आकार प्राप्त करने के लिए ज़रूरी सुविधाएँ और मौक़े भी मिल सकते थे।

इस तरह जैक मा और उसके साझीदार हांगझोऊ के उत्तर में स्थित देश की राजधानी में जा बसे। वे इस भव्य शहर की बगल में टिक गये और बीजिंग में अपना पाँव फैलाने की कोशिशों में जुट गये। राष्ट्रीय स्तर पर प्रोत्साहन पाकर वे विश्व–बाज़ार में अपनी पहुँच सुनिश्चित कर सकते थे। यही जैक मा का नया सपना और उसकी व्यापारिक रणनीति थी। बीजिंग पहुँचने के तत्काल बाद उसे अनुभव हुआ कि उसने सही क़दम उठाया था।

बीजिंग एक विशाल महानगर था। शहर के केन्द्र में मन्त्रालयों, आयोगों, दूतावासों

और अन्य सरकारी दफ़्तरों की इमारतें और कांसुलेट बने हुए थे और सड़कों का जाल पूरे शहर में फैला हुआ था। एक झलक देखकर ही कोई यह बता सकता था कि यह कोई अन्तर्राष्ट्रीय महानगर है।

जैक मा ने शुरू–शुरू में एक विश्वस्तरीय कम्पनी की नींव रखने वाले पहले चीनी आदमी बनने और दुनिया की दस सर्वश्रेष्ठ वेबसाइट में एक को स्थापित करने का सपना देखा था। बीजिंग पहुँचने के बाद उसका यह सपना एक बार पुनर्जीवित हो गया था। बस इस सपने को एक विस्तार देने की आवश्यकता थी। बीजिंग का माहौल इसके सर्वथा अनुकूल भी था। वह पागलों की तरह अपने सपने को पूरा करने में लग गया। उसने अपने समय के एक–एक क्षण का उपयोग करना शुरू किया। यही वह समय था जब 'जैक मा दी बुकवर्म' नाम से उस स्पेशल फ़ीचर को फ़िल्मांकित किया गया था।

उस समय तक जैक मा इस तथ्य से अपरिचित था कि इंटरनेट को लेकर कुलीन चीनी समाज में अभी भी एक द्वन्द्व की स्थिति थी। एक पक्ष का कहना था कि चीन को विचारों के आयात में पूर्णरूपेण उन्मुक्त नहीं होना चाहिए अन्यथा समाज पर विकसित पाश्चात्य विचारों का आधिपत्य स्थापित हो सकता है जबकि़ दूसरे पक्ष की मान्यता थी कि चीन को इंटरनेट के बुनियादी ढाँचों का अधिकाधिक विकास करना चाहिए अन्यथा इस डिजिटल दूरी के कारण सूचना के इस युग में चीन शेष दुनिया से अलग–थलग पड़ जायेगा।

फ़ीचर में फ़िल्मांकित किया गया 'जैक मा दी बुकवर्म' का वह प्रलाप क्या उसके इसी जुनून से प्रभावित था जिसके ज़रिये वह इस डिजिटल दूरी को पाटने की वकालत कर रहा था? चीनी मीडिया इंटरनेट से जुड़ी ख़बरों की रिपोर्टिंग में कोई दिलचस्पी नहीं ले रहा था, दूसरी ओर राजनीतिक नेतृत्व ने इस मुद्दे पर अपना दृष्टिकोण स्पष्ट नहीं किया था। जैक मा ने कुछ अलग तरीक़ा चुना। उसने एक मीडिया कम्पनी के प्रमुख से मुलाक़ात की और उसे चाइना येलो पेजेज़ के कुछ फ़ाइल और साथ में एक लिखा हुआ आलेख तथा 500 युआन दिये। उस ज़माने में 500 युआन भी एक बड़ी राशि हुआ करती थी। जैक मा ने कहा, "इससे कोई मतलब नहीं कि यह किस अख़बार में छपेगा लेकिन जैसे ही यह छपेगा वैसे ही इस पर आपका अधिकार हो जायेगा।"

उस कम्पनी का प्रमुख भी एक घाघ आदमी था। उसने एक के बाद एक पाँच अख़बारों में उस आलेख को प्रकाशित करा दिया। उनमें *चाइना ट्रेड न्यूज़* भी एक था जिसके मुखपृष्ठ पर वह आलेख छपा। इसी के बाद जैक मा को जानकारी मिली कि उस अख़बार में उसका एक पुराना दोस्त कार्यरत था। बिना वक़्त बर्बाद किये वह

चाइना ट्रेड न्यूज़ के प्रमुख सम्पादक से मिला। दोनों ही को एक–दूसरे से पहले नहीं मिल पाने का पछतावा था। दोनों भिन्न–भिन्न मसलों पर लगातार दो दिनों से बातचीत करते रहे। उस मुलाक़ात का उल्लेख करते हुए जैक मा ने कहा, "ठीक मेरी ही तरह उस वक़्त उसे भी इंटरनेट के बारे में कोई जानकारी नहीं थी, लेकिन इंटरनेट की असीम सम्भावनाओं में उसका दृढ़ विश्वास था। उसने मुझसे कहा, 'जैक मा, मैं तुम्हारे पक्ष में हूँ।' "

प्रमुख सम्पादक उसे स्टेट इफॉर्मेशन सेंटर के प्रभारी से मिलाने के लिए लेकर गया लेकिन वहाँ पहुँचकर उसे गहरी निराशा हुई। निदेशक उनसे बातचीत के दौरान अपने दफ़्तर में इधर–उधर देखता रहा था, मानो इस विषय पर उनको अपनी अरुचि का संकेत दे रहा हो। जैक मा उसके आशय को साफ़–साफ़ समझ रहा था–स्टेट इनफॉर्मेशन सेंटर जैसा एक बड़ा संस्थान एक निजी कम्पनी के साथ काम करने पर कैसे विचार कर सकता है? जैक मा एक ऐसे आदमी से मिल रहा था जो उसे ख़ारिज करने पर तुला हुआ था।

इसके बावजूद जैक मा हारने को तैयार नहीं था। हार मान लेना उसकी आदत भी नहीं थी। अपने हमदर्दों और परिचितों की मदद से संस्कृति मन्त्रालय और स्टेट फिजिकल एंड स्पोर्ट्स कमीशन जैसे विभागों और मन्त्रालयों के अधिकारियों के साथ अनेक मुलाक़ातें कीं। हालाँकि 1995 में निजी क्षेत्रों का ख़ास दबदबा था भी नहीं।

यह बात ग़ौरतलब थी कि जैक मा का चाइना येलो पेजेज़ एक बहुत छोटा–सा वेबसाइट थी जो सुदूर यांग्तजे नदी के मुहाने से अपना कारोबार चलाता था। इसका कुल लाभ केवल दस लाख युआन था जो बीजिंग में केन्द्रीय मन्त्रालय के एक अधिकारी की नज़रों में एक बेहद मामूली–सी रक़म थी। उन्होंने अपनी भाव–भंगिमाओं से यह प्रकट कर दिया था कि जैक मा के साथ उनका काम करना एक हास्यास्पद क़दम होगा। 'जैक मा दी बुकवर्म' फ़ीचर में उसके उन संघर्ष से भरे दिनों को सूक्ष्मता से रेखांकित किया गया है जब वह अपने लक्ष्य तक पहुँचने के लिए बीजिंग में दीवारों से अपना माथा टकरा रहा था।

उस फ़ीचर को फ़िल्माने वाले पत्रकार फेन क्सिनमन के अनुसार–"कैमरे के सामने जब वह पहली बार आता है तो लगता है कि वह कोई बुरा आदमी है। उसके चेहरे से हमेशा एक तरह की धूर्तता टपकती रहती है और वह निरन्तर बोलता रहता है। लेकिन उसे सुनने वाले श्रोताओं के भावों को देखकर यह अनुभव होता है कि वह क्या कहने वाला है इसका अनुमान किसी को भी नहीं है।"

इसके बाद भी जैक की इस लगातार बातचीत से शिक्षित प्रतीत होते लोग प्रभावित होते हैं। उनमें श्रीमती फेन क्सिनमन भी शामिल हैं। इस फ़ीचर का प्रसारण चाइना सेंट्रल टेलीविज़न के कार्यक्रम ओरिएंटल होरिजन के अन्तर्गत हुआ था।

चीन में प्रिंट मीडिया विशेषकर केन्द्रीय शासन की मीडिया का व्यापक प्रभाव है। जैक मा और उससे प्रभावित शिक्षित लोगों के अथक प्रयासों से स्थितियाँ धीरे–धीरे अनुकूल होने लगीं। जब पीपल्स डेली समाचार–पत्र के सूचना विभाग ने जैक मा के बारे में सुना तो उसने जैक को एक व्याख्यान के लिए आमन्त्रित किया। ज़ाहिर सी बात है, उसने यह न्योता स्वीकार कर लिया–व्याख्यान देने का कोई भी अवसर वह हाथ से जाने भी नहीं देता था। एक अधिकार–सम्पन्न मीडिया के प्रमुख और अनेक इंजीनियरिंग इंस्टीट्यूट के विद्वानों को अपने सामने देखकर जैक मा किंचित रोषपूर्ण स्वर में बोलने लगा, "अन्य विकासशील देशों से यदि तुलना करें तो चीन के पास यह अन्तिम अवसर है। अगर यह अवसर भी जाता रहा तो शायद दूसरा मौक़ा न मिले और हमें पछताना पड़े। हम पहले ही बहुत कुछ गँवा चुके हैं और उसकी भरपाई करने के लिए हमें थोड़ा आक्रामक होने की ज़रूरत है।" जैक मा ने अपने व्याख्यान के लिए अच्छी तैयारी कर रखी थी।

उसका लहजा जोश और आक्रोश से भरा हुआ था लेकिन जो कुछ भी वह कह रहा था वह बहुत तर्कसंगत था। अब तक इंजीनियरिंग इंस्टीट्यूट के बड़े–बड़े विद्वानों का भी यही मानना था कि इंटरनेट चीन के राष्ट्रवाद के अनुकूल नहीं है। जैक मा ने उन तथाकथित 'विशेषज्ञों' की कड़ी आलोचना करते हुए स्पष्ट रूप से कहा कि इंटरनेट मानव सभ्यता के इतिहास में एक क्रान्तिकारी घटना साबित होगा। यह एक विरल आविष्कार है। यदि चीन को एक प्रतिबन्धित देश बना दिया जायेगा तो शेष दुनिया से इसका सम्पर्क टूट जायेगा, तब चीन के विकास की सभी सम्भावनाएँ समाप्त हो जायेंगी। मीडिया समूह के कर्मचारीगण दूरदृष्टि और अनुभवों से सम्पन्न लोग थे। उन्होंने ज़ोरदार तालियों के साथ जैक मा की बातों का समर्थन किया। जैक मा उन तालियों का मोल समझता था। उसने आँसू भरी आँखों से उनकी तरफ़ देखते हुए अपना मौन आभार प्रकट किया।

पीपल्स डेली के तात्कालिक प्रमुख सम्पादक फेन जिन्यी ने जैक मा के व्याखान पर तीखी टिप्पणी की थी। हालाँकि वे ख़ुद एक गम्भीर और सख़्त शिक्षाशास्त्री थे लेकिन उन्होंने भी इंटरनेट के अपरिहार्य और आसन्न विस्तार को तत्क्षण अनुभव कर लिया और यह भी समझ गये कि जल्दी ही पूरी दुनिया इसके असर की

गिरफ़्त में आने वाली है। अगले ही दिन उसने *पीपल्स डेली* को ऑनलाइन रजिस्टर्ड करने की अनुमति माँगते हुए केन्द्रीय अधिकारियों को एक अनुरोध–पत्र लिखा।

इस घटना के पीछे भी एक कहानी थी। *चाइना ट्रेड न्यूज़* के सम्पादक ने चांग अन क्लब के लेजर डाइनिंग हॉल में जैक मा का एक प्रेस कॉन्फ्रेंस आयोजित किया था। इस कॉन्फ्रेंस का उद्देश्य बीजिंग में चाइना येलो पेजेज़ के लिए साझीदारों की तलाश करना था। तीस से भी अधिक मीडिया समूहों के प्रमुखों के अतिरिक्त अनेक कामयाब रियल इस्टेट कारोबारियों ने आयोजन में शिरकत की। जैक मा और उसके टेक्निकल स्टाफ ने एक लम्बी अवधि से इस मौक़े की तैयारियाँ की थीं लेकिन आयोजन के कुछ दिन पहले ही उनको यह जानकारी मिली कि उच्चाधिकारियों ने इस आशय के काग़ज़ात बाँट दिये हैं और जैक मा को इंटरनेट का प्रसार करने की अनुमति नहीं दी है। जैक और उनका स्टाफ यह सुनकर अवाक् था। उनको लगा कि उनके बुरे दिन शुरू हो गये हैं। इसके बाद भी उन्होंने कुछ दस्तावेज़ इकट्ठे किये जो उपयोगी साबित हो सकते थे।

न्यूज़ कॉन्फ्रेंस अपने नियत समय पर आरम्भ हुआ। जैक मा ने अपने टेक्निकल स्टाफ की सहायता से वहाँ एक कम्प्यूटर और टेलीफ़ोन की लाइन जोड़ी जिनके ज़रिये उन्होंने उपस्थित लोगों को चाइना येलो पेजेज़ का सीधा प्रसारण दिखाया। उसके तुरत बाद जैक मा ने मंच से श्रोताओं को एक भावुक लेकिन स्पष्ट और तर्कसम्मत सन्देश दिया। अपने तक़रीबन एक घंटे के व्याख्यान में उसने इंटरनेट की विविध उपयोगिताओं पर खुल कर बात रखी। वहाँ मौजूद मेहमानों और पत्रकारों को उसकी आधी बातें ही समझ में आयीं और अभी भी वे एक दुविधा की मनःस्थिति में थे।

रात्रि–भोज के उपरान्त मेहमाननवाज़ ने रियल इस्टेट कारोबार के दो प्रतिनिधियों को जैक मा से मिलवाया। वह शायद अभी भी आशान्वित था कि वह जैक मा के लिए एक मोटी रक़म की व्यवस्था करने में कामयाब रहेगा। दूसरों की आर्थिक साझेदारी के बिना जैक मा अपने सपने को सच में बदलने की स्थिति में नहीं था।

जैक मा ने दोबारा अपनी हिम्मत बटोरी और उनको पुनः अपने विचारों और योजनाओं से अवगत कराया। वह फिर से घंटे भर लगातार बोलता रहा। दोनों प्रतिनिधि उसकी बातों से थोड़ा आश्वस्त दिखे, शायद इसीलिए उन्होंने सवाल किया– "क्या सरकार किसी निजी क्षेत्र को ऐसा कारोबार संचालित करने की इजाज़त देगी?" जैक मा निरुत्तर था। आख़िरकार देश के शीर्ष नेतृत्व ने इंटरनेट पर अपनी नीतियों को अभी तक स्पष्ट नहीं किया था।

जल्दी ही *पीपल्स–डेली* को ऑनलाइन रजिस्टर्ड होने की इजाज़त मिल गयी। इस सुविधा ने समाचार–पत्र को एक चमत्कारिक महत्त्व दे दिया। यह निर्णय इस बात का संकेत था कि *पीपल्स डेली* के ऑनलाइन होने का सीधा अर्थ था कि अब चीन में इंटरनेट का विस्तार होना तय था।

यह बात भी अब स्पष्ट हो चुकी थी कि पुराने सभी व्यवधान भी जल्दी से जल्दी दूर हो जायेंगे और इंटरनेट केवल बीजिंग ही नहीं बल्कि पूरे चीन में लोकप्रिय हो जायेगा। चाइना येलो पेजेज़ के लिए इस अवसर के सदुपयोग का यह सुनहरा समय था।

जैक मा एक विचारशील और जागरूक मस्तिष्क का मनुष्य था। वह इस बात से अच्छी तरह अवगत था कि इंटरनेट को लेकर राजनयिक अवरोधों के दूर होते ही पूँजी और तकनीक से सम्पन्न विदेशी कारोबारियों का एक बड़ा झुण्ड चीन की तरफ़ उन्मुख होने को बेचैन हो जायेगा। लेकिन चाइना येलो पेजेज़ के पास निवेश के लिए न तो पर्याप्त पूँजी थी और न ही अन्य आधारभूत सुविधाएँ थीं। उसके प्रतिस्पर्द्धियों की संख्या भी कम नहीं थी। इस तेज़ी से बदलते हालात में जैक मा को ख़ुद को स्थापित करना और अपने अस्तित्व को बचाये रखना एक चुनौती भरा काम था।

क्या वह अपने प्रतिस्पर्द्धियों को पीछे छोड़ने में सक्षम था? उस शाम जैक मा की पड़ताल का मुख्य मुद्दा यही था। बीजिंग में एक रिटेल की जगह के लिए उसे कितना किराया चुकाना पड़ेगा? अपने कारोबार के लिए लाइसेंस प्राप्त करने में उसे किन प्रक्रियाओं से गुज़ारना होगा? अपने किन परिचितों और कर्मचारियों पर वह विश्वास कर सकता है? जैसे–जैसे वह इन बिन्दुओं पर क्रमवार सोचता जा रहा था, वैसे–वैसे उसके चेहरे पर एक विश्रान्ति का भाव आता जा रहा था। बहुत गम्भीर पड़ताल के बाद वह इस निष्कर्ष पर पहुँच गया था कि बीजिंग में रहते हुए उसके आगे बढ़ने की सम्भावनाएँ नहीं के बराबर हैं।

जैक मा को उस पल यह अनायास महसूस हुआ कि उसके लिए अपने पैतृक प्रान्त ज्हेजिंग में एक लघु या मध्यम श्रेणी का उद्यम स्थापित करना अधिक उचित होगा। हालाँकि वह अभी अन्तिम नतीजे पर नहीं पहुँचा था लेकिन वह यह समझ चुका था कि चाइना येलो पेजेज़ को स्थायी रूप से बीजिंग में स्थापित करना असम्भव है। वहाँ बड़े–बड़े कारोबारियों से प्रतिस्पर्द्धा करने की उसकी क्षमता नहीं थी और इस कोशिश में वह उन चीज़ों को गँवाना नहीं चाहता था जो उसने इतनी कठिनाई से अर्जित की थीं। आख़िरकार उसने वापस हांगझोऊ लौट जाने का फ़ैसला कर लिया।

उसके बीजिंग में अल्प प्रवास की अवधि में हांगझोऊ में इंटरनेट व्यवसाय के क्षेत्र में आश्चर्यजनक कायान्तरण हो चुका था। सरकारी स्वीकृति मिलते ही वहाँ इंटरनेट कम्पनियाँ और वेबसाइट्स कुकुरमुत्ते की तरह फलने–फूलने लगे थे। दुनिया में कोई भी नकल करने में चीनी लोगों को मात नहीं दे सकता है।

बहरहाल इंटरनेट के क्षेत्र में हांगझोऊ में भी गलाकाट प्रतिद्वन्द्विता थी। पहले वहाँ ईस्ट.नेट खुला, उसके बाद एशियाइन्फो.कॉम और इन दोनों के बाद वेस्ट लेक नेटवर्क की स्थापना हुई। ठीक कल्चरल रेवोल्यूशन काल की तर्ज पर ही हांगझोऊ में रातोंरात इंटरनेट कम्पनियों के कई जत्थे पैदा हो गये थे। सब के पास कुशल नीतिकार और तकनीक विशेषज्ञ थे और सबका उद्देश्य दौड़ में सबसे आगे निकलना था।

उपभोक्ताओं के बाज़ार का आकार पूर्ववत था; इतनी सारी कम्पनियों के मन और लाभ के मुताबिक़ उनका बँटवारा कैसे किया जा सकता था? इस प्रश्न का सरल उत्तर था–जो सबसे योग्य होगा वही जीवित बचेगा। जो इस दौड़ में जीत रहे थे वही बचे रहे, हारने वाले स्वतः परिदृश्य से ग़ायब होते गये।

लोग अक्सर कहते हैं कि व्यापार की दुनिया भी युद्ध के मैदान की तरह होती है। सच भी यही है। इस आर–पार की लड़ाई में सबसे शक्तिशाली और जुझारू योद्धा ही अन्ततः विजयी होता है।

जैक मा के चाइना येलो पेजेज़ के पास यह तय था कि साहस, संसाधन और टीमवर्क की कोई कमी नहीं थी। उसमें भरपूर इच्छाशक्ति और धैर्य भी था। कम्पनी का सबसे बड़ा अवरोध निवेश के लिए मोटी पूँजी की अनुपलब्धता थी। युद्ध में ताकत का सबसे अधिक महत्त्व होता है, और इस युद्ध का सबसे बड़ा हथियार पैसा था। जैक मा के पास पूँजी नहीं थी! हांगझोऊ के तात्कालिक इंटरनेट परिदृश्य में वेस्ट लेक नेटवर्क सबसे ताक़तवर कम्पनी थी। उसके पास 300 मिलियन युआन की बड़ी पूँजी थी और वह चाइना टेलीकॉम की एक सहायक कम्पनी थी। यह स्पष्ट था कि पूँजी के मामले में जैक मा को कोई सहयोग मिलने की उम्मीद नहीं थी। चाइना येलो पेजेज़ के सामने मानो लोहे का एक बड़ा हथौड़ा लिए कोई विशालकाय दैत्य खड़ा था। जैक मा और चाइना येलो पेजेज़ दोनों ऐसी विषम स्थिति में थे जहाँ न वे पीछे मुड़कर लौट सकते थे और न ही आक्रमण कर सकते थे, अन्यथा दोनों ही उस हथौड़े के प्रहार से चपटे हो सकते थे।

दूसरी तरफ़ वेस्ट लेक नेटवर्क अपनी रणनीति के मामले में अधिक चतुर था। उसने सुनियोजित तरीक़े से अपनी वेबसाइट का नाम चाइनीजपेज.कॉम रख लिया जो

चाइना येलो पेजेज़ से बहुत हद तक मिलता–जुलता नाम था। दोनों के अंग्रेज़ी हिज्जे में मामूली अन्तर था। जैक मा की वेबसाइट का हिज्जा chinapage.com था जबकि वेस्ट लेक नेटवर्क की वेबसाइट का हिज्जा chinesepage.com था। इस तरह की धूर्तता व्यापारिक दुनिया में सामान्य मानी जाती है लेकिन इसके अच्छे या बुरे परिणाम अद्भुत हो सकते हैं। यदि जैक मा इस आधार पर कोई मामला दर्ज़ करता तो निश्चित रूप से वेस्ट लेक नेटवर्क की ओर से उसे दोनों नामों के हिज्जे ग़ौर से देखे जाने की नसीहत मिलती। दोनों नामों में पूरी साम्यता भी नहीं थी।

इस मामले में कुछ भी नहीं किया जा सकता था। कारोबार की दुनिया में जब कोई भी गुणवत्ता पर आधारित अच्छा उत्पाद बाज़ार में उतारता है तो उसे कई बार इन स्थितियों का सामना करने के लिए तैयार भी रहना पड़ता है। यहाँ भी कुछ ऐसा ही हुआ। एक पेचीदा क़ानूनी लड़ाई के बाद आख़िरकार जैक मा के चाइना येलो पेजेज़ को हार का सामना करना पड़ा। इस तरह के दूसरे दुष्परिणाम भी उसकी प्रतीक्षा कर रहे थे। उसके ग्राहकों की संख्या में भारी गिरावट आ गयी और उसके लिए अपने कर्मचारियों की तनख़्वाह देना भी कठिन हो गया।

जैक मा के पास अपनी कम्पनी के विलय के अतिरिक्त अब कोई अन्य विकल्प नहीं बचा था। वेस्ट लेक नेटवर्क एक नयी कम्पनी की स्थापना की शर्त पर चाइना येलो पेजेज़ में निवेश करने के लिए सहमत हो गया। यह तय हुआ कि नये उपक्रम के मात्र 30% शेयर पर जैक मा के चाइना येलो पेजेज़ का अधिकार होगा जबकि बाकी के 70% शेयर पर वेस्ट लेक नेटवर्क का स्वामित्व होगा। इसका सीधा अर्थ था, वेस्ट लेक नेटवर्क के पास नीति–निर्धारण और नियन्त्रण के लिए पर्याप्त और निर्णायक अधिकार थे। बाहरी तौर पर यह भले ही प्रतीत होता हो कि यह एक संयुक्त उपक्रम था लेकिन कठोर सच यही था कि चाइना येलो पेजेज़ के बढ़ते हुए पंखों को वेस्ट लेक नेटवर्क द्वारा कतरा जा चुका था।

लेकिन बीजिंग में अपने अल्प–प्रवास के बाद ही जैक मा और उसकी टीम अपनी जड़ों को फिर से फैलाने के लिए दक्षिण में हांगझोऊ लौट आये थे। लेकिन उनकी कल्पना के विपरीत वहाँ भी स्थितियाँ पूरी तरह से बदल चुकी थीं। चीन की दो अग्रणी मोबाइल सेवा देने वाली कम्पनियों में से एक चाइना टेलीकॉम ने अपनी अधीनस्थ कम्पनी वेस्ट लेक नेटवर्क के माध्यम से एक नयी कम्पनी की स्थापना कर अपनी विशाल पूँजी का बेहतरीन उपयोग किया था। अब चाइना येलो पेजेज़ उसकी अधीनस्थ कम्पनी थी। कम्पनी लोगों के आर्थिक दोहन के लिए अपने संसाधनों का भरपूर

उपयोग करने में जुट गयी थी। जिस वेबपेज को बनाने के लिए अन्य कम्पनियाँ 5,000 युआन का शुल्क लेती थीं, उसके लिए चाइना येलो पेजेज़ सिर्फ़ 1,000 युआन वसूल रही थी।

नवम्बर 1997 की बात है। हांगझोऊ में एक नमी से भरी ठण्ड पसरने लगी थी। चीन के दक्षिणी इलाके में जाड़े ने दस्तक दे दी थी। जैक मा चाइना येलो पेजेज़ में अपनी टीम के 40 लोगों के साथ पर्यटन–स्थल तोंग्लू गया हुआ था। यह शहर सड़क के किनारों पर क़तारों में टँगे लाल रंग की लालटेनों से निकलती सुन्दर रोशनियों के लिए मशहूर था। जैक मा उस रोज़ पूरी यात्रा में चुप रहा था। उसने बस में किसी से भी कोई बात नहीं की। शायद वह थका हुआ था। उसके साथी उसकी मनःस्थिति को बखूबी समझते थे; वह जीवन के एक कठिन और चुनौती भरे दौर से गुजर रहा था।

उस शाम जैक मा ने रेस्टोरेंट में सबके लिए शब्दार खानर का ऑर्डर किया। जब सबने डिनर शुरू किया उसी वक़्त जैक मा धीरे–से अपनी कुर्सी से उठ खड़ा हुआ। उसके चेहरे पर एक तनाव था और उसने अपनी बात शुरू की। यह उसकी टीम के लिए पहला अवसर था जब उसने जैक मा की आवाज़ में उसकी चिरपरिचित हिम्मत और ऊर्जा महसूस नहीं की। उसके भीतर के जन्मजात हौसले के बरअक्स यह एक शुष्क और स्पष्ट घोषणा थी।

जैक मा ने अपने साथियों को बताया कि वह अपने पद से इस्तीफ़ा देने जा रहा है ताकि वह लौटकर राजधानी जा सके और वहाँ ख़ुद को स्थापित करने की एक और कोशिश कर सके। साथ ही उसने एक लिस्ट निकालकर उन आठ लोगों के नाम भी पढ़े जिन्हें वह अपने साथ ले जाने की सोच रहा था। अपनी संक्षिप्त बात ख़त्म करने के बाद वह दोबारा अपनी जगह पर बैठ गया।

उसके बोल लेने के बाद वहाँ इतना गहरा सन्नाटा फैल गया कि एक पिन गिरने तक की आवाज़ सुनी जा सकती थी। जब सब दोबारा सजग हुए तो उन्हें रेस्टोरेंट के कोलाहल की आवाज़ सुनाई पड़ी। इस घोषणा की कल्पना किसी ने नहीं की थी। वह केवल चाइना येलो पेजज़ का संस्थापक ही नहीं बल्कि कम्पनी का दिल और उसकी आत्मा भी था। बिना आत्मा के किसी का भी अस्तित्व सम्भव नहीं था?

वहाँ उपस्थित सभी लोग जैक के इस्तीफ़े से चाइना येलो पेजेज़ पर पड़ने वाले प्रभावों से अवगत थे। कोई यह नहीं चाहता था कि जैक मा कम्पनी को छोड़कर

जाये। पिछले दो वर्षों की कड़ी मेहनत, क़ानूनी लड़ाइयों और दूसरी कई अड़चनों से क्या यही हासिल होना था?

कमरे में बैठा एक–एक आदमी अवर्णनीय सकते में था। कुछ तो ख़ुद पर क़ाबू नहीं रख पाये और रोने लगे। देखते–देखते डिनर–पार्टी का माहौल दमघोंटू हो गया। बहुत से साथियों ने जैक मा को इस दूसरे उत्तर–अभियान में साथ लिए चलने का अनुरोध किया। लेकिन जैक मा ने मानो निष्ठुरता का कवच पहन रखा था। उसने कहा–"आपको मना करने में मुझे अफ़सोस हो रहा है लेकिन यह सम्भव नहीं है। चाइना येलो पेजेज़ किसी भी क़ीमत पर जारी रहना चाहिए। अगर आप सब मेरे साथ चलेंगे तो उसे कौन सँभालेगा?"

सच तो यह था कि ख़ुद जैक मा के लिए यह निर्णय लेना आसान नहीं था। उसे भी बहुत सोचना पड़ा था। यह उसके जीवन का शायद सबसे मुश्किल निर्णय था। आख़िरकार उसके लिए चाइना येलो पेजेज़ उसकी सन्तान की तरह था। उसको जन्म देने से लेकर उसकी परवरिश करने में उसने कितने कष्ट सहे थे। कम्पनी को इस स्थिति तक पहुँचाने में कि वह अपने पैरों पर चल सके, जैक मा ने अपना सर्वस्व दाँव पर लगा दिया था। लेकिन अगर वह इस्तीफ़ा नहीं देता तो उसे कमोबेश निठल्ला बैठे अपना जीवन व्यतीत करना पड़ता। वह चाइना येलो पेजेज़ के नये निदेशक मण्डल में शामिल नहीं था। वहाँ उसकी ख़ुद की तरक्की के लिए कोई गुंज़ाइश नहीं बची रह गयी थी। साथ ही कम्पनी की साख भी बचाने की आवश्यकता थी।

सबसे पहला इस्तीफ़ा जैक मा को हे यिबिंग ने सौंपा जो चाइना येलो पेजेज़ का एक वरिष्ठ सदस्य था। वह इतने क्रोध में था कि कुछ भी सुनने को तैयार नहीं था। उसके बाद जैक मा ने अपना इस्तीफ़ा दिया। उसने कम्पनी को स्वयं को मुक्त कर देने का एक अनुरोध–पत्र लिखा। 1997 के अन्त में चीन के विदेश–व्यापार मन्त्रालय के ई–कॉमर्स सेंटर ने उसे एक अभिभूत कर देने वाला आमन्त्रण भेजा। सेंटर ने जैक मा को अपने अधीन एक उपक्रम का हिस्सा बनने का न्योता दिया था।

उसने अपने विश्वासपात्रों में से आठ लोगों को अपने साथ बीजिंग ले जाने के लिए चुना। तदुपरान्त उसने कम्पनी में अपने हिस्से का 21% शेयर उन 32 लोगों में बाँट दिया जिसे वह कम्पनी का कामकाज देखने के लिए छोड़कर जा रहा था। जिन साथियों ने उसकी कम्पनी के सबसे संघर्ष भरे समय में भी हमेशा उसका साथ दिया, उनको यह सब बताते हुए जैक मा अपनी भावनाओं पर नियन्त्रण नहीं रख पाया था। पैसों की चाह उसने जीवन में कभी नहीं की। अपने कठिनतम समय के साथियों के

बीच अपने हिस्से का शेयर बाँट देने के बाद अन्ततः उसने राहत महसूस की। उसने भरोसा जताया कि वे लोग मेहनत करना जारी रखेंगे और अपनी मेहनत के बूते पर अपने भविष्य को उज्ज्वल और जीवन को सार्थक बना सकेंगे।

जैक मा एक वफ़ादार इन्सान था। अपने साथ वह अपने कुछ ही क़ाबिल साथियों को लेता गया। चाइना येलो पेजेज़ के अनेक प्रतिभाशाली इंजीनियरों के साथ–साथ वह अपनी टीम के अधिकांश महत्त्वपूर्ण साथियों को हांगझोऊ में ही छोड़ता गया। जैक मा यह दिल से चाहता था कि कम्पनी अधिक से अधिक तरक्की और विस्तार करे। उसने कहा, "चाइना येलो पेजेज़ से इस्तीफ़ा देने का फ़ैसला मैं ने उस वक़्त किया था जब कम्पनी ने मुनाफ़ा कमाना शुरू ही किया था। उस साल कम्पनी का कुल टर्न ओवर 7 मिलियन युआन था। इससे भी महत्त्वपूर्ण बात यह थी कि चाइना येलो पेजेज़ मेरे लिए मेरे बेटे की तरह था। इसके बाद क्या होगा यह मैं नहीं जानता था, लेकिन मैं ऐसा कुछ भी नहीं कर सकता था जिससे उसे नुक़सान हो।"

बन्दरगाह से रवानगी

बदलिंग, बीजिंग का पश्चिमोत्तर इलाका। क्षितिज के धुँधलके और पहाड़ों की लहरदार चोटियों के बीच साँप की तरह रेंगते भूदृश्य—सुन्दर, मनोरम, प्रभावशाली और भव्य नज़ारों से भरा इलाका। यह बीजिंग से लगी चीन की महान दीवार का हिस्सा है। अपने निर्माण के सैकड़ों साल बाद भी दीवार का यह हिस्सा अपेक्षाकृत अधिक सुरक्षित बचा हुआ है। यांशन की दृढ़ और ऊँची पर्वत शृंखलाओं से गुज़रती यह महान दीवार हालाँकि अपनी प्राचीनता के दाग—धब्बों से भरी हुई लेकिन इसके बावजूद अभी भी अविचल खड़ी है। यहाँ घूमने के लिए आये लोगों के लिए यह दीवार इस बात का भी प्रतीक है कि एक देश के रूप में चीन एक प्राचीन, समृद्ध और जीवन्त इतिहास रहा था। यह एक अविरल और असमाप्य सभ्यता का इतिहास था।

दीवार पर बने प्रहरी कक्षों के आसपास अनेक फेरी वाले घूम रहे थे। जैक मा ने अपनी टीम के सभी लोगों के लिए एक—एक काली टी—शर्ट ख़रीदी। यह एक सामान्य सी टी—शर्ट थी, बस उसके सामने वाले हिस्से पर एक वाक्य लिखा था, "वह जो कभी भी चीन की महान दीवार पर नहीं चढ़ा है, एक पक्का मर्द नहीं है।" टी—शर्ट को देखकर लोगों के मुँह से हँसी फूट पड़ी। इस लिखे संकेत के ज़रिये जैक मा क्या कहना चाहता था, इस बात को वे शायद समझ चुके थे।

यह तब की बात है जब उन सबको बीजिंग में रहते हुए तक़रीबन एक साल हो चुका था। समय कितनी तेज़ी से गुज़रता है! चाइना येलो पेजेज़ से लेकर चीन में आयी नयी—नयी समृद्धि के इस अन्तराल में जैक मा और उसकी टीम अनेक व्यावसायिक दृष्टिकोणों से गुज़री थी।

बीजिंग पहुँचने पर विदेशी व्यापार मन्त्रालय ने उनका ज़ोरदार स्वागत किया था। जैक मा ने मन्त्रालय की वेबसाइट 'गुओफुतोंग' के महाप्रबन्धक का पद सम्भाल लिया था। विदेशी व्यापार मन्त्रालय के साथ उसका सम्पर्क पहले से भी था; मन्त्रालय की पुरानी वेबसाइट में भी उसी ने सहायता की थी। लेकिन इस बार इस मन्त्रालय में वह

बिल्कुल नयी हैसियत से आया था। उसकी अपेक्षा के विपरीत मन्त्रालय के कामकाज का तरीक़ा बिल्कुल भिन्न था।

इस बात को ख़ुद जैक मा ने कुबूल किया कि यद्यपि वह ऐसा आदमी हरगिज नहीं था जो किसी को धोखा दे लेकिन उस समय परिस्थितिवश उसने अपने सहकर्मियों से झूठ कहा। वह बीजिंग को एक सुन्दर और विश्वस्तरीय महानगर बनाना चाहता था और साथ ही विदेशी व्यापार मन्त्रालय की सम्भावनाओं को पूरी तरह से उजागर करना चाहता था। लेकिन मन्त्रालय की जो वेबसाइट उन सबने तैयार की थी वह इंटरनेट से जुड़ी हुई नहीं थी और केवल मन्त्रालय के आन्तरिक क्रियाकलापों के काम आती थी। उस वेबसाइट में केवल सरकार के आधिकारिक काग़ज़ात प्रकाशित होते थे और उनका सम्बन्ध सरकार द्वारा नियन्त्रित और संचालित उद्यमों से था। इसका अर्थ स्पष्ट था कि जैक मा और उसकी टीम को वह सब करने की इजाज़त नहीं थी जो वे करना चाहते थे बल्कि वे सिर्फ़ वही कर सकते थे जो उनको करने को कहा जाता था। यहाँ समस्या पैसे का अभाव बिल्कुल नहीं थी।

जैक का मन इस काम में नहीं रम पा रहा था। उसकी रुचि तो इंटरनेट में थी। वह एक ऐसी वेबसाइट बनाना चाहता था जो पूरी दुनिया के सूचना–तन्त्र से जुड़ी होती। इसके ज़रिये वह एक ऐसा प्लेटफ़ार्म चाहता था जो चीनी कारोबारियों को अपना विज्ञापन करने और चीन को वैश्विक उद्योग–धन्धे स्थापित करने जैसे दोहरे उपयोग में काम आता। लेकिन यह उसके सपने से अधिक कुछ भी नहीं था। आज्ञा का परिपालन करने और यथास्थिति में रहने के सिवा फ़िलहाल उसके पास दूसरा विकल्प नहीं था। अपनी इन विवशताओं के कारण जैक मा अवसाद में डूबता जा रहा था।

लेकिन एक साल बाद ही उन्हें बड़ी कामयाबी मिली। उन्होंने चीनी प्रौद्योगिकी के निर्यात के लिए ऑनलाइन व्यापार की सुविधा की शुरुआत की। ऑनलाइन निवेश और एक उपभोक्ताओं के लिए निर्यात के साथ–साथ विदेशी व्यापार से सम्बन्धित वेबसाइट्स भी आरम्भ की गयी। विदेशी व्यापार से सम्बन्धित वेबसाइट को चाइनीज़ गवर्नमेंट इंटरनेट इंजीनियरिंग की तरफ़ से वर्ष 1999 के लिए विशिष्ट वेबसाइट के रूप में भी अनुशंसित किया गया था।

'दी ऑनलाइन ट्रेडिंग प्लेटफ़ॉर्म फ़ॉर चाइनीज गुड्स' की शुरुआत के ज़रिये चीन की सरकार ने पहली बार बड़े पैमाने पर ई–कॉमर्स को आयोजित करने का काम किया था। शीगुंगशेंग जो उस समय विदेश व्यापार मन्त्रालय के प्रमुख थे, ने इस घटना को "एक अन्तहीन व्यापार मेले" का नाम दिया था। उसी समय जैक मा याहू के सह

संस्थापक जेरी यांग के साथ एक समानान्तर काम करने में भी लगा था ताकि गुओफुतोंग को चीन में याहू का विशेष विज्ञापन एजेंट बनाया जा सके। अपने अधिकारों और संसाधनों की समस्त सीमाओं के बावजूद जैक मा अभी भी अपनी कार्यपद्धति से दूसरों को चमत्कृत कर देने की क्षमता रखता था। वह ऐसा ही आदमी था जिसे बेकार बैठना नागवार था। इस उपलब्धि के बाद अनेक समाचार–पत्रों ने उसकी बहुत प्रशंसा की और उसे और उसके सहयोगियों को 'ड्रीम टीम' का नाम दिया।

उस साल जैक मा की वेबसाइट 'गुओफुतोंग' और उससे सम्बद्ध इकाई 'ट्रेडिंग प्लेटफ़ॉर्म फ़ॉर चाइनीज गुड्स' ने उस वर्ष 2.8 मिलियन युआन का शुद्ध लाभ कमाया। स्पष्ट था कि जैक मा के साथी अपने वेतन में सम्भावित बढ़ोतरी से अत्यन्त प्रसन्न थे। उनके लिए अब ये लाखों युआन अधिक मायने नहीं रखते थे।

सच यह है कि व्यवस्था का हिस्सा बनना उनके लिए बहुत लाभकारी था। वे लाभ अर्जित करने की स्थिति में अवश्य पुरस्कृत किये जाते थे लेकिन घाटे की स्थिति में उन्हें किसी तरह की भरपाई करने की बाध्यता नहीं थी। व्यवस्था की विफलताओं से दूसरे काम की प्रगति अवश्य रुक जाती थी लेकिन उनका वेतन मिलना निश्चित था। जैक मा ने ख़ुद अपने बारे में यह कहा कि उसे अक्सर ऐसा लगता है कि वह मात्र एक सरकारी कर्मचारी है। ऐसी स्थिति में एक बड़े देश की सरकारी वेबसाइट का मुखिया अनुभव भी क्या कर सकता था? एक बड़े विभाग में एक महत्त्वपूर्ण ओहदे पर काम करने के बावजूद जैक मा अन्दर से सन्तुष्ट नहीं था। इसके भीतर कहीं एक आक्रोश छुपा बैठा था। उसकी कोई भी सलाह को सहमति नहीं मिलती थी और न ही उसके किसी प्रस्ताव को स्वीकृत किया जाता था। उसका वास्तविक सपना एक विश्वव्यापी ई–कॉमर्स के माध्यम का निर्माण करना था। लेकिन उसे अक्सर अपनी इस मंज़िल से बहुत दूर होने की पीड़ा बहुत तकलीफ़ देती थी।

यह बात जैक मा ने कई बार कही थी कि उसका लक्ष्य पैसा कमाना कतई नहीं था, उसका सपना कुछ विशेष करना था। मन्त्रालय उसके इस सपने को पूरा करने की अनुकूल जगह नहीं थी। इस बात को समझने में उसकी ज़िन्दगी के कई साल निकल गये।

बहुत सोचने–समझने के बाद उसने एक फ़ैसला लिया। हमेशा नये–नये विचारों से प्रेरित होते रहना जैक मा की मूल प्रवृत्ति भी थी। वह अपने जिन साथियों को अपने साथ बीजिंग लेकर आया था, उसने उन सबको एक साथ जुटाया और घोषणा की–"मैं आप लोगों के सामने तीन विकल्प रखता हूँ। पहला, मैं आपके

तबादले की अनुशंसा याहू को कर देता हूँ। याहू आपको ख़ुशी–ख़ुशी अपने साथ रख लेगा, बल्कि आपको तनख़्वाह भी ऊँची देगा। दूसरा, आप सिना या सोहू (चीन की दो अग्रणी इंटरनेट कम्पनी) चले जाइए। वहाँ भी आपको अच्छे पैसे मिलेंगे। तीसरा, मेरे साथ हांगझोऊ लौट चलिए। वहाँ आपको केवल 800 युआन वेतन में मिलेंगे। आपको अपने रहने की व्यवस्था स्वयं करनी होगी लेकिन आपका घर मेरे घर से पाँच मिनट से अधिक की दूरी पर नहीं हो, जहाँ आपको काम करने आना होगा। काम पर पहुँचने के लिए आपको टैक्सी लेने की इजाज़त नहीं होगी। अब चुनाव आपको करना है।"

अपनी बात पूरी करने के बाद जैक मा बैठ गया और जवाबों का इन्तज़ार करने लगा। वह उनके फ़ैसलों का उसी तरह से इन्तज़ार कर रहा था जैसे कठघरे में खड़ा कोई आरोपी करता है। जज उसकी टीम थी, उनके सहयोगी थे, आठ दोस्तों का वह समूह था जिसे वह अपने साथ हांगझोऊ से लेकर आया था।

ये आठों वे लोग थे जिन्होंने चाइना येलो पेजेज़ के संघर्ष भरे दिनों से लेकर देश के स्तर पर जैक मा की जंग में उसका साथ दिया था। अब वे केवल तकनीकी दक्षता से सम्पन्न विशेषज्ञ भर नहीं थे बल्कि अब वे ऑनलाइन विपणन, उपभोक्ता विज्ञापन और ई–कॉमर्स की प्रगति के अनुभवी पेशेवर भी थे। साथ–साथ कई सालों के अथक परिश्रम के बाद उन स्बके अपने–अपने सम्पर्क और अपने–अपने ग्राहक भी थे। संक्षेप में कहें तो वे उस वक़्त के चीन में इंटरनेट की दुनिया के नामी–गिरामी लोग थे। उनसे बेहतर इंटरनेट की पेचीदा दुनिया को समझने और इंटरनेट कम्पनियों में काम करने वाले व्यक्ति दुर्लभ थे।

जैक मा भी कोई हवाई बातें नहीं कह रहा था। वह वाकई इस स्थिति में था कि किसी के लिए भी एक अच्छी नौकरी और बीजिंग में रहते हुए एक आरामदेह ज़िन्दगी जीने की सिफ़ारिश कर सकता था। इसके पीछे जैक मा के सम्पर्क–सूत्रों और उसके साथियों की निजी प्रतिभा दोनों कारण थे।

बहरहाल किसी ने भी जैक मा को न तो कुछ कहा और न उसको समझाने की ही कोशिशें कीं क्योंकि सब इस बात को जानते थे कि इन प्रयासों का कोई लाभ नहीं है। उनके पास अपने चयन और निर्णय के अतिरिक्त कोई अन्य विकल्प नहीं था। एक–एक कर सभी कमरे से बाहर निकल गये। जैक मा ने उनको सोचने के लिए तीन दिन का समय दिया था कि वे बीजिंग में रहना चाहते थे या फिर उसके साथ वापस लौटना चाहते थे।

अजीब बात यह हुई कि किसी ने भी तीन दिन नहीं लगाये। दस मिनट के बाद ही वे आठों कमरे में लौट आये थे और उन्होंने जैक मा को समवेत स्वर में जवाब दिया था, "हम तुम्हारे साथ वापस लौटना चाहते हैं!" जैक मा अपने आँसुओं को रोक नहीं पाया। दुनिया में इससे बेशक़ीमती चीज़ कोई दूसरी हो सकती थी क्या?

सभी मुश्किलों में एक साथ जुड़े रहना, समस्त प्रतिकूलताओं में एक–दूसरे का हाथ थामे रहना, किसी को अकेला नहीं छोड़ना–उनके बीच कोई औपचारिक और गम्भीर वचनबद्धता, साथ जीने–मरने जैसी कोई भी प्रतिज्ञा नहीं थी। लेकिन अपनी परस्पर प्रतिबद्धता से आठ लोगों के उस समूह ने यह दिखा दिया कि वे एक–दूसरे से अलग नहीं हो सकते थे। अच्छी और बुरी दोनों ही स्थितियों में वे साथ थे और एक पूरी दुनिया में तहलका मचा देने वाले एक चीनी ई–कॉमर्स प्लेटफॉर्म को बनाने के लिए प्रतिबद्ध थे।

उसी समय जैक मा ने खुद से यह वायदा किया, "मेरे साथियों ने कभी मुझे सर झुकाने का अवसर नहीं दिया। मैं भी किसी क़ीमत पर उनका माथा झुकने नहीं दूँगा।" सबने एक साथ विदेश व्यापार मन्त्रालय को अपना इस्तीफ़ा सौंप दिया।

उस रोज़ जैक मा और उसकी टीम को चीन की महान दीवार देखने जाने के पीछे की यही कहानी थी। बदलिंग की चोटियाँ बहुत ऊँची और खरी थीं। महान दीवार उन चोटियों की ऊँचाइयों और घाटियों की गहराइयों से होती हुई गुज़रती थीं। चोटियों पर दीवार के जो हिस्से थे उनकी सीढ़याँ लगभग खड़ी थीं। जब वे सब 'स्लोप ऑफ़ हीरोज़' तक पहुँचे, उनके कपड़े पसीने से लथपथ हो चुके थे।

शिखर के ऊपर हड्डियाँ कँपकँपा देने वाली हवाएँ चल रही थीं। सुदूर उत्तर में दूर–दूर तक फैला हुआ यांशन पर्वत दिखायी दे रहा था। दक्षिण में एक जामुनी कुहासे की तह में राजधानी का विस्तार था। गहरे रंग की ईंटों वाली इमारतों पर टाइल्स की पीली छतें, झुके हुए कंगूरे और अर्द्धवृत्ताकार छज्जे। उन सबके और बीजिंग शहर के बीच से जुयोंगगुँ का मनोरम लेकिन ख़तरनाक पहाड़ी दर्रा गुज़रता था। यह कहा जाता है कि यही वह जगह है जहाँ ली जिचेंग ने किसानों की अगुवाई करते हुए बीजिंग की सीमाओं का अतिक्रमण किया था और मिंग वंश का खात्मा किया था। यहाँ पहुँचने वाले हर एक आदमी ने मानव–अस्तित्व की जिजीविषा और क्षणभंगुरता से पस्तहाल इतिहास को बड़ी शिद्दत से महसूस किया होगा। घोड़ों के खुरों की निर्मम और रौंदती

हुई आवाज़ों और युद्धभूमि की रक्तस्नात चीत्कार शायद यहाँ अभी भी महसूस की जा सकती थी। कहना कठिन था कि ऐसी जगह पर मनुष्य की कल्पनाएँ कैसी–कैसी हो सकती हैं। अचानक टीम में से एक आदमी ने घाटियों की तरफ़ चिल्लाते हुए कहा, "क्यों? क्यों इतना कुछ खोने के बाद भी हम प्रतिकार में इतना कम पाते हैं!"

दरअसल उन सबने अपनी उम्र की सबसे क़ीमती साल संघर्ष करते हुए गुज़ार दिये थे, लेकिन उन्हें सब कुछ एक नये सिरे से शुरू करना था। भविष्य के गर्भ में उन सब के लिए क्या छिपा था? उस वक़्त जैक मा के पास उन सवालों का कोई जवाब नहीं था। वह तो बस इसी जुनून की गिरफ़्त में था कि एक दिन उसे एक ऐसी वेबसाइट बनाना है जिस पर एक दिन सभी चीनियों को गर्व का अनुभव हो सके उस शाम बीजिंग में भारी बर्फ़बारी हुई थी। वे सभी टहलते हुए एक होटल की तरफ़ बढ़ गये ...

उनके आसपास बर्फ़ के फाहे गिर रहे थे लेकिन उनके भीतर एक कचोटती हुई अनुगूँज की तरंगें उठ रही थीं। जैक मा और उसके साथियों के लिए यह बीजिंग की आख़िरी रात थी। अलीबाबा के मुख्यालय में उन अनमोल और भावुक पलों की रिकॉर्डिंग वाला वीडियो टेप आज भी सम्भाल कर रखा हुआ है। यह न केवल मन की पीड़ा और असहाय महसूस करने की मनःस्थिति का दस्तावेज़ है बल्कि जैक मा और उसकी टीम की अदम्य इच्छाशक्ति और नैतिक आदर्शों का मिसाल भी है। साथ ही यह उनके नये उपक्रम के आरम्भ का भी जीवन्त प्रमाण है।

तूफ़ान से भरी उस रात वे सभी हांगझोऊ लौट गये। एक अवधि तक तैयारियों में लगे रहने के बाद जैक मा और उसकी टीम के सदस्य जैक के वेस्ट लेक के किनारे वाले घर में इकट्ठे हुए। अब उसकी टीम में 18 लोग थे–बुद्ध के वास्तविक शिष्य 18 अर्हतों की तरह। वे एक नयी कम्पनी की स्थापना की योजना पर बातचीत करने के उद्देश्य से इकट्ठे हुए थे। उन 18 लोगों में बीजिंग से जैक मा के साथ लौटी टीम के अलावा बाक़ी उपस्थित सदस्य भी जैक मा के छात्र, सहकर्मी और मित्र ही थे। दूसरी तरह से कहें तो वे सभी वही लोग थे जो जैक मा का सम्मान और उस पर विश्वास करते थे। वे सभी पहले कभी–न–कभी जैक मा के साथ व्यापार की दुनिया में काम कर चुके थे। वे आपस में सबको सहजता से समझते थे। उन्होंने साथ मिलकर बड़े–बड़े तूफ़ानों का सामना किया था और अब फिर से इस स्थिति के लिए तैयार थे।

जैक मा ने बड़े मनोयोग से विषय पर अपनी बात शुरू की–"यहाँ से हम एक महायात्रा का आरम्भ कर रहे हैं। हमारा बी 2 बी (बिज़नेस टू बिज़नेस) समाधान

ऑनलाइन सेवा उद्योग में भूचाल लाने जा रहा है। इस अँधेरे सफ़र को हमें एक–दूसरे को टटोलते रहते हुए पार करना है। जब हमें कुछ हासिल हो जायेगा तो हम एक साथ मिलकर रोयेंगे। जब मैं आपमें से किसी एक को आगे चलने के लिए कहूँगा तो घबराइयेगा नहीं। फिर जब दर्जनों लोग पूरी तैयारी के साथ मिलकर आगे चलेंगे तो घबराना किस बात से है?"

यह वह समय था जब इंटरनेट एक तीव्र विस्तार के युग में प्रवेश कर चुका था सिना, सोहू और नेटईज जैसी चीनी कम्पनियाँ अपनी रणनीतियों और संसाधनों के कारण बाज़ार में न केवल स्थापित हो चुकी थीं बल्कि अपनी कामयाबी का झण्डा भी लहरा रही थीं। केवल ई–कॉमर्स ही एक ऐसा क्षेत्र बचा रह गया था जहाँ अभी भी एक अनिश्चितता की स्थिति बनी हुई थी। छोटी–छोटी कम्पनियाँ अलबत्ता अमेजन, याहू और अन्य इंटरनेट धुरन्धरों की नकल की कोशिशें करके नाकाम हो चुकी थीं।

चीनियों की सबसे बड़ी ताक़त और प्रतिभा यह है कि वे दूसरों की नकल करने में माहिर होते हैं। उन्हें बस किसी नये विचार की भनक लगनी चाहिए, वे यथाशीघ्र उस विचार को वास्तविकता में बदल सकते हैं। दूसरी तरफ़ उनकी सबसे बड़ी कमज़ोरी कल्पनाशीलता और अन्वेषण की क्षमता का अभाव है। इन्हीं अवरोधों के कारण उनका मौलिक योगदान लगभग नहीं के बराबर है। जैक मा उनसे भिन्न था। वह एक प्रतिभासम्पन्न व्यक्ति था और लकीर का फ़क़ीर बने रहना उसे नामंजूर था। एशियाई ई–कॉमर्स कन्वेशन में उसने इस बात पर ग़ौर किया कि इस क्षेत्र पर अमेरिकन और यूरोपियन कारोबारियों का वर्चस्व था। उसने इस बात पर भी गौर किया कि वे अपनी शर्तों पर अपना कारोबार चला रहे थे।

उस समय भी ई–कॉमर्स का कोई ऐसा मॉडल अस्तित्व में नहीं आया था जो एशियाई बाज़ार की आवश्यकताओं के अनुरूप बनाया गया हो। उसी वक़्त जैक मा ने एक ऐसा ई–कॉमर्स प्लेटफ़ॉर्म बनाने का लक्ष्य बनाया जो इस कमी की भरपाई करने में सक्षम था। अब रात–दिन वह इस लक्ष्य को यथार्थ में बदलने का सपना देखता था।

बी2बी के इस चीनी संस्करण में आख़िर कौन–सी अनोखी बात होगी? जैक मा ने इस जिज्ञासा को इन शब्दों में स्पष्ट किया–"आज की वित्तीय दुनिया में बड़ी कम्पनियाँ उन

विशालकाय व्हेल की तरह हैं जो जीवित रहने के लिए न केवल छोटी मछलियों का शिकार करती हैं बल्कि अन्य जीवों को भी मार डालती हैं। दूसरी तरफ़ छोटी–छोटी मछलियाँ अपने गुज़ारे के लिए व्हेल की जूठन पर निर्भर हैं। इस पारस्परिक सम्बन्ध के सिद्धान्त पर दोनों का ही अस्तित्व बचा रहता है।"

"इंटरनेट एक व्यक्ति–केन्द्रित उद्योग है। इंटरनेट पर अपेक्षाकृत छोटे उद्यमों को भी अपने उत्पादों को प्रस्तुत करने के लिए स्वतन्त्र जगह उपलब्ध होती है। ये उत्पाद उपयोग, आकार और रूप–रंग में भिन्न–भिन्न होते हैं। यहीं इंटरनेट अपनी महत्त्वपूर्ण और परिवर्तनकारी भूमिका के साथ उपभोक्ताओं तक पहुँचता है। यदि उद्यमी धनी हो और ख़रीददार निर्धन हो तो इंटरनेट निर्धनों की सबसे बड़ी ताक़त बन सकता है क्योंकि एक छोटे उद्यम को भी अपना वेब पेज बनाने में उतना ही शुल्क लगता है जितना कि किसी बड़े उद्यम को लगता है। मैं यहाँ इसलिए हूँ ताकि इस आर्थिक क्रान्ति में मैं निर्धन लोगों का नेतृत्व कर सकूँ।"

संक्षेप में, जैक मा छोटे और मध्यम आकार के उद्योगों के लिए एक वेबसाइट बनाना चाहता था। जब उसने बीजिंग छोड़ा था तब उसने ज्हेजिंग और यांग्तजे नदी के मुहाने पर स्थापित लघु और मध्यम उद्योगों का क़रीब से मुआयना किया था। हांगझोऊ इन दोनों स्थानों का केन्द्र था; जहाँ से दोनों स्थानों को नियन्त्रित किया जा सकता था।

उस मीटिंग में जैक मा ने अपनी जेब के सारे पैसे निकालकर उनको टेबल पर रख दिया था और कहा था, "इस उपक्रम में हम उतने ही धन लगाने की स्थिति में हैं जो हमारी बचत के पैसे हैं। हम किसी भी क़ीमत पर परिवार के सदस्यों और दोस्तों से कर्ज़ नहीं लेंगे क्योंकि इस प्रयास में हमारे नाकाम होने की भी पर्याप्त सम्भावनाएँ हैं। हमें मानसिक तौर पर बुरे से बुरे नतीजे के लिए तैयार रहना होगा। जहाँ तक मेरी बात है, अगर मुझे माइक टायसन (अमेरिकी बॉक्सिंग चैम्पियन) अपने मुक्के से मार गिराता भी है तो मैं फिर से उठ खड़ा होऊँगा और तब तक लड़ता रहूँगा जब तक ज़िन्दा रहूँगा।" वह आगे कहता है–"आप सब यह सुनिश्चित कर लें कि आप अपने पास कम से कम इतना पैसा ज़रूर रखें कि आप खा सकें, बाक़ी पैसे इस टेबल पर रख दें। याद रखिए आप केवल नेतृत्वकर्ता बन सकते हैं। जहाँ तक योद्धाओं की बात है, मैं खुद उनको कहीं से भी ढूँढ़ निकालूँगा। आप सभी बेहद कुशल और प्रतिभाशाली व्यक्ति हैं और मैं खुद आप सबसे सीखने का इच्छुक हूँ।" यह वीडियो टेप अभी भी सहेज कर रखा गया है।

थोड़ी देर रुकने के बाद उसने फिर से कहना शुरू किया, "हम तीन मुख्य लक्ष्यों के साथ ई–कॉमर्स कम्पनी की स्थापना करेंगे–

"पहला, हम एक ऐसी कम्पनी की शुरुआत करेंगे जो कम से कम 80 साल तक चले।

"कम्पनी की स्थापना लघु और मध्यम चीनी उद्योगों के हितों को ध्यान में रख कर की जायेगी।

"तीसरा, एक दिन यह दुनिया की सबसे बड़ी ई–कॉमर्स कम्पनी बनेगी और यह दुनिया की शीर्ष दस वेबसाइट्स में से एक होगी।"

उसने जिन लक्ष्यों के बारे में कहा उन्हें हासिल कर पाना बड़ी महत्त्वाकांक्षाएँ थीं। उनके बारे में सुनकर सभी की धड़कनें तेज़ हो गयीं। उसे घेर कर बैठे उसके 18 अनुगामियों की आँखों में एक चमकता हुआ जुनून दिखायी पड़ रहा था। यह ठीक–ठीक कहना बहुत मुश्किल था कि वे सभी ई–कॉमर्स वेबसाइट के भविष्य के बारे में सोच कर ख़ुश थे या फिर इस बात पर प्रसन्न थे कि वे ऐसी वेबसाइट की नींव डालने जा रहे हैं जो एक दिन दुनिया की दस शीर्ष वेबसाइट्स में शामिल होगी। बहरहाल उनकी अगुआई जैक मा कर रहा था और उनके लिए यही सबसे बड़े संतोष की बात थी। अगर उसे "शीर्ष दस" में रखना है तो सब मिलकर कम्पनी को "शीर्ष दस" में शामिल होने लायक बना सकते हैं, जैक मा की बात और क्षमता पर सबको इतना अधिक विश्वास था।

किसी ने भी जैक मा की बातों के प्रत्युत्तर में कुछ नहीं कहा। बल्कि एक तरह से सभी उसके साथ थे और सबने आपस में मिलकर 500,000 युआन इकट्ठे किये। इस छोटी और नाकाफ़ी पूँजी की बदौलत उनको अपने आगे का सफ़र तय करना था। 500,000 युआन में दुनिया की सबसे बड़ी ई–कम्पनी की स्थापना के बारे में सोचना भी मुश्किल था। उन्होंने अपनी भावी योजनाओं का आकलन इस तरह से किया जैसे लंगर खोलने के पहले मछुआरा समुद्र की लहरों को देखता हो।

धन से जुड़ी हुई एक विश्व प्रसिद्ध अरब किंवदन्ती है। चीन की तरह अरब की संस्कृति का इतिहास भी बहुत प्राचीन है; चीनी और अरबी दोनों ही लोगों की धन के प्रति गहरी मोहग्रस्तता रही है। इसलिए अरब संस्कृति को चीन में एक विशेष सम्मान की दृष्टि से देखा जाता है। उस अरबी मिथक में मेहनती, ईमानदार और

दयालु अलीबाबा का ज़िक्र मिलता है जिसे भाग्यवश सोने–चाँदी और हीरे–जवाहरात का एक बड़ा ख़ज़ाना हाथ लग जाता है। इसीलिए अलीबाबा को अरबी मान्यता में दया, ईमानदारी और समृद्धि का भी पर्याय माना गया है। क्या एक नये वेबसाइट के लिए 'अलीबाबा' से अधिक प्रभावशाली, स्पष्ट और अर्थपूर्ण कोई दूसरा नाम सम्भव था, जो एक सामान्य आदमी को समृद्ध बनाने के उद्देश्य के साथ स्थापित किया गया था?

जैक मा को अपनी कम्पनी के इस नामकरण पर कई सालों तक गर्व रहा था। शुरू में जब उसने इस नाम का चयन किया था तो उसे कई मुश्किलों का सामना करना पड़ा था। अपनी वेबसाइट का नाम 'अलीबाबा' रखने से पहले जैक मा ने बहुत शोध और अन्वेषण किया था। लेकिन जब वह इस नाम को रजिस्टर कराने गया तो उसे सूचना मिली : "इस नाम का 'डोमेन' पहले से ही रजिस्टर्ड है।"

प्रश्न यह था कि आगे बढ़ा जाये या रास्ता बदल दिया जाये? क्या एक नयी शुरुआत की जाये या उस आदमी से मिला जाये जिसने इस 'डोमेन' को स्थापित किया था? जैक मा ने दूसरा विकल्प चुना क्योंकि उसकी नज़र में कोई दूसरा नाम नहीं था जो उसकी वेबसाइट के उद्देश्यों को इतनी समग्रता के साथ पेश कर सके। छानबीन के बाद उसे जानकारी मिली कि इस वेब पेज को एक कैनेडियाई नागरिक ने रजिस्टर कराया था। इस 'डोमेन' को हासिल करने का सिर्फ़ एक ही उपाय था कि उसे ख़रीद लिया जाये।

थोड़ी मोलतोल करने के बाद वह कैनेडियाई अपने वेब पेज के नाम को 10,000 अमेरिकी डॉलर में बेचने के लिए राज़ी हो गया। जैक मा ने तुरत अपनी रज़ामन्दी दे दी। इस तरह अपनी बुनियादी पूँजी का पाँचवां हिस्सा उसने केवल इसी सौदे में ख़र्च कर डाला था।

अब अलीबाबा नाम की चीनी वेबसाइट जिसका मुखिया जैक मा था कामयाबी के साथ ऑनलाइन रजिस्टर हो चुकी थी। अब अलीबाबा के मालिक वह और उसकी टीम थे। अलीबाबा की मार्केटिंग टीम के प्रमुख जहाँग पु ने 'डोमेन' के इस नाम के पीछे का रहस्य इस तरह से खुलासा किया था–"हमने यह महसूस किया कि अलीबाबा से बेहतर कोई दूसरा नाम नहीं हो सकता था क्यों?

"पहला, अलीबाबा एक विश्वप्रसिद्ध और प्राचीन अरबी मिथक का नायक था।

"अलीबाबा एक सहजता से बोला जा सकने वाला शब्द है जो इंटरनेट की दुनिया में 'डोमेन' के उच्चारण में महत्त्व रखता है। यह आसानी से लोगों को याद रह सकता है।

"तीसरा, अपनी अर्थवत्ता की दृष्टि से यह एक समृद्ध नाम है। जब भी कोई अलीबाबा के बारे में सुनता है, उसके ज़ेहन में पहली बात क्या आती है? 'खुल जा सिम–सिम!' लोग भी यही चाहते हैं कि उनके लिए सब कुछ 'सिम–सिम' की तरह खुल जाये। यह कहानी ख़ज़ाने और दौलत के बारे में है, इसलिए लोग उस तक पहुँचने के दरवाज़े भी अलीबाबा की तरह ही जादुई ढंग से एक लफ़्ज के इशारे पर खुलता हुआ देखना चाहते हैं।

"अलीबाबा कारोबारियों के लिए एक प्लेटफ़ॉर्म है। इसकी स्थापना का उद्देश्य व्यापार को बढ़ावा देना है। अलीबाबा नाम इसलिए भी उपयुक्त है क्योंकि यह कारोबारियों को पैसे कमाने के लिए उकसाता है। दूसरी तरफ़, अगर लोगों को यह कहानी मौलिक रूप में याद होगी तब वे यह भी जानते होंगे कि अलीबाबा एक ईमानदार नायक था जिसने कभी दूसरों को ठगने का काम नहीं किया।

"इन सब मुद्दों पर बहुत विचार करने के बाद हम इस नतीजे पर पहुँचे कि हमारी कम्पनी के लिए इससे बेहतर कोई दूसरा नाम नहीं हो सकता। हम लोगों को यह बताना चाहते हैं कि इंटरनेट के ज़रिये वही कारोबार सफल हो सकता है जो ईमानदारी के साथ किया गया है। इसलिए हमारे 'डोमेन' का नाम अलीबाबा है।"

जहाँग पु ने अपनी बात बहुत तर्कपूर्ण तरीक़े से रखी थी। अलीबाबा मूलतः तीन बातों का प्रतीक था–दौलत, ईमानदारी और सौभाग्य। अभी कम्पनी ठीक से खड़ी भी नहीं हुई थी इसके बावजूद उन्होंने अपनी आरम्भिक पूँजी का पाँचवाँ हिस्सा केवल 'डोमेन' को रजिस्टर्ड कराने में ख़र्च कर दिया था। बहुत से लोगों जिनमें कई तो जैक मा के बहुत क़रीबी दोस्त थे, को भी यह बात समझ में नहीं आयी कि जैक मा ने क्या सोच कर ऐसा किया था। लेकिन अपने दृढ़ विश्वास के कारण जैक मा ने यह साबित कर दिया कि कम्पनी के नामकरण में ख़र्च की गयी एक–एक पाई वसूल हो गयी थी।

जैक मा बिल्कुल सही था। 2006 में जब चीन के निजी उपक्रमों पर हरुन रिपोर्ट जारी की गयी तो अलीबाबा ब्रांड को 2.7 अरब अमेरिकी डॉलर की कम्पनी बन चुकी थी। बहरहाल तत्काल बाद जैक मा ने अलीमा और अलिबोबो को भी रजिस्टर करा लिया और इस तरह पूरे अली परिवार यानी माँ, पिता और पुत्र तीनों पर अब जैक मा का एकाधिकार हो चुका था। अपनी वेबसाइट और कम्पनी दोनों के निबन्धन के बाद जैक मा सुनियोजित शान्ति के साथ अपनी यात्रा पर आगे बढ़ चुका था। अपने लक्ष्य के प्रति वे इतने समर्पित थे कि उन्होंने न तो विज्ञापन पर अपव्यय किया न ही प्रशंसकों के हुजूम पर। वेस्ट लेक के किनारे जैक मा के निजी घर पर 18 लोगों ने

अपना कम्प्यूटर ऑन किया और जैसे ही उसे इंटरनेट से जोड़ा, वैसे ही अलीबाबा अपने बन्दरगाह से एक नयी यात्रा पर निकल गया।

बहुत से लोग यह अनुमानतः कहते हैं कि जैक मा की इस ख़ामोश शुरुआत के पीछे एक सोची–समझी व्यावसायिक रणनीति थी। उनके अनुसार जैक मा ने ऐसा इसलिए किया ताकि वह मीडिया और जनता का ध्यान दूसरी तरफ़ से अपनी तरफ़ आकर्षित कर सके। लेकिन यह सच नहीं था। इस ख़ामोश शुरुआत की साफ़ वजह यह थी कि उनके पास धूमधाम से उद्घाटन करने के लिए फिजूल पैसे नहीं थे। उसी साल जून के शुरू में ही अलीबाबा नाम के इस 'विशाल' समूह की पूरी पूँजी समाप्त हो चुकी थी। उसके कर्मचारी सस्ती क्सिअली टैक्सियों पर आते–जाते थे। महँगी कार ख़रीदने की उनकी हैसियत नहीं थी। प्रतिदिन एक दर्जन लोग रात–दिन लगातार थके और निचुड़े हुए जैक मा के घर में काम करते रहते थे। प्यास लगने पर वे गर्मी के कारण अपनी शीतलता गँवा चुका पानी पीते और भूख लगने पर तुरन्त पकाया जा सकने वाले नूडल्स खाते थे। जब वे बहुत थका हुआ महसूस करते थे तो ज़मीन पर लगे बिस्तरों पर थोड़ी देर तक लेट जाते थे। प्रचार के अभाव में तो बहुत सारे लोगों को यह भी पता नहीं था कि वेस्ट लेक के किनारे अलीबाबा नाम की कोई कम्पनी भी है। लेकिन इतनी कठिनाइयों के बीच भी वे जो कर रहे थे वह गुणवत्ता की दृष्टि से अनोखा था।

उनका सपना एक अन्तर्राष्ट्रीय स्तर की वेबसाइट बनाने का था। जैसा कि वे आपस में परिहास में कहते भी थे कि उनकी नज़र स्थानीय स्तर के मुक़ाबलों में नहीं है बल्कि सीधे वर्ल्ड कप पर है। इसलिए उनका ध्यान सबसे अधिक विदेशी फर्मों पर था, जिनमें से अधिकतर यह भी नहीं जानते थे कि वे जिस वेबसाइट का उपयोग कर रहे हैं वह किस स्थान पर स्थापित है।

कुछ समय के बाद अमेरिका की *बिज़नेस वीकली* को इस साइट के बारे में पता चला और जब उसने जैक मा का इंटरव्यू करना चाहा तो उसे यह पता ही नहीं था कि यह साइट कहाँ से अपना काम कर रही है। अपने तमाम सूत्रों का इस्तेमाल करने पर पत्रिका बामुश्किल अनुमान लगा सकी कि वह जगह शायद चीन के हांगझोऊ में हो सकती है।

बिज़नेस वीकली ने सबसे पहले चीन के विदेश व्यापार मन्त्रालय से सम्पर्क किया और उसके बाद कामयाब हुए। पत्रिका के संवाददाताओं ने जैक मा से सम्पर्क किया और वेस्ट लेक के किनारे बने कम्पनी के मुख्यालय के बारे में जानकारी ली।

दरवाज़े पर दस्तक देने के बाद जब वे कमरे में दाख़िल हुए तब भीतर का नजारा देख कर हक्के–बक्के रह गये। क्या यही वह अलीबाबा था जिनके बारे में उन्होंने सुन रखा था?

तब तक दुनिया भर में अलीबाबा के हज़ारों ग्राहक बन चुके थे। वे अमेरिका, यूरोप और जापान जैसी जगहों में फैले हुए थे और कई तो विश्वस्तर पर प्रसिद्ध थे। इस सच के बावजूद कि उनका ई–कॉमर्स प्लेटफ़ॉर्म दुनिया भर की विशिष्ट कम्पनियों और और नागी–गिरामी हस्तियों को अपनी सेवाएँ दे रहा था, अलीबाबा अभी भी अपने उसी पुराने कमरे से अपना कामकाज कर रहा था। उनके कामकाज के सादगी भरे अन्दाज़ से पत्रकार बहुत प्रभावित हुए। वे दंग थे कि वे ज़मीन पर लगे बिस्तरों पर सोते थे।

मई, 1999 में हांगझोऊ के एक मशहूर अख़बार ने एक आलेख छापा। उसका शीर्षक था, "विश्व व्यापार में अपनी उपस्थिति दर्ज कराने की कोशिश करने वाले अलीबाबा ने साक्षात्कार देने से इनकार कर दिया।" अन्तर्राष्ट्रीय स्तर पर स्थापित होने का सपना देखने वाली कोई वेबसाइट एक इंटरव्यू देने के लिए कैसे मना कर सकती है? ऐसी बात पहले किसी ने नहीं सुनी थी। आख़िर एक विश्वस्तरीय व्यापारिक वेबसाइट प्रचार की भूखी इस समय में मीडिया की दिलचस्पी की उपेक्षा कैसे कर सकती है?

यह सवाल एक लम्बे अरसे तक टेलीविज़न और प्रिंट मीडिया के पत्रकारों के लिए जिज्ञासा का विषय बना रहा। दूसरी तरफ़ जैक मा को अलीबाबा में मीडिया की दिलचस्पी से हैरत होती थी। पत्रकारों ने अलीबाबा के साथ संवाद बनाने की अनेक कोशिशें कीं। जैक मा की अनिच्छा के बाद भी मीडिया की रुचि आश्चर्यजनक तरीक़े से बढ़ती गयी।

जैक मा मीडिया से जितना दूर भाग रहा था, मीडिया उतना ही उसके पीछे पड़ा हुआ था। जैक यह नहीं चाहता था। बहरहाल *बिज़नेस वीकली* ने अलीबाबा पर फ़ीचर फ़िल्म की लम्बाई की एक प्रभावशाली रिपोर्ट निर्मित की। इस साक्षात्कार की रिलीज के साथ–साथ उसी वक़्त कई आर्टिकल्स भी अख़बार–पत्रिकाओं प्रकाशित हुए और नतीजतन अलीबाबा अपनी रहस्यमयता के कारण पूरी दुनिया में मशहूर हो गया। विदेशों में अलीबाबा न केवल एक बड़ा हिट साबित हुआ बल्कि उसके वेबसाइट के उपयोगकर्ताओं में भी बेतहाशा वृद्धि हुई।

अलीबाबा के बारे में जैक मा का एक आरम्भिक वक़्तव्य समझ से परे प्रतीत होता है। कम्पनी की नींव डालने के पहले उसने कहा था कि वह एक ऐसी कम्पनी बनाना

चाहता है जो 80 वर्षों तक टिक पाये। बाद में उसने सालों की संख्या बढ़ाकर 102 कर दी। इस आँकड़े के कारण सबके मन में एक कौतूहल पैदा हो गया। ठीक वैसा ही कौतूहल जैसा किसी करतबबाज का अगल करतब देखने के लिए दर्शकों के मन में होता है। क्या 100 साल पर्याप्त नहीं होते? या फिर 110 साल सुनने में अधिक अच्छा नहीं लगता? 100 के साथ 2 को जोड़ने की मंशा आख़िर क्या हो सकती है?

सबसे पहले उस व्याख्या को समझना ज़रूरी है जो उसने 1980 में की थी–

"सौ की संख्या सुनने में थोड़ी अधिक प्रतीत होती है। सब लोग 100 के आँकड़े के बारे में बातें करते हैं। ख़ास तौर पर चीनी लोग, जबकि एक चीनी कम्पनी की औसत उम्र छः सात साल ही होती है। आप इसे 13 साल मान लें। अधिक से अधिक 18 साल भी मान लें तो ऐसी स्थिति में 80 साल एक दैत्याकार लक्ष्य है!

"आख़िर किसी के लिए 100 सालों तक जीना क्यों ज़रूरी है? मेरी समझ से एक आदमी के लिए 80 साल का जीवन–वृत्त पर्याप्त है। हर आदमी भ्रूण से विकसित होता है, जन्म लेता है, बड़ा होता, तरक्की करता है, बूढ़ा हो जाता है और आख़िर में मर जाता है। इसलिए मेरी नज़र में 80 वर्ष तक का लक्ष्य पर्याप्त है। मेरे आधार का मुख्य कारण यही है। पिछले हफ्ते हमने अपनी चौथी सालगिरह मनाई है और शेष बचे 76 साल अभी भी हमारे सामने हैं।

"अगर आप यह पूछेंगे कि कम्पनी सफल है या असफल तो मेरा यही जवाब होगा कि हमें आने वाले 76 वर्ष तक इसकी प्रतीक्षा करनी चाहिए। यदि उस वक़्त के आने के पहले हम नष्ट हो गये तो साफ़ मतलब है कि हम असफल हो गये। अगर 80 साल के बाद भी हम जीवित बचे रहे तो समझिये कि हम सफल हो गये। मैंने जीवन में बहुत अधिक लाभ कमाने के बारे में कभी नहीं सोचा है। हमारी कम्पनी के चार आधारभूत सिद्धान्त हैं और उनमें दूसरा यह है कि पैसे कमाना हमारी प्राथमिकता नहीं है।

"हमारा उद्देश्य उन कारोबारों की रूपरेखा बदलना है जिनको हम अपनी सेवाएँ देते हैं। हमें अपने ग्राहकों के साथ समाज के लिए भी कुछ मूल्य स्थापित करना है। और, हमारी कम्पनी का सर्वोच्च लक्ष्य यही है।"

अपने 80 वर्षीय लक्ष्य के बारे में अधिक स्पष्ट करते हुए जैक मा ने दोंगगुँ शहर में आयोजित वेब फोरम में आगे कहा–

"साल 2000 में हमारा मुख्य नारा 80 साल तक जीवित रहना था। हमने इस आँकड़े के बारे में यूँ ही बिना सोचे–विचारे नहीं कह दिया था। यह बात हमने बहुत

गम्भीरतापूर्वक सोचने के बाद कही थी। 1999 में इंटरनेट उद्योग के बहुत सारे लोग मैदान छोड़ कर भाग खड़े हुए जबकि उनकी कम्पनी को बाज़ार में लिस्टेड हुए अभी आठ महीने भी नहीं हुए थे। चीन में हर कोई यही कह रहा था कि इंटरनेट में निवेश करना व्यावसायिक ग़लती है। इसीलिए बहुत कम्पनियों ने अपने हाथ खड़े कर दिये। मुझे इसकी कोई चिन्ता नहीं थी क्योंकि मैंने 80 सालों तक इन्तज़ार करना पहले ही तय कर लिया था। 80 साल का लक्ष्य सुनकर वही भाग खड़े होंगे जो अधीर और थके हुए लोग होंगे।"

एक 80 साल तक चल सकने वाली कम्पनी को स्थापित करने के पीछे जैक मा की मूल अवधारणा यही थी। यदि आप उसके कहे के अन्तर्निहित अर्थों को समझने की कोशिश करें तो आपको उसकी बातों में छुपी हुई महत्त्वाकांक्षा और ग्राहकों के प्रति अपनी ज़िम्मेदारियाँ दोनों की ही झलक दिखेगी। उसका उद्देश्य मुनाफ़ा कमाना नहीं था, इस बात का क्या अर्थ है? क्या कोई ऐसी कम्पनी शुरू की जा सकती है जो पैसे कमाना नहीं चाहती हो?

वास्तविकता यह थी कि एक उद्योगपति जिसका आदर्श जिन योंग के उपन्यासों का हीरो फेंग किन्यंग था, जब ऐसी बात कहता है तो उसका बहुत गहरा अर्थ होता है। जब उसने यह कहा कि मुनाफ़ा कमाना उसका असल मक़सद नहीं था, तो इसका सीधा मतलब यह था कि यह उसका दूसरा या तीसरा मक़सद रहा होगा। व्यापार का लक्ष्य ही पैसे कमाना होता है लेकिन यह उसकी पहली प्राथमिकता नहीं होनी चाहिए। वास्तविक लक्ष्य की प्राप्ति के लिए बेहद सूक्ष्म तरीक़ों का इस्तेमाल करना–जैक मा के काम का यही सलीका था।

तब अलीबाबा का पहला मक़सद क्या था? अलीबाबा अपनी सेवाओं के ज़रिये समाज और ग्राहकों के लिए नये प्रतिमान स्थापित करना चाहता था। एक बार समाज और ग्राहकों का समूह उसके द्वारा स्थापित प्रतिमानों के अनुरूप हो जाते तो कम्पनी को अपने आधारभूत लक्ष्यों को हासिल करने में कोई व्यवधान नहीं होने वाला था। यह केवल व्यक्ति केन्द्रित लाभ अर्जित करने से कहीं बेहतर व्यावसायिक लक्ष्य था। मुनाफ़े को प्राथमिकता बना कर कुछेक वर्षों के लिए अपना वजूद बचाये रखना सम्भव है लेकिन इस प्राथमिकता के आधार पर 80 सालों तक बने रहना असम्भव है।

जैक मा की रणनीति इसी कारण से बेमिसाल और अनोखी थी। अलीबाबा के अस्तित्व और व्यापार दोनों की बुनियादी और प्रेरक ताक़त यही मूल्य थे। 2004 में जब अलीबाबा अपनी स्थापना की पाँचवीं सालगिरह मना रहा था तो यह जैक मा

को अपने लक्ष्य के कार्यकाल को आगे बढ़ा देने का सबसे उपयुक्त अवसर लगा। इस तरह से पूर्व में निर्धारित 80 सालों तक बचे रहने की रणनीति को बढ़ाकर 102 वर्ष कर देने की घोषणा के पीछे यही राज था। अलीबाबा की स्थापना बीसवीं सदी के अन्तिम साल में हुई थी, 102 वर्षों तक सुचारु रूप से चलने के लक्ष्य का सीधा अर्थ कम्पनी को तीन सदियों के विस्तार तक सफलतापूर्वक संचालित करने से था। इस लक्ष्य के साथ अलीबाबा तीन सदियों की सीमाओं को छूने वाली पहली चीनी कम्पनी बन सकती थी।

अपने लक्ष्य के पूर्वनिर्धारण के साथ अपने सपनों का आरम्भ करना उनकी सफलताओं के लिए बहुत महत्त्वपूर्ण होता है। अलीबाबा ने भी तीन शताब्दियों की समय–सीमा को छूने का लक्ष्य बनाया था ताकि वह एक महान अन्तर्राष्ट्रीय कम्पनी बन सके। इसकी नींव बीसवीं सदी के आख़िरी साल 1999 में पड़ी थी और बाईसवीं सदी के पहले साल अर्थात् 2101 को छूने का उसका सपना था। दरअसल वे अपने ग्राहकों को इस बहाने विश्वास दिलाना चाहते थे कि कम्पनी उनको गुणवत्ता पर आधारित दीर्घकालिक सेवा देने के लिए वचनबद्ध है।

जैक मा ने यह बात भी कही, "हम एक बहुत बड़ी चीनी कम्पनी का गठन करना चाहते थे। 2009 में कम्पनी के दस साल पूरे होने तक हम दुनिया की 500 शीर्ष कम्पनियों की सूची में शामिल होना चाहते थे।

"अस्तित्व बचाये रखना आदमी की सबसे बड़ी ज़रूरत होती है, इसलिए मैंने हरेक आदमी को उस सफलता के पीछे भागने से रोकने की कोशिश की जो अभी हासिल नहीं हो सकी थी। जैसे ही हम अपने आपको सफल मान लेते हैं वैसे ही हमारा अधोपतन भी शुरू हो जाता है। हम असफलता की बातें नहीं करते हैं और न ही हम सफलता को स्वीकार करते हैं। बस हमें हर हाल में 102 सालों तक टिके रहना है।

"पहले यह लक्ष्य 80 सालों का था। जैसे ही मैंने यह आँकड़ा बताया बहुत से लोग हमें छोड़ कर चले गये। अब मैं अगली सदी के प्रवेश तक कम्पनी टिकी रहे, यह चाहता हूँ। उससे पहले अगर 30 दिसम्बर, 2099 को भी यदि हम दिवालिया हो गये तो मेरी नज़र में यह हमारी असफलता होगी।

"सामान्यतः लोगों के लिए कम्पनी स्थापित करने का उद्देश्य पैसे कमाना है। जब कि मैं इसे 102 साल पूरे करने के लक्ष्य को हासिल करने के क्रम में पिछले सौ सालों में हमारे संगठित श्रम के उपयोग के अध्ययन का सर्वोत्तम तरीक़ा मानता हूँ।

"अलीबाबा और अन्य दूसरी कम्पनियों में सबसे बड़ा अन्तर वह प्रेरणा है जो हमें एक संगठन, एक संस्कृति और एक तन्त्र की स्थापना की ऊर्जा देती है। हम एक अर्थ तन्त्र विकसित करना चाहते हैं जो काम करने वालों को एक उद्देश्यपूर्ण और विश्वसनीय अवसर प्रदान कर सके। हम एक ऐसा अर्थ तन्त्र विकसित करना चाहते हैं जिसमें हम अपने लिए कर्मचारियों के चयन, उनके प्रशिक्षण और उनके भविष्य–निर्माण तीनों का दायित्व निभा सकें।

"इसलिए अपने अल्पकालिक लाभ के लिए हम अन्तर्राष्ट्रीय बाज़ार में सूचीबद्ध नहीं होंगे। अलीबाबा की स्थापना के अभी केवल सात साल हुए हैं। हमारे पास न केवल 95 साल और बचे हैं बल्कि इस अवधि में हमें अनेक आधारभूत कौशल भी सीखने हैं। इसीलिए मैं अपने पाँव हमेशा ज़मीन पर टिकाये रखना चाहता हूँ। मैं अलीबाबा को एक ऐसी विशाल कॉरपोरेशन नहीं बनाना चाहता हूँ जिसका मैं मुखिया रहूँ। मैं इतना समर्थ हूँ भी नहीं। लेकिन मुझे इस बात का पक्का विश्वास है कि मेरा उत्तराधिकारी अवश्य इसके योग्य होगा।"

मई 1999 में जब कम्पनी गम्भीर वित्तीय संकट के समय से गुज़र रही थी, अचानक जैक मा को एक आदमी की याद आयी। दुर्बल शरीर, चौकोर आईने में एक भावशून्य चेहरा। चमकीले सूट और चमड़ों के जूते पहने, थोड़ी जल्दीबाज़ी में लेकिन फिर भी सुव्यवस्थित और निर्णयों में दृढ़। कौन था वह शख़्स?

उस आदमी का नाम की चोंग्क्सिन था जो उससे एक प्रभावशाली रिज्यूम के साथ मिला था। वह ताइवान के एक प्रतिष्ठित परिवार में जन्मा था और पढाई के लिए 13 साल की उम्र में ही अमेरिका चला गया था। उसके बाद उसने पूर्वी एशिया की अर्थव्यवस्था का अध्ययन करने के लिए येल यूनिवर्सिटी में दाखिला लिया और पीएच.डी. भी की। 1990 में उसने क़ानून की डिग्री भी हासिल की और न्यूयॉर्क में टैक्स सम्बन्धी क़ानूनों में परामर्श देना शुरू कर दिया। 1994 में वह न्यूयॉर्क की विदेशी निवेश कम्पनी में उपाध्यक्ष और क़ानूनी सलाहकार बन गया। वह निवेश और अधिग्रहण क़ानूनों की विशेषज्ञ कम्पनी थी। 1995 में उसने उत्तरी यूरोप की एक अधीनस्थ कम्पनी में निवेश प्रबन्धक और उपाध्यक्ष का उच्च पद ग्रहण कर लिया। यह अधीनस्थ कम्पनी अपनी मुख्य कम्पनी के शेयर के एक बड़े हिस्से की स्वामी भी थी। इस कम्पनी में उसका उत्तरदायित्व एशियन प्राइवेट इक्विटी इन्वेस्टमेंट फंड के कामों को देखने का था।

उस समय अलीबाबा चीन से अधिक विदेशों में अपना सम्मानजनक स्थान बना

चुका था जब कम्पनी ने 10 मार्च, 1999 में अंग्रेज़ी भाषा में अपने वेबसाइट की शुरुआत की। इस नयी पहल ने *फोर्ब्स* और *न्यूज़वीक मैगजीन* जैसे अनेक अन्तर्राष्ट्रीय समाचार माध्यमों का ध्यान अपनी ओर आकृष्ट किया। अधिक से अधिक लोग ई–कॉमर्स वेबसाइट अलीबाबा की अचानक उपस्थिति के कारण उसे बड़े कौतुक से देख रहे थे।

इंटरनेट के उस विस्तार–युग में इंटरनेट कम्पनियों में निवेश करना कारोबार की दुनिया का नया चलन बन चुका था। अलीबाबा भी ई–कॉमर्स के क्षेत्र में बहुत तेज़ी से तरक्की करती हुई साइट थी। यह नये जोश और विचारों से सम्पन्न एक नयी ताज़गी से भरी कम्पनी थी, इसलिए इसकी लोकप्रियता भी बहुत तेज़ी से बढ़ रही थी। यह ई–कॉमर्स के लिए भी सम्भवतः अपने उत्कर्ष का काल था। इसी बीच की चोंग्क्सिन ने मई 1999 में अपनी हांगझोऊ यात्रा का कार्यक्रम बनाया। वह जैक मा से मिलने और अलीबाबा को देखने के उद्देश्य से आया था।

दोनों एक–दूसरे से मिले और लम्बी बातचीत की। जैक मा के लिए यह समय–समय पर होने वाली उसकी सामान्य मुलाक़ातों की तरह था। लेकिन जैसा कि हमेशा से होता था, इस मुलाक़ात में भी जैक मा बोल रहा था और बाक़ी लोग श्रोताओं की तरह सुन रहे थे।

वह ई–कॉमर्स, अलीबाबा, अपने 80 साल के लक्ष्य, नयी योजनाओं और दुनिया की शीर्ष 500 कम्पनी में एक बनने के अपने सपने जैसे भिन्न मुद्दों पर लगातार बोलता जा रहा था। की चोंग्क्सिन ने उसे बीच में एकाध बार टोकने की कोशिश ज़रूर की लेकिन अन्ततः उसे भी यह महसूस हो गया कि उसे सिर्फ़ एक जोड़ी कानों की ज़रूरत है क्योंकि उसकी जुबान ने काम करना बन्द कर दिया था।

लेकिन इस अस्थायी जड़ता के बाद की चोंग्क्सिन को अपने अन्दर एक नये उत्साह, हौसले, महत्त्वाकांक्षा और आदर्श के उत्पन्न होने का अनुभव हुआ। उसकी मानसिक और दैहिक चेतना लौट रही थी। वह एक विरल भावनात्मक बहाव में था।

यह कोई काल्पनिक अनुभूति नहीं थी, यह यथार्थ था। इस कल्पना का आधार अलीबाबा के स्वर्णिम भविष्य की आशाओं से जगमगाता जैक मा का सम्मोहक व्याख्यान और अन्तर्राष्ट्रीय निवेश और इंटरनेट के प्रति की चोंग्क्सिन की गहरी समझ के मेल से होने वाली भविष्य की महत्त्वपूर्ण योजनाएँ थीं।

पहले भी इस बात का जिक्र हो चुका है कि जैक मा की बातचीत का नैसर्गिक लहजा लोगों का ध्यान आकर्षित करने वाला उसका सबसे प्रबल पक्ष था। दूसरी

बात यह थी वह ई–कॉमर्स के लिए असीम सम्भावनाओं का काल था, और तीसरा महत्त्वपूर्ण और निर्णायक तत्त्व जैक मा की अन्तर्दृष्टि और सजगता था।

किसी आदमी ने बहुत स्पष्ट तुलना करते हुए कहा था कि मुर्गी अण्डों को सेकर चूजे को जन्म दे सकती है लेकिन किसी पत्थर को से कर कदापि नहीं। की चोंग्क्सिन के पास कई देशों के व्यवसायों से जुड़ा एक विस्तृत अनुभव संसार था। वह उच्च शिक्षित, जोख़िम लेने को उत्सुक और संसाधनों से युक्त व्यक्ति था। अन्तर्राष्ट्रीय व्यापार और निवेश के क्षेत्र में उसे ख़ासा लम्बा अनुभव था। एक सामान्य बातचीत के आधार पर भी वह बड़ी योजनाएँ बना सकता था।

उसे यह समझने में देर नहीं लगी कि जैक मा भले ही एक छोटा लेकिन नैसर्गिक कारोबारी था लेकिन वह जैक मा की महत्त्वाकांक्षी योजनाओं से सहज रूप से आकर्षित हुआ और उसे विश्वास था कि जैक मा और उसकी टीम उस लक्ष्य को प्राप्त करने में समर्थ हैं। उसने जैक को संकेत दिया, "जैक मा, क्यों न एक दिन आपकी कम्पनी को भी देख लूँ? आपका क्या विचार है?"

जैक मा एक क्षण के लिए झिझका। कम्पनी? उसकी कम्पनी तो अभी भी पहले की ही तरह छोटे स्तर और सीमित सुविधाओं पर चल रही थी। छुपाने का कोई मतलब भी नहीं था क्योंकि की चोंग्क्सिन की नज़रें उसे घूर रही थीं।

लगभग विकल्पहीनता की स्थिति में जैक मा उसे वेस्ट लेक के किनारे अपने घर लेकर गया। दरवाज़ा खुलते ही की चोंग्क्सिन अवाक् रह गया। जैक मा के 18 अर्हत 24 घंटे के अपने–अपने कामों में लगे हुए थे। फ़र्श पर उनका बिस्तर बिछा था। खाने को नूडल्स और पीने को सामान्य पानी था। इसी साधनहींन कमरे से वे पूरी दुनिया में फैले अपने लाखों ग्राहकों को कारोबार का बेहतरीन मौक़ा मुहैया करा रहे थे। इसी कमरे में काम करते हुए वह एक दिन विश्व की 500 कम्पनियों में गिने जाने का सपना पाल रहे थे।

की चोंग्क्सिन ने मुड़कर जैक मा को देखा। लेकिन अपनी कम्पनी और उसके लक्ष्यों के बारे में इतना बढ़ा–चढ़ा कर बताने वाले औसत क़दकाठी के जैक मा के चेहरे पर खेद का कोई भाव नहीं था, बल्कि उसने हाथ का इशारा करते हुए कहा, "आइए, आपका स्वागत है मिस्टर की। यह हमारी कम्पनी अलीबाबा का मुख्यालय है।"

चोंग्क्सिन एक कारोबारी के साथ–साथ एक विद्वान व्यक्ति भी था। उसने न केवल कम्पनी के कामकाज के तरीक़े को समझ लिया था बल्कि उसने इस बहाने व्यावसायिक जैक मा के जीवन–दर्शन को भी समझ लिया था। पहली ही नज़र में वह

समझ गया कि अन्दर जो लोग काम कर रहे हैं वे काम के नशे में इतने बेतरह डूबे हुए है कि थक जाने के बाद भी इस बात से इनकार कर देते हैं। उनसे बात करने के क्रम में की चोंग्क्सिन को इस बात का भी अन्दाज़ा लग गया कि वह अपने लक्ष्य के प्रति आस्थावान और समर्पित लोगों की टीम थी। अगर पागलपन की कोई अवस्था होती है तो वे निश्चित रूप से कई पागलों का एक समूह था।

वे सभी 80 सालों तक टिके रहने और दुनिया के शीर्ष 500 कम्पनी में शामिल होने के लिए वचनबद्ध लोग थे। उनको पूरा विश्वास था कि जैक मा नाम का वह ठिगना–सा आदमी उन सबके आने वाले कल को सँवार देगा। की चोंग्क्सिन वहाँ देर तक रुका रहा और उसने उन लोगों को मिलने वाली सहूलियतों का जायज़ा लिया। उसके चेहरे की भावशून्यता जैक मा के शब्दों से पिघल चुकी थी और उसे अपने आपको संयत करने में थोड़ा वक़्त लगा।

शायद उसने जैक मा की कार्य पद्धति में एक आदर्शवाद को तलाशने की कोशिश की थी। लेकिन बतौर कम्पनी अलीबाबा की मज़बूत नींव और उनके आपसी विश्वास में उसने आने वाले दिनों में कम्पनी के भविष्य का अनुमान लगा लिया था।

चोंग्क्सिन ने बहरहाल उस वक़्त कुछ ख़ास आश्वासन नहीं दिया। उसने बड़ी गर्मजोशी से जैक मा से हाथ मिलाया और कहा, "फिर ज़रूर मिलेंगे!" उसकी बात सुनकर जैक मा स्तब्ध रह गया क्योंकि आख़िरकार की चोंग्क्सिन निवेश के इरादे के साथ हांगझोऊ आया था। जैक मा से उसकी निवेश सम्बन्धी कोई बातचीत नहीं हुई और जवाब में उसने भी बस यही कहा, "ज़रूर मिलेंगे।"

जैक मा एक दूरदर्शी और सम्पर्क–सूत्रों का धनी आदमी था। वह इस अवसर को गँवाना नहीं चाहता था। थोड़ी झिझक के साथ उसने पूछा, "मिस्टर की, आपने निवेश के बारे में क्या सोचा?"

"फिलहाल तो मैं अपने मुख्यालय हांगकांग में पूरा ब्योरा दूँगा। इस बारे में कभी फिर बात करेंगे।" हांगकांग के लिए अपनी सीधी उड़ान पकड़ने के पहले की चोंग्क्सिन जैक मा को उम्मीद की एक मामूली सी झलक दिखा गया।

दो हफ्ते बाद ही वह दोबारा लौटा। उसने अपना वचन नहीं तोड़ा था। बल्कि उसके साथ आयी एक सुन्दर–सी औरत को देखकर जैक मा थोड़ा अचम्भित भी हुआ। की चोंग्क्सिन ने दोनों का औपचारिक परिचय कराया। "यह अलीबाबा कॉरपोरेशन के मुखिया और 500 शीर्ष कम्पनियों में से एक सम्भावित कम्पनी के प्रबन्धक जैक मा हैं। और, यह मेरी पत्नी है।"

जैक मा आदतन एक जोश से भरा आदमी था। जून, 1999 में अलीबाबा ने 500,000 युआन की अपनी आरम्भिक पूँजी की पाई–पाई ख़र्च डाली थी। अगले महीने की तनख़्वाह की कैसे व्यवस्था होगी? इस सवाल का जवाब जैक मा और उसकी टीम में से किसी के पास नहीं था। उस वक़्त चोंग्क्सिन ने ही आगे बढ़कर कम्पनी की सहायता की थी।

की चोंग्क्सिन दो बार हांगझोऊ आ चुका था। जैक मा इतना चतुर अवश्य था कि यह अनुमान लगा सके अलीबाबा में उसके निवेश करने की अभी भी पर्याप्त सम्भावनाएँ शेष बची थीं। अन्यथा जैक मा से सिर्फ़ मिलने की नीयत से तो वह हांगझोऊ कतई नहीं आता।

उसने जैसे ख़ुद से कहा, "अपने आप को सँभालो।" एक और पक्ष से निवेश को लेकर उसकी बातचीत चल रही थी। ऐसी स्थिति में अपनी व्यग्रता प्रदर्शित करना उसे अनावश्यक लगा। उसने तय किया कि वह भी कुछ ऐसा ही ज़ाहिर करेगा–"अगर आप हमारे साथ निवेश नहीं करना चाहते हैं तो हमें भी इससे कोई विशेष अन्तर नहीं पड़ने वाला है!"

अपनी बेफ़िक्री से जैक मा यह सुनिश्चित करना चाहता था ताकि निवेशक अपने अनुबन्ध में उसे कड़ी शर्तों से नहीं बाँध सकें। जैक मा शुद्ध कारोबारी दिमाग़ का था और उसकी बातचीत के केन्द्र में केवल व्यापार के विस्तार से सम्बन्धित मुद्दे होते थे। यही उसकी व्यावसायिक निपुणता का कारण भी था।

बहरहाल की चोंग्क्सिन ने अभी तक उससे निवेश के सम्बन्ध में कोई बात नहीं की थी। दोनों ऐसी स्थिति में थे जैसे दो मुक्केबाज़ एक बॉक्सिंग रिंग में होते हैं। दोनों में से कोई भी अपनी तरफ़ से बात शुरू नहीं कर रहा था और यह दुविधा की स्थिति लम्बी खिंचती जा रही थी। ऐसा लगता था कि उन दोनों के लिए कारोबारी बातों का कोई महत्त्व ही नहीं है। वे दो दोस्तों की तरह घूमने–फिरने और मौजमस्ती में अपना वक़्त गुजार रहे थे। दोनों के तौर–तरीक़ों में कारोबारी साझीदारों के कोई लक्षण नहीं दिखते थे।

इस बार दोनों के व्यवहार भी भिन्न थे। की चोंग्क्सिन इस बार जैक मा की तुलना में अधिक बातें कर रहा था। जैक मा उसकी बातें धैर्य के साथ सुनता हुआ उसकी नीयत का अनुमान लगाने में व्यस्त था। उसे की चोंग्क्सिन के प्रस्ताव की प्रतीक्षा थी। ऐसे भी कम्पनी से अधिक निवेशक के लिए दूसरे पक्ष के बारे में जानना अधिक महत्त्वपूर्ण होता है। इस तरीक़े से वह अपने निवेश की रक्षा और मुनाफ़े में बढ़ोतरी दोनों कर सकता है।

की चोंग्क्सिन दुनिया–जहान की बातें कर रहा था, केवल वह बात नहीं कर रहा था जो जैक मा सुनना चाहता था। वह ज़्यादातर जैक मा के परिवार और दोस्तों के बारे में बातें करता था। कभी वह बीजिंग के समर पैलेस की बात करता तो कभी सोंग वंश के राजा जिंग्सू के शासनकाल के कवि वांग अंशी की पंक्तियों को उद्धृत करता– "यांग्तजे नदी के किनारे बहती बसन्त की हवाएँ हरी हो जाती हैं।" उनकी बातचीत के टॉपिक ऐसे ही होते थे, और उनमें कारोबार का ज़िक्र तक शामिल नहीं होने पाता था।

जैक मा उसके सवालों का बड़ा अनमना–सा जवाब दे रहा था। उसके अन्दर की बेसब्री बढ़ती जा रही थी और वह उस पल का इन्तज़ार कर रहा था जब की चोंग्क्सिन उससे खुलकर निवेश के बारे में बात करता। दोनों किसी माहिर मुक्केबाज़ों की तरह एक–दूसरे को घूरते हुए रिंग में घूम रहे थे और पहले सामने वाले के हमले की प्रतीक्षा कर रहे थे।

आख़िरकार एक दिन जैक मा के धैर्य की सीमाएँ टूट गयीं और उसने तय कर लिया कि वह अपनी तरफ़ से निवेश के बारे में पहल करेगा। उसने की चोंग्क्सिन और उसकी पत्नी को वेस्ट लेक में नाव की सैर करने के लिए आमन्त्रित किया। वह एक गर्म दिन था और बाहर अच्छी धूप खिली हुई थी। वेस्ट लेक का नज़ारा हमेशा की तरह सुन्दर लग रहा था। एक ख़ूबसूरत स्त्री की तरह गरिमा से भरी हुई और सकुचाई हुई लेकिन फिर भी देखने वालों का ध्यान खींचती हुई। उस दिन भी वेस्ट लेक ने खुले दिल के साथ उनका स्वागत किया था।

नाव की सैर करते हुए वे क़रीब झील के बीचोबीच पहुँच गये थे। दूर किनारों पर बने छोटे घरों पर कोहरे का झीना–सा आवरण था। पास ही उत्तरी सोंग वंश के शासनकाल में बना प्रसिद्ध सु काउजवे था जिनके आसपास हरे–भरे पेड़–पौधे हवाओं में झूम रहे थे। नाव की फट्टी पर बैठे जैक मा को बात करने का यह उपयुक्त क्षण लगा। अब उससे और इन्तज़ार नहीं हो पा रहा था, और न वह अब इन्तज़ार करना ही चाहता था। इतने दिनों से जो बात उसके मन में उमड़घुमड़ रही थी, वह मुँह खोलते ही बाहर निकल जाने को बेताब थी। अचानक उसने अपने ठीक सामने बैठे की चोंग्क्सिन को अपना चप्पू रोकते हुए देखा। वह जैक मा की तरफ़ घूमा और बोला, "मैं हांगकांग में अपने काम से इस्तीफ़ा देने जा रहा हूँ। मैं आपके साथ मिलकर अलीबाबा का काम देखना चाहता हूँ। आप क्या सोचते हैं?"

हवा रुक चुकी थी। झील की सतह पूरी तरह शान्त थी। वेस्ट लेक ने मानो किसी डरी हुई लड़की की तरह अपनी साँस रोक ली थी। जैक मा ने भेदभरी आँखों

से की चोंग्क्सिन को देखा। लेकिन उसके चेहरे पर एक गम्भीर दृढ़ता दिखायी दे रही थी। उसकी पत्नी ने जैक मा को देखते हुए अपनी गर्दन हिलाई मानो कह रही हो, "सचमुच!"

जैक मा उछलकर अपने पैरों पर खड़ा हो गया। उसकी इस हरकत से नाव अचानक डगमगाने लगी। तब उसने यह महसूस किया कि वह ज़मीन पर नहीं है लिहाज़ा सकुचाता हुआ वह फिर से अपनी जगह पर बैठ गया। "मिस्टर की, आप मज़ाक़ तो नहीं कर रहे हैं? हम आपको अपनी कम्पनी में काम कैसे दे सकते हैं! हालाँकि हांगकांग में आपकी सैलरी लाखों में है लेकिन हम आपको हर महीने केवल 500 युआन ही दे सकते हैं!"

इतनी देर तक की चोंग्क्सिन की पत्नी कुछ नहीं बोली थी लेकिन अचानक उसने जैक मा को टोका, "अगर आप इन्हें अपनी कम्पनी ज्वाइन नहीं करने देंगे तो बाद में आपको जीवन भर पछताना भी पड़ सकता है।"

चोंग्क्सिन ने कहा, "बिल्कुल सही बात है। अगर मैं अपनी पत्नी को यहाँ साथ लेकर आया हूँ तो ज़ाहिर है कि हम यहाँ रहना चाहते है और हम केवल घूमने–फिरने के इरादे से नहीं ही आये हैं! मैं आपसे अनुरोध करता हूँ, मुझे मना नहीं करें।" जैक मा ने उन दोनों को फिर से ग़ौर से देखा। उसने महसूस किया कि चोंग्क्सिन ने बहुत सोच समझ कर यह फ़ैसला किया है और इसमें उसकी पत्नी की भी सहमति शामिल है।

जैक मा ने कुछ पल सोचा, तब जवाब दिया, "ठीक है, जब आपने अपना निर्णय ले लिया है तो आपका स्वागत है। आप हमें ज्वाइन कर सकते हैं! आप वित्तीय मामलों में हमारी मदद करेंगे। हमें आप जैसे आदमी की ज़रूरत भी है जो क़ानून के साथ–साथ अर्थशास्त्र का भी विशेषज्ञ हो।"

की चोंग्क्सिन अलीबाबा के लिए कितना ज़रूरी था यह बात बाद के सालों में साबित भी हुई। कम्पनी में उसका योगदान आकलन से परे की बात है। बाद के सालों ने यह भी साबित कर दिया कि की चोंग्क्सिन ऐसे ही कारोबार की दुनिया के बेहतरीन जानकारों में शुमार नहीं होता था। पहली ही नज़र में उसने जैक मा और उसकी टीम की प्रतिभा और क्षमता का अनुमान लगा लिया था और अलीबाबा की अपार सम्भावनाओं को भी उसने भाँप लिया था। अन्यथा वह हांगकांग में अपने शानदार कैरियर को छोड़ कर ऐसी कम्पनी को ज्वाइन करने का फ़ैसला कभी नहीं करता जिसके कर्मचारी फ़र्श पर लगे बिस्तरों पर सोते थे।

जैक मा में एक स्वाभाविक आकर्षण था और उसकी टीम घनघोर आत्मविश्वास से भरी हुई थी। की चोंग्क्सिन के पास एक तार्किक बुद्धि थी। हालाँकि उस दिन वेस्ट लेक में नौकायन करते हुए उन तीनों के बीच अनेक मुद्दों पर बातचीत हुई लेकिन अन्ततः नतीजे के तौर पर जो सामने आयी वह उपरोक्त बातें ही थीं। जल्दी ही चोंग्क्सिन अपना इस्तीफ़ा देने हांगकांग लौट गया।

जिस समय की चोंग्क्सिन ने अलीबाबा में अपना योगदान दिया तब तक कम्पनी के मददगारों, निवेशकों और शेयर धारकों के बीच कोई लिखित समझौता भी नहीं हुआ था। इसका अर्थ था कि बाज़ार में अगले 80 सालों तक टिके रहने के इरादे से बनी कम्पनी में अभी तक शेयर के बँटवारे की कोई स्पष्ट व्यवस्था भी नहीं थी। यह अपरिहार्य स्टॉक्स जैसे बुनियादी सिद्धाँत के प्रति एक अनायास लापरवाही थी जिसके कारण कम्पनी की सहायक शक्तियों और उत्तरदायित्वों के बीच कोई स्पष्ट विभाजन नहीं था।

यदि सरल भाषा में कहा जाये तो वे सभी व्यापार की गलाकाट रणभूमि में एक उद्देश्यविहीन भेड़ों का झुण्ड थे। उनमें कम्पनी का प्रमुख जैक मा भी शामिल था।

की चोंग्क्सिन अलीबाबा मुख्यालय में दाखिल होकर ख़ुद भी एक भेड़ बन चुका था जबकि उसे कम्पनी के आर्थिक मामलों का सर्वेसर्वा बनाया गया था और वह क़ानूनी मामलों में भी कम्पनी का प्रमुख सलाहकार था।

लोगों की क़ाबिलियत को समझने के लिए जैक मा के पास पारखी आँखें थीं और वह उनकी क़ाबिलियत के मुताबिक़ उनसे बेहतरीन काम लेने का हुनर भी जानता था। की चोंग्क्सिन में व्यापार प्रबन्धन की अद्भुत क्षमता थी और दूसरों के आचरण को भी वह विवेकपूर्ण तरीक़े से समझने का कौशल रखता था। उसे बहुराष्ट्रीय कम्पनियों में काम करने और उनके प्रबन्धन का व्यापक अनुभव भी था। उन्होंने सबसे पहले आरम्भिक सुधारों का फ़ैसला किया।

सबसे पहले कम्पनी में संरचनात्मक बदलाव लाने की कोशिशें शुरू हो गयीं। कम्पनी को पुनर्गठित किया गया। अलीबाबा को सही अर्थों में एक अन्तर्राष्ट्रीय कॉरपोरेशन में बदलने के लिए यह आवश्यक था। ऊँचे आदर्शों को व्यावहारिक दृष्टिकोण अपनाये बिना हासिल करना मुश्किल था। अन्तर्राष्ट्रीय प्रोटोकोल का निर्वहन भी ज़रूरी था क्योंकि अलीबाबा को अपनी पहचान अन्तर्राष्ट्रीय स्तर पर बनानी थी।

की चोंग्क्सिन के लिए सबसे बड़ा आश्चर्य यह था कि जिन 18 लोगों ने मिल कर कम्पनी की शुरुआत की थी, उनके बीच भी कोई लिखित सहमति नहीं थी। उस

दृष्टि से चोंग्क्सिन कम्पनी में बिल्कुल उपयुक्त समय में दाखिल हुआ था। जैक मा ने उससे मज़ाकिया लहजे में कहा भी था : "हम लोग अभी भी आधिकारिक रूप में कम्पनी नहीं हैं क्योंकि इसके काम के लिए हम शायद आपके ही आने का इन्तज़ार कर रहे थे। अब आप आ गये हैं तो यह काम आपको ही करना है।"

चोंग्क्सिन ने खुद बैठकर अपेक्षाकृत बेहतर अंग्रेज़ी में शेयर की भागीदारी का एक मसौदा तैयार किया। यह अन्तराष्ट्रीय व्यापार नियमों पर आधारित एक त्रुटिहीन मसौदा था। एक अन्तर्राष्ट्रीय कम्पनी की स्थापना और विस्तार के लिए यह एक प्रमाणिक आवश्यकता थी।

चोंग्क्सिन ने मसौदे की प्रतियाँ सभी शेयरधारकों को भेज दीं हालाँकि कोई भी उसे समझने में समर्थ नहीं था। इसलिए चोंग्क्सिन ने एक दिन सबको जैक मा के घर पर मसौदे को मौखिक रूप से समझाया। उस वक़्त तापमान 30 डिग्री से ऊपर था और कमरे में कोई एयर कंडीशनर नहीं था। बस एक पुराना बिजली का पंखा लगा था। चोंग्क्सिन अपने सूट और जूतों में पसीने से तरबतर हो चुका था। यही उसका सामान्य लिबास था। आख़िरकार उसे अपना जैकेट उतारना पड़ गया। उसकी कमीज़ पसीने से भीग कर देह से चिपक गयी थी।

बहरहाल उसने केवल सबको अनुबन्ध के बारे में ही केवल नहीं बताया बल्कि इक्विटी शेयर्स, शेयर धारकों के अधिकारों और शेयर को समाप्त करने के बारे में भी विस्तार से समझाया। एक प्रकार से यह अन्तर्राष्ट्रीय स्तर के व्यापारिक संगठन के बारे में एक कक्षा थी। इसे जैक मा और उसके सभी 18 सहयोगियों को सुनना अनिवार्य था क्योंकि इसके माध्यम से वे उन तमाम चीज़ों के बारे में सीख रहे थे जो दुर्भाग्यवश अभी तक सीखने से चूक गये थे। अगर वे सब उस वक़्त चोंग्क्सिन की बातों को ध्यान से नहीं सुनते तो अलीबाबा नवजात पौधे से एक पूर्ण विकसित पेड़ का आकार कभी नहीं ले पाता।

की चोंग्क्सिन ने जैक मा के साथ–साथ उसकी टीम का भी दिल जीत लिया था। वह उन विरल चीनी लोगों की एक बेहतरीन मिसाल था जो विदेशों में ऊँची पढ़ाई और काम का पर्याप्त अनुभव लेकर वापस अपने देश लौट आये थे। वह सही मायने में एक विद्वान और अन्तर्राष्ट्रीय निवेश का एक अनुभवी विशेषज्ञ था। अपने काम के प्रति इतना समर्पित था कि कई–कई घण्टे अपने सहयोगियों को निर्देश देने के लिए हमेशा हाज़िर रहता था। उसके सहयोगी भी उन निर्देशों का अक्षरशः परिपालन करने को तत्पर रहते थे। उन लोगों को चोंग्क्सिन से बहुत कुछ सीखने का अवसर मिला था।

उनके दिलोदिमाग़ में अभी भी ढेर सारे अनुत्तरित सवाल थे लेकिन संयोग से उनके साथ मिस्टर की चोंग्क्सिन जैसा व्यक्ति था जिसने उन सबको 'अन्तर्राष्ट्रीय' और 'बड़ी कॉरपोरेशन' की मूल अवधारणा को तत्काल परिभाषित कर दिया।

अनुबन्ध पत्र में सबसे पहले जैक मा ने दस्तख़त किये। जब दूसरों ने अपने मुखिया को ऐसा करते हुए देखा तो उन्होंने भी बारी–बारी से कागज़ात पर अपने हस्ताक्षर कर दिये जबकि उन्हें आधी बात समझ में आयी थी और आधी बात समझ में नहीं आयी थी। यह एक बेहद महत्त्वपूर्ण प्रक्रिया थी। इसने अलीबाबा के संस्थापकों के शेयरों की स्थिति को क़ानून सम्मत तरीक़े से निर्धारित कर दिया था और इसी निर्धारण की बुनियाद पर आठ वर्षों के बाद उन्होंने ख़ासा बढ़िया मुनाफ़ा अर्जित करना शुरू कर दिया था।

की चोंग्क्सिन की इन्हीं पहलों के परिणामस्वरूप कम्पनी को जल्दी ही एक अन्तर्राष्ट्रीय निवेशक के द्वारा एक बड़ी पूँजी मिल सकी। यह निवेश कुल मिलाकर 5 मिलियन डॉलर थीं।

यहाँ इस बात का उल्लेख करना कतई ज़रूरी नहीं है कि कम्पनी के लिए की चोंग्क्सिन का अवदान कितना महत्त्वपूर्ण था। जैक मा के पास महत्त्वाकांक्षा और हौसले की कोई कमी नहीं थी। इतनी मोटी पूँजी का बल पाकर अब उसकी नज़र हांगकांग पर थी। हालाँकि विगत कई वर्षों में अन्तर्राष्ट्रीय पूँजी और व्यापार केन्द्र के रूप में हांगकांग की स्थिति थोड़ी डाँवाडोल हुई थी लेकिन अभी भी वह विश्व के शीर्ष आर्थिक केन्द्रों में से एक था। यदि अलीबाबा किसी तरह हांगकांग तक पहुँचने में सफल हो जाता तो यह उसके लिए एक नये अध्याय की शुरुआत होती।

की चोंग्क्सिन अब कम्पनी का मुख्य वित्तीय अधिकारी सीईओ था। जैक मा ने उससे कहा, "मिस्टर की, हम हांगकांग जा रहे हैं। आप तो उस जगह से अच्छी तरह से परिचित हैं। आप ही वहाँ हमारा मुख्यालय सँभाल सकते हैं। इसलिए हमारे हांगकांग मुख्यालय का सीईओ आप होंगे।" इसके तत्काल बाद चोंग्क्सिन उस शहर के लिए रवाना हो गया जिसका शाब्दिक अर्थ "सुगन्धित बन्दरगाह" होता है।

इस विषय पर की चोंग्क्सिन ने बाद में कहा, "इस शहर में काम करने वाले अधिकांश की प्रवृत्ति मुझे बहुत दिलचस्प लगती थी। उनके मुताबिक़ ज़िन्दगी के बड़े फ़ैसले दिमाग़ से नहीं बल्कि हिम्मत से लिए जाते थे। मुझे ख़ुद ऊर्जा और उत्साह से भरे लोगों के साथ काम करना अच्छा लगता है। मुझे भी जोख़िम उठाना पसन्द है। इसीलिए मुझे यह प्रस्ताव पसन्द आया। बस इतनी–सी बात है।"

पाल का उत्थापन

एक और आदमी का ज़िक्र किये बिना अलीबाबा की कहानी पूरी नहीं हो सकती। वह आदमी था—मासायोशी सोन। वह जापान में जन्मा एक कोरियन था; दूसरे लहजे में वह जापानी था लेकिन उसकी जड़ें कोरिया में थीं। बल्कि और अतीत में जाने पर देखा जाता तो उसके पूर्वज मूलतः चीनी थे। उसका उपनाम 'सोन' दरअसल चीनी नाम 'सु' का ही जापानी अपभ्रंश था। वह भी कमोबेश जैक मा की तरह ही एक औसत क़द का आदमी था या अधिक से अधिक उससे एकाध इंच लम्बा रहा होगा। लेकिन उसका ललाट बहुत उन्नत था—फ़िल्म अभिनेता गे यू की तरह। चौड़े माथे को कुशाग्र बुद्धि का प्रतीक माना जाता है। गे यू के मुताबिक, "चतुर खोपड़ी के ऊपर बाल नहीं उगते हैं।"

मासायोशी सोन जैक मा की तरह ही तेज़ दिमाग़ का था और साथ ही बहुत दूरदर्शी भी था। उस वक़्त वह एशिया का सबसे अमीर आदमी था। की चोंग्क्सिन के ज्वाइन करने का एक बड़ा लाभ यह हुआ कि जैक मा और अलीबाबा को इन्वेस्टमेंट बैंक गोल्डमन सचस की तरफ़ से वित्तीय सहायता मिल गयी। पहले जो 5 मिलियन डॉलर की राशि मिली थी वह अब समाप्त होने को थी। दूसरी तरफ़ इंटरनेट का विस्तार और विकास उत्तरोत्तर बढ़ता जा रहा था। अलीबाबा को अपने आपको वैश्विक ज़रूरतों के मुताबिक़ ढालने के लिए बहुत तीव्रता से आगे बढ़ने की ज़रूरत थी। लेकिन पूँजी की व्यवस्था अभी भी उसके मार्ग का बड़ा अवरोध थी।

कैलिफोर्निया के सिलिकॉन वैली में जैक मा ने 40 से अधिक इन्वेस्टमेंट बैंकों से सम्पर्क किया था लेकिन उनमें से एक ने भी ई—कॉमर्स में अपनी रुचि नहीं दिखायी। किसी को भी उस वक़्त इस बात का विश्वास नहीं था कि अलीबाबा एक दिन एक विशाल इंटरनेशनल कॉरपोरेशन बन जायेगा। स्पष्ट था कि किसी भी इन्वेस्टमेंट बैंक मैनेजर की एक चीनी कम्पनी में कोई रुचि नहीं थी।

जैक मा को इस बात से बेतरह खिजलाहट थी। उसने कैलिफोर्निया से लेकर सन फ्रांसिस्को तक केवल चमक—दमक और अमीरी ही देखी थी। रात में भी मानो ऐसा लगता था कि सड़क पर रोशनी की नदी बह रही हो। गाड़ियों की आवाज़ाही

कभी नहीं रुकती थी। मेहनती अमेरिकी लोग अपने सपनों को सच में बदलने के लिए भूमण्डलीकरण की इस दौड़ में बेतरह जुते हुए थे।

यह सब देखकर जैक मा अलीबाबा की सफलताओं को लेकर और दृढ़ संकल्पित हो जाता था। एक चीनी कम्पनी होने के बावजूद अलीबाबा को विश्व की शीर्ष 500 कम्पनियों में एक बनाने का उसका पुराना सपना था। इस ऊँचाई पर पहुँचने के लिए उसे भी उन अमेरिकनों की तरह दिन–रात मेहनत करने की ज़रूरत थी।

कम्पनी की तरक़्क़ी में सबसे बड़ी बाधा ख़ुद कम्पनी की आर्थिक सीमाएँ थीं। इन्हीं समस्याओं का हल ढूँढ़ने के क्रम में एक दिन जैक के एक भारतीय दोस्त ने उसे मासायोशी सोन से मिलवाया था। उसका भारतीय दोस्त जिन्हें लोग गुता के नाम से जानते थे, एक अनुभवी वित्त विश्लेषक था। एक दिन उसने जैक मा को एक ई–मेल भेजा। मेल में लिखा था, "एक आदमी तुमसे मिलना चाहता है। शायद उससे मिलकर तुमको अपनी मुश्किलों का जवाब ढूँढ़ने में आसानी हो।" जैक मा ने मासायोशी सोन से मिलने के लिए फौरन बीजिंग की उड़ान ले ली।

उस दिन फुहुआ मेंशन में इंटरनेट उद्योग के अनेक दिग्गज आये हुए थे। एक मामूली–सी जैकेट पहने जब जैक मा उन सबसे मिलने पहुँचा तो उसके हाथ में अख़बार का एक आधा पन्ना था। कमरे में लगे हुए प्रोजेक्टर पर अलीबाबा वेबसाइट का होमपेज दिखायी पड़ रहा था। मासायोशी ने प्रोजेक्टर पर एक नज़र डाली और जैक मा से कहा, "आपके पास अपनी बात रखने के लिए केवल बीस मिनट हैं।" अभी जैक मा बामुश्किल छह मिनट ही बोल पाया था कि मासायोशी सोन ने अपना हाथ लहराते हुए कहा, "रुक जाइए!"

फिर उसने सीधा सवाल किया, "आपको निवेश के लिए कितने पैसों की ज़रूरत है?"

"मुझे जितने पैसों की ज़रूरत थी, मुझे कल मिल गये। अब मुझे और पैसे नहीं चाहिए।"

एक मामूली–सी जैकेट पहने इस दुबले–पतले और ठिगने क़द के आदमी से यह दुस्साहसिक जवाब सुनकर मासायोशी सोन हक्का–बक्का रह गया।

"अगर आपको पैसों की ज़रूरत नहीं थी तो आप मुझसे मिलने क्यों आये?" उसने पूछा।

इस बार जैक मा का उत्तर और सपाट था, "यहाँ कोई मैं अपनी गरज़ से नहीं आया हूँ। मेरे दोस्त ने कहा तो मैं चला आया।"

लेकिन उम्मीद के ख़िलाफ़ उसी समय मासायोशी सोन ने तय किया कि उसकी जापानी बहुराष्ट्रीय इंटरनेट कम्पनी सॉफ्ट बैंक अलीबाबा में 30 मिलियन अमेरिकी डॉलर का निवेश करेगी। जैक मा को यह रक़म अपनी ज़रूरत के मुताबिक़ बहुत अधिक लगी इसलिए उसने निवेश के रूप में केवल 20 मिलियन डॉलर ही स्वीकार किया।

कई सालों के बाद जब दोनों एक–दूसरे से दोबारा मिले तो जैक मा ने मासायोशी सोन को बताया : "लोग कहते हैं कि मैं ख़ब्ती आदमी हूँ। मैं सचमुच ख़ब्ती हूँ। मैं आपसे एक बात पूछना चाहता हूँ। आपने आज से 15 साल पहले याहू जैसी छोटी कम्पनी में 100 अमेरिकी डॉलर निवेश करने का फ़ैसला क्यों किया? आपने सिर्फ़ छह मिनट मेरी बात सुनकर अलीबाबा में 20 मिलियन की पूँजी क्या सोच कर लगा दी जबकि सिर्फ़ नौ साल पहले ही इंटरनेट उद्योग एक गहरे संकट से गुज़र चुका था?"

जवाब में मासायोशी सोन ने कहा, "मेरा जेरी यंग पर बहुत विश्वास था। मैंने उसकी आँखों में एक जुनून देखकर उसकी क़ाबिलियत का अन्दाज़ा लगा लिया था। इसीलिए मैंने शुरुआत में ही याहू में 100 मिलियन डॉलर के निवेश का फ़ैसला कर लिया ताकि कम्पनी अन्तर्राष्ट्रीय स्तर पर अपनी सफलता साबित कर सके।

"उसी तरह जब आप मुझे नौ साल पहले मिले थे तब आपके पास आपके जुनून के सिवा कुछ नहीं था और चीन में इंटरनेट उद्योग की अभी–अभी शुरुआत ही हुई थी। आपकी आँखों की चमक आपके सपने और आत्मविश्वास का स्पष्ट संकेत दे रही थी। मुझे लगा कि आप भी जेरी की तरह ही ज़िद्दी हैं। इसीलिए मैंने आपकी कम्पनी में निवेश करने का निर्णय लिया। दरअसल हम दोनों ही 'सनकी' आदमी हैं। हम दोनों में बस एक ही फ़र्क़ है कि आप अभी भी पहले की तरह ही दुबले–पतले हैं जबकि मैं थोड़ा मोटा हो गया हूँ।"

जैक मा ने जवाब दिया, "मैं समझ गया। अगर आप सफल होना चाहते हैं तो आपको कुछ हद तक ख़ब्ती होना ज़रूरी है। बस आपके सपने बड़े होने चाहिए, और आपके पास अपने काम के लिए जोश और रणनीति होनी चाहिए।"

मासायोशी ने कहा, "आप सही फरमा रहे हैं। जो छह मिनट मैंने आपकी बातें सुनीं तो मैं इस नतीजे पर पहुँचा कि आप बहुत ईमानदार आदमी हैं। साथ ही मुझे इस बात का भी अनुमान लग गया कि एक दिन अलीबाबा भी गूगल की तरह बहुत कामयाब कम्पनी बन सकती है। गूगल की कामयाबी कमोबेश उसके प्रचार की वजह से थी। अलीबाबा के पास अपना मज़बूत प्रचार माध्यम होने के साथ–साथ बेहतर

सम्पर्क–सूत्र भी था। इसका मतलब स्पष्ट था कि अलीबाबा के पास बाज़ार में मज़बूती से टिके रहने की अधिक अच्छी सम्भावनाएँ थीं।

"चीन आने वाले सालों में विश्व का सबसे अधिक जीडीपी वाला देश बनने वाला था और ऐसे में अलीबाबा की पहुँच केवल चीन ही नहीं बल्कि विश्व बाज़ार तक पहुँचने की अनुकूल सम्भावनाएँ थीं। लिहाज़ा मैंने आपकी कम्पनी और चीन दोनों के आर्थिक विस्तार के साथ ख़ुद को जोड़ने का फ़ैसला किया।"

जैक मा ने फिर सवाल किया, "लेकिन उस वक़्त भी अलीबाबा बेहद छोटी कम्पनी थी। फिर आपके इस विश्वास की क्या वजह थी?"

मासायोशी सोन ने जवाब दिया, "मैंने आपको बताया कि जब मैंने आपसे मुलाक़ात की उसी वक़्त मुझे इस बात का अनुमान लग गया था कि आप चीन के लोगों की व्यावसायिक प्रवृत्तियों के अनुरूप एक चीनी इंटरनेट उद्योग की शुरुआत करना चाहते हैं और इस मॉडल को सही तरीक़े से व्यवहार में अपना कर इसे बड़ी सफलता में तब्दील किया जा सकता है। यह उस समय की बात है जब तमाम जापानी और यूरोपियन इंटरनेट कम्पनियाँ अपने विस्तार के लिए अमेरिकन मॉडल की अन्धाधन्ध नकल कर रही थीं।

"अलीबाबा ने कारोबार का एक नया मॉडल विकसित किया था, इसलिए आपको कामयाब होना ही था। आपसे मिलते ही मुझे आभास हो गया था कि एक दिन अलीबाबा एक बड़ी कम्पनी बनेगी। आप मेरी नज़रों में एक ऐसे नायक के रूप में उभरे थे कि मैं समझ गया कि आने वाले दिनों में लोग आपकी तुलना जेरी यंग और बिल गेट्स से करेंगे क्योंकि आप तीनों ने ही कारोबार का अपना मौलिक मॉडल बनाया था।"

क़रीब नौ साल पहले जैक मा और मासायोशी सोन के बीच की यह बातचीत इस बात का संकेत करती है कि दोनों एक–दूसरे के लिए गहरा सम्मान का भाव रखते थे। 2003 में मासायोशी सोन ने फ़ोन करके जैक मा को टोकियो आमन्त्रित किया। दोनों ने इस मुलाक़ात में पूँजी से सम्बन्धित किसी भी मुद्दे पर बातचीत करने की बजाय इंटरनेट उद्योग की सम्भावनाओं पर अधिक बातें कीं।

अनुबन्ध पर अपने–अपने दस्तख़त करने के पहले दोनों ही तरोताज़ा होने के लिए वाशरूम गये। वाशरूम के भीतर ही जैक मा ने 82 अमेरिकी मिलियन डॉलर के निवेश का प्रस्ताव मासायोशी सोन को दिया जिसे उसने तुरत मान लिया। उसके कुछ देर बाद ही दोनों ने बिना किसी हीलहुज्जत के कॉन्फ्रेंस टेबल पर बैठकर अनुबन्ध

पर दस्तख़त कर दिये। इस अनुबन्ध के साथ ही अलीबाबा ने सी 2 सी (कस्टमर टू कस्टमर) के कारोबार में प्रवेश किया और इस प्रकार तोबाओ मार्केट प्लेस की नींव पड़ी। सी–2–सी कारोबार ने अपने ग्राहकों को एक–दूसरे से सीधे व्यापार करने की सुविधा दी। बाद में अलीबाबा ने चाइना याहू को अपने अधीन ले लिया और याहू चाइना ने अलीबाबा और याहू चाइना के ग्राहक सेवा की 40% हिस्सेदारी एक बिलियन अमेरिकी नक़द डॉलर में हासिल कर ली। अब याहू चाइना के सबसे बड़े शेयरधारक के तौर पर मासायोशी सोन ने अलीबाबा को मज़बूत करने में जैक मा को महत्त्वपूर्ण सहयोग दिया। जैक मा को सॉफ्ट बैंक के निदेशक मण्डल में शामिल कर लिया गया।

दोनों हस्तियाँ इंटरनेट और ई–कॉमर्स के क्षेत्र में दिन–ब–दिन एक–दूसरे से और क़रीब आती जा रही थीं। दोनों ही एक–दूसरे का बहुत सम्मान करते थे लेकिन अपने–अपने कारोबारी हितों का भी बहुत ख़याल रखते थे। कई बार दोनों में एक–दूसरे से टकराव भी होते थे। मिसाल के तौर पर याहू चाइना और अलीबाबा के ऑनलाइन पेमेंट प्लेटफ़ॉर्म 'अलीपे' पर दोनों के विचार भिन्न थे। दोनों में से कोई भी पक्ष समझौता करने को तैयार नहीं था।

लेकिन व्यापार और साझा उद्यम की दुनिया में यह एक सामान्य बात है। जैक मा एक स्वप्नद्रष्टा था और मासायोशी सोन एक दूरन्देश व्यक्ति था। अलीबाबा में निवेश के बाद से ही उसके लाभ का औसत बड़ी तेज़ी से बढ़ने लगा था। जैक मा किसी भी क़ीमत पर मासायोशी सोन को गँवाना नहीं चाहता था और मासायोशी सोन के लिए जैक मा शुरू से ही क़ीमती था।

तोबाओ की स्थापना 2003 में हुई। उसके कुछ समय बाद से ही अलीपे की शुरुआत भी हुई जो जैक मा और उसकी टीम की अगुआई में बहुत तेज़ी से तरक़्क़ी करने लगा। ई–कॉमर्स के क्षेत्र में अलीबाबा के तीव्र विस्तार में तोबाओ की सफलता का बहुत ही अभूतपूर्व योगदान था। लेकिन उद्योग और व्यापार की दुनिया में प्रतिद्वन्द्विता की सम्भावनाएँ हमेशा बनी रहती हैं।

जल्दी ही वे ईस्टनेट के मुक़ाबिल खड़े थे जो उस वक़्त चीन में ई–कॉमर्स के बाज़ार में अकेला सबसे ताक़तवर साझीदार था। जीजीओ शो यिबा के निदेशक–मण्डल की अध्यक्षता में कम्पनी ने अपने पाँव मज़बूती से जमा लिए थे। तोबाओ के लिए उसे मात देना एक मुश्किल काम था।

शो यिबा की उम्र केवल 26 साल की थी और बचपन से ही वह गणित की

चमत्कारिक समझ से सम्पन्न था। वह एक विलक्षण जानकार और उत्साह से भरा युवा था जिसने अपनी पढ़ाई हार्वर्ड यूनिवर्सिटी से की थी। उसके नेतृत्व में ईस्टनेट शिकार पर निकले एक ताक़तवर भूखे शेर की तरह और उसका सामना तोबाओ से हो गया था।

नतीजा यह था कि छोटे–बड़े शहरों के स्टेशनों के प्रवेश–द्वार, बस स्टॉप और न्यूज़पेपर स्टैंड दोनों कम्पनियों के इश्तेहारों से पट गये थे। उस समय तक़रीबन 3.5 मिलियन लोग नियमित रूप से ईस्टनेट की सेवाओं का उपयोग कर रहे थे। वेबसाइट पर हर एक सेकेंड एक नया उत्पाद अपलोड होता था, हर दसवें सेकेंड में एक बोली लगाई जाती थी और हर एक मिनट पर कोई पूरी डील हो रही थी। कुल मिलाकर साइट पर 2,350,000 उत्पाद उपलब्ध थे जिनका कुल मूल्य 800 मिलियन युआन था।

इस आँकड़े से ईस्टनेट की आर्थिक ताक़त का सहज अनुमान लगाया जा सकता था। 2003 में कम्पनी ने दुनिया की सबसे बड़ी इंटरनेट कॉमर्स कम्पनी 'इ–बी' के साथ करार किया। इ–बी ने 150 मिलियन अमेरिकी डॉलर की पूँजी का निवेश कर ईस्टनेट का 67% स्टॉक्स ख़रीद लिया था और इस तरह ईस्टनेट की सबसे बड़ी साझेदार बन गयी थी। अब ईस्टनेट अपने व्यापक व्यापारिक अनुभवों, बड़े निवेश और वैश्विक कम्पनी के सहयोग के कारण बहुत मज़बूत आर्थिक स्थिति में था।

लेकिन जैक मा को पैदाइशी जोख़िम लेने की आदत थी। 7 जुलाई, 2003 को जैक मा ने सार्वजनिक घोषणा की, "अलीबाबा बी 2 सी (बिजनेस टू कस्टमर) और सी 2 सी (कस्टमर टू कस्टमर) कारोबार के उद्देश्य से 100 मिलियन युआन की लागत से तओबो वेबसाइट की स्थापना करेगा।"

"सनकी जैक मा को फिर से एक नयी सनक सवार!" उस समय के अधिकतर अख़बारों की सबसे बड़ी हेडिंग यही थी। एक अख़बार ने एक बड़ा और गम्भीर आलेख भी लिखा और दावा किया कि, "जैक मा ने अपनी बेवकूफ़ी के कारण न केवल 100,000,000 युआन बर्बाद कर डाले बल्कि तोबाओ की साख भी मिट्टी में मिला दी।" आलेख ने सवाल किया, "चीन में ई–कॉमर्स के अनिश्चित भविष्य को देखते हुए जैक मा की इस योजना का क्या तर्क था?...चीन में ई–कॉमर्स के कारोबार की राह फिसलनों से भरी थी। क्या आम लोग तोबाओ के ज़रिये पैसे लगाकर मुनाफ़े का भरोसा कर सकते हैं? इन सवालों के जवाब आने वाला वक़्त ही दे सकता है।" (चीनी भाषा में तओबो का अर्थ ख़ज़ाने की तलाश होती है।)।

मीडिया की आशंका अकारण नहीं थी। वह इंटरनेट उद्योग के लिए एक संकट का समय था और उस दौर से उबरने के आसार दूर–दूर तक नहीं दिख रहे थे। ऐसे प्रतिकूल समय में जैक मा ने इंटरनेट उद्योग में इतना बड़ा निवेश करने का निर्णय लिया था। वह भी तब जब इस क्षेत्र में पहले से ईस्टनेट जैसी एक बड़ी मछली थी जिसकी इंटरनेट बाज़ार में भागेदारी 80% के क़रीब थी और जो इ–बी जैसी अनुभवी अमेरिकी कम्पनी के प्रबन्धन में कारोबार कर रही थी। जैक मा के प्रतिद्वन्द्वियों में अकेला शो यिबो ही नहीं था बल्कि दिग्गज सीईओ मेग व्हिटमैन भी थी। दुबले–पतले जैक मा की हालत रिंग में हैवी वेट मुक्केबाज़ों जैसी थी।

अब सवाल यह था कि यह मुक़ाबला कैसा होने वाला था? लोगों ने आमतौर पर यह अनुमान लगा लिया था कि इस जंग में कौन जीतेगा और कौन हारेगा? बहरहाल बहुत ख़ामोशी के साथ इस द्वन्द्व की शुरुआत हुई। ख़ामोशी इस अर्थ में कि मेग व्हिटमैन की नज़र में जैक मा एक नामुराद हस्ती था। अपने शिखर पर से वह केवल वही देख पा रही थी जो उसे दिखायी पड़ रहा था, और वहाँ से उसे जैक मा दूर–दूर तक नहीं दिख रहा था। ईस्टनेट की असफलता का एक कारण यह भी था। जब तोबाओ की स्थापना हुई, उस वक़्त ज़ाहिरन ईस्टनेट ने उस पर अधिक ध्यान देने की ज़रूरत नहीं समझी, और यह दूर–दूर तक नहीं सोचा कि एक दिन उसे तोबाओ से मुक़ाबला भी करना पड़ सकता है।

मेग व्हिटमैन ने यह समझने में चूक की कि जैक मा के पीछे धुन के पक्के मासायोशी सोन का दिमाग़ काम कर रहा था। मासायोशी ने अलीबाबा में अलग से 82 मिलियन अमेरिकी डॉलर निवेश करने का निर्णय लिया। यह निवेश बी 2 सी प्लेटफ़ॉर्म की स्थापना के ख़ास उद्देश्य से किया गया था।

जैक मा चीनी किंवदन्ती में उल्लिखित वानरों के उस राजा की तरह था जिसे रूपान्तरण का वरदान मिला हुआ था। जैसे ही उसके कानों में 'और बड़ा' की आवाज़ सुनाई पड़ती थी वह आवश्यकतानुसार अपना क़द बढ़ाता जाता था। जैक मा के विस्तार की इस विलक्षण क्षमता ने मेग व्हिटमैन को अचानक हक्का–बक्का कर दिया।

इसके बावजूद एक घाघ कारोबारी महिला के रूप में मेग व्हिटमैन की अन्तर्राष्ट्रीय साख से उस समय इनकार नहीं किया जा सकता था। जिस समय तक इ–बी अपने सी 2 सी के बाज़ार को अमेरिका, जर्मनी, ग्रेट ब्रिटेन, फ्रांस, कोरिया, कनाडा और ऑस्ट्रेलिया के बाज़ारों में अपने पैर फैला चुका था। अब चीन उसका अगला निशाना था। इसका एक बड़ा कारण यह भी था कि चीन में बाज़ार अभी विकसित हो ही रहा

था। कम्प्यूटरों और इंटरनेट उपभोक्ताओं की संख्या में बढ़ोत्तरी हो रही थी। चीन में ई–कॉमर्स के विकास की अपार सम्भावनाएँ थीं।

व्हिटमैन ने वाल स्ट्रीट के विश्लेषकों और निवेशकों को भरोसा दिया था कि इ–बी किसी भी स्थिति में चीन के बाज़ार पर क़ब्ज़ा करने में कामयाब होगा। ऐसे भी चीन के बाज़ार पर अधिकार किये बिना इ–बी की विश्व–विजय पूरी नहीं हो पाती। ईस्टनेट के बारे में उसका उद्देश्य बिल्कुल स्पष्ट था, "जो और जितना चाहिए, वो और उतना ईस्टनेट को दो।"

बहरहाल मेग व्हिटमैन की इस महत्त्वाकांक्षा से जैक मा पहले से परिचित था। वह यह भी जान रहा था कि उसका अन्तिम लक्ष्य एक ऐसे ई–कॉमर्स प्लेटफ़ॉर्म की स्थापना था जो बी–टू–बी और सी–टू–सी के बीच की दीवार को ध्वस्त कर दे। ऐसे आकस्मिक समय में अगर जैक मा ज़रूरी पहल नहीं करता तो अलीबाबा के पूरी तरह से नष्ट होने की सम्भावना उत्पन्न हो सकती थी।

युद्ध में कोई मध्यम मार्ग नहीं होता। बस एक ही सिद्धान्त मान्य है, "तुमको मरना होगा ताकि मैं ज़िन्दा बच सकूँ।" नाटे क़द का जैक मा इस बात से परिचित था लेकिन उससे कहीं अधिक इस अनिवार्यता को मेग व्हिटमैन समझती थी। लिहाज़ा दोनों तरफ़ से तोपें तनी हुई थीं।

जुलाई 2003 में ईस्टनेट कम्पनी के अधिकांश शेयर का अधिग्रहण कर लेने के उपरान्त व्हिटमैन ने घोषणा की, "अगले 18 महीनों के भीतर चीनी ई–कॉमर्स के बाज़ार पर अधिकार का जंग ख़त्म हो जायेगा।"

जैक मा ने इस बयान पर ऐतराज़ ज़ाहिर किया। उसने पश्चिम के अलिखित व्यापार क़ानूनों पर कोई ध्यान नहीं दिया। उसका विश्वास इस चीनी कहावत पर था जिसके अनुसार, "बड़ा से बड़ा ड्रैगन भी स्थानीय साँपों पर क़ाबू नहीं कर सकता है।" उसका कहना था, "विदेशी कम्पनियाँ चीन की ज़रूरतों को कभी नहीं समझ सकती हैं।"

इचनेट के गूगल और बिदु के सर्चइंजन में निवेश के साथ ही दोनों कंपनियों के बीच जंग का ऐलान हो गया। बिदु एक चीनी वेब कम्पनी थी जो अपनी अन्य सेवाओं के साथ विकिपीडिया की तर्ज़ पर ऑनलाइन इनसाइक्लोपीडिया भी चलाती थी। तोबाओ के वेबसाइट पर एक विज्ञापन दिखायी पड़ा जिस पर लिखा था–"अगर आपको ख़ज़ाने की तलाश है तो इचनेट की तरफ़ रुख कीजिए!" इचनेट के होमपेज पर एक बैनर था–"एक दुकान खोलिए और ख़ज़ाने की खोज में निकल पड़िए, जीवन

का भरपूर आनन्द उठाइये।" यह तोबाओ के कॉपीराइट का सरासर उल्लंघन था। जैक मा ने तुरन्त इस बात की शिकायत दर्ज की। इचनेट को इस अपराध के लिए चेतावनी दी गयी और आख़िरकार उसे बाध्य होकर इस विज्ञापन को हटा लेना पड़ा। लेकिन व्हिटमैन एक बहुत चालाक और अनुभवी कारोबारी महिला थी। उसने अपना पूरा ध्यान साइट ट्रैफिक को बढाने पर दिया। जितना अधिक साइट ट्रैफिक उतने अधिक ग्राहक। जुलाई 2003 में जब नये–नये तोबाओ ने अपने साइट के विज्ञापन का निर्णय लिया, तब उसे अचानक इस बात का अहसास हुआ कि सारे के सारे वेब पोर्टल्स पर पहले से ही इ–बी के विज्ञापन मौजूद थे। पर्याप्त पूँजी होने के बाद भी तोबाओ के लिए मुक़ाबले में बने रहना मुश्किल हो गया था। कोई भी उसके विज्ञापनों पर ध्यान देने वाला नहीं था।

ज़ाहिर–सी बात थी कि उन विज्ञापनों के लिए व्हिटमैन ने बाज़ार मूल्य से अधिक पैसे चुकाये थे। इचनेट का प्रचार करने के साथ–साथ उसने अपनी प्रतिद्वन्द्वी कम्पनियों जैसे–तोबाओ, औपो, आर्टरेड और याहू ऑक्शन के विज्ञापनों को ब्लॉक करने के लिए भी पैसे ख़र्च किये थे। इचनेट और दूसरे वेब पोर्टल्स के बीच जो क़रार हुआ था उनमें इस बात का साफ़ उल्लेख था कि कोई भी वेब पोर्टल यदि तोबाओ या उससे जुड़ी किसी भी कम्पनी की वेबसाइट के लिए मार्केटिंग का काम करेगा उसे इसकी एवज़ में भारी हर्जाना देना पड़ेगा।

विज्ञापन कारोबार में लाभ–हानि का मुख्य आधार है। अगर दूसरी तरह से कहें तो प्रचार नहीं तो व्यापार नहीं। जैक मा ने महसूस किया कि व्हिटमैन ने उसके सारे रास्ते बन्द कर दिये हैं। अब उसे सफलता के लिए कोई अप्रत्यक्ष वैकल्पिक रणनीति अपनाने की ज़रूरत थी। दूसरे दिन देखते ही देखते तोबाओ के विज्ञापन हज़ारों निजी वेब पोर्टल्स पर छा गये। अंडरग्राउंड स्टेशनों और सार्वजनिक बसों को तोबाओ के विज्ञापनों से पाट दिया गया।

दोनों कम्पनियों के इस विज्ञापन–युद्ध पर एक टिप्पणीकार ने कहा, "यदि चार बड़े वेब पोर्टल्स की साइट ट्रैफिक प्रतिदिन 800,000 है तो इसका अर्थ था कि इचनेट के दर्शकों की कुल संख्या भी लगभग यही रही होगी। दूसरी तरफ़ तोबाओ ने छोटे और मध्यम आकार के वेबसाइट्स पर अपने आपको केन्द्रित किया।

"चीन में छोटे और मध्यम आकार के लाखों वेबसाइट्स थे। अगर एक साइट का साइट ट्रैफिक अगर अधिक से अधिक 10,000 भी मान लिया जाय तो तोबाओ बड़े आराम से इचनेट के ग्राहकों की संख्या के बराबर लोगों तक पहुँचने में सक्षम था।

साथ ही इन पोर्टल्स ने अपने उपभोक्ताओं से बड़े वेब पोर्टल्स की तुलना में पैसे भी कम वसूले।

"इन दो भिन्न प्रचार की पद्धतियों के नतीजे भी अलग–अलग रूपों में सामने आये। यह एक सामान्य बात थी कि समाचार या अन्य बड़ी सूचनाओं तक पहुँचने के लिए लोग नियमित रूप से बड़ी साइट्स पर जाते हैं लेकिन इसके बाद भी अन्य उत्पादों के लिए सामान्य लोग छोटी और मध्यम आकार के साइट्स या फोरम पर अधिक वक़्त गुज़ारते हैं। इसका स्पष्ट अर्थ था कि विज्ञापनों के लिए बड़े पोर्टल्स की तुलना में छोटे और मध्यम आकार के पोर्टल्स कहीं अधिक कारगर थे।"

लेकिन ऐसा भी नहीं था कि जैक मा ने मुख्यधारा के मीडिया की भूमिका की उपेक्षा की। वह अच्छी तरह से जानता था उनकी भूमिका महत्त्वपूर्ण थी। 5 अप्रैल 2004 के दिन गुआनझाऊ में तोबाओ ने आधिकारिक रूप से घोषणा की कि वह मीडिया घराना 21 सी एन के साथ साझेदारी कर रहा है। दोनों कम्पनियाँ ने टेलीविज़न, टेक्स्ट मैसेजिंग प्लेटफ़ॉर्म, ई–मेल साइट्स और मार्केटिंग इवेंट्स जैसे क्षेत्रों में मिलकर काम करने का फ़ैसला किया। 21 सी एन चाइना टेलिकॉम की अधीनस्थ कम्पनी थी। इसकी गिनती देश के शीर्ष दस पोर्टल्स में होती थी और यह दक्षिणी चीन की सबसे बड़ी इंटरनेट पोर्टल्स थी।

गुआनझाऊ में जैक मा ने एक नयी शुरुआत की थी। ठीक आठवें दिन यानी 13 अप्रैल को सिनो और याहू दोनों ने मिलकर 1PAIA.com नाम की ऑनलाइन इन्वेंट्री की शुरुआत की जो तोबाओ के लिए बहुत उपयोगी सिद्ध हुई।

एक दूसरे विरोधी के मैदान में आ जाने से व्हिटमैन की ब्लॉक करने की रणनीति को असफल होना ही था। अब वह ख़ुद चौतरफ़ा घिर गयी थी। इस कारोबारी उथलपुथल में तोबाओ ने अपना धीरज बनाये रखा और उसने अपना पूरा ध्यान अपनी ढाँचागत संरचना को ठीक करने में लगाया। जब सी 2 सी कारोबार में हितों के टकराव की स्थिति बनने लगी तो जैक मा ने उसका हल निकालने के लिए अलीपे को बेच देने का फ़ैसला किया।

अलीपे ने तोबाओ की विश्वसनीयता को इतना सुदृढ़ कर दिया कि चीन के सार्वजनिक सुरक्षा मन्त्रालय के पहचान पत्र निरीक्षण केन्द्र के साथ–साथ अनेक इंडस्ट्रियल और कॉमर्शियल बैंकों ने उपभोक्ताओं को ऑनलाइन भुगतान की सुविधा देने के लिए तोआबो के साथ क़रार कर लिया। तोबाओ तेज़ी से ग्राहकों को अपनी तरफ़ खींच रहा था।

कमोबेश उसी वक़्त तोबाओ ने एक इंस्टेंट चैट टूल तोबाओ वान्वंग की शुरुआत की जिसके ज़रिये ख़रीदने वाला विक्रेताओं से सीधे सम्पर्क कर सकता था। इस इंस्टेंट चैट टूल ने क्यू क्यू जैसे पुराने सॉफ्टवेयर की जगह एक बेहतर विकल्प पेश किया। हालाँकि वान्वंग क्यू क्यू की तरह विशाल नहीं था लेकिन यह अधिक उद्देश्यपूर्ण था। इसकी शुरुआत ख़ासतौर पर ऑनलाइन कारोबार को केन्द्र में रखकर की गयी थी इसलिए इसके अधिकतर उत्पाद और क्रियाकलाप भी ख़रीदने और बेचने वाले के बीच ऑनलाइन बातचीत को ध्यान में रखकर बनाये गये थे।

वान्वंग क्यू क्यू की तुलना में अत्याधुनिक भी था। इसकी शुरुआत व्यावहारिक आवश्यकताओं को ध्यान में रखकर की गयी थी। अपनी इसी शुरुआत से ही यह अत्यधिक लोकप्रिय हो गया क्योंकि यह व्यक्तिगत रूप से हर एक ग्राहक की ज़रूरतों के अनुरूप था। यह केवल मोलतोल का एक जरिया था इसके बावजूद उपभोक्ताओं को यह लगता था कि यह ऑनलाइन कारोबार में उनकी ख़ास ज़रूरतों और हितों की हिफाज़त करने में सक्षम था।

वान्वंग चीनी इंस्टेंट चैट के क्षेत्र में इंटरनेट की दुनिया में एक बिल्कुल नया प्रयोग था। अपने व्यापारिक स्वरूप के कारण इसने क्यू क्यू से सीधे प्रतियोगिता की आवश्यकता नहीं समझी और यही बात इसकी सफलता का एक बड़ा कारण भी बनी। इसकी तकनीकी विशेषताएँ, प्रारूप, उद्देश्य आदि व्यापारिक सुविधाओं को केन्द्र में रख कर सुनिश्चित किये गये थे इसलिए यह ऑनलाइन व्यवसाय की दृष्टि से अधिक उपयोगी था।

अलीपे और तोबाओ ने साथ मिलकर इचनेट को कड़ी टक्कर दी। तोबाओ के इस तीव्र विस्तार ने आख़िरकार ई–बी को अपना बचाव करने के उपाय ढूँढ़ने के लिए मजबूर कर दिया। तोबाओ के बढ़ते प्रभाव को रोकने और इंटरनेट उपभोक्ताओं को अपनी तरफ़ लुभाने के लिए इचनेट को बुनियादी बदलाव की ज़रूरत थी।

13 जून को इचनेट ने सार्वजनिक तौर पर घोषणा की वह विक्रेताओं पर विक्रय–सीमा को लागू करने की अपनी योजना को रद्द करने जा रहा है। लेकिन इचनेट की इस पहल को न केवल नाकामी का सामना करना पड़ा बल्कि इसने विक्रेताओं को दूरगामी नुक़सान भी पहुँचाया। तोबाओ द्वारा जारी किये गये एक आँकड़े के मुताबिक़ उस दिन इचनेट के ऑनलाइन उपभोक्ताओं की तादात 500,000 के आसपास पहुँच गयी थी। यह तादात इतनी बड़ी थी कि कई बार वेबसाइट का सर्वर क्रश कर गया।

एक और दिलचस्प बात यह थी कि इस व्यापारिक जंग को भड़काने में मीडिया ने कोई भी सनसनीखेज भूमिका निभाने से परहेज किया। यह इचनेट और तोबाओ के बीच शक्ति–परिक्षण का मुक़ाबला था और फिलहाल इस मुक़ाबले में इचनेट के हर दाँव को नाकाम करते हुए तोबाओ आगे चल रहा था। अनेक अख़बारों ने तोबाओ को ई–कॉमर्स के क्षेत्र का बेताज बादशाह घोषित करते हुए कई आलेख प्रकाशित किये। अन्तर्राष्ट्रीय मीडिया ने भी सी 2 सी बाज़ार पर अधिकार के लिए जारी इस जंग पर पर्याप्त ध्यान दिया। रायटर्स न्यूज एजेंसी ने अर्थव्यवस्था के शोधकर्ता और विश्लेषक पाइपर जफ्फ्रे को कोट करते हुए लिखा, "अगले पाँच सालों में चीन हर आदमी की नज़रों के केन्द्र में होगा। यहाँ मुक़ाबला काँटे का है जबकि यह अभी बिल्कुल अपने प्रारम्भिक दौर में है। कोई ज़रूरी नहीं कि इ–बी इस मुक़ाबले में बाज़ार का विजेता बन कर उभरे।" बाद में खुद रायटर्स ने अपने आलेख में तोबाओ को इ–बी के एक कड़े प्रतिद्वन्द्वी के रूप में चिन्हित किया।

निःसन्देह रायटर्स ने ब्रिटिश–अमेरिकन नज़रिये से अपनी बात रखी थी। सिंगापुर के एक रिटेलर ने अपने ऑनलाइन आर्टिकल में लिखा, "तोबाओ अब खुद को चीन में सी 2 सी ई–कॉमर्स के वेबसाइट के रूप में अव्वल साबित कर चुका है।"

रिपोर्टर्स द्वारा किये गये एक सैम्पल सर्वे के मुताबिक इ–बी चाइना के 70% छुटकर विक्रेताओं ने निजी कारोबार के लिए तोबाओ प्लेटफ़ॉर्म का भी इस्तेमाल किया। 2003 तक चीन के 50% सी 2 सी बाज़ार पर अकेले इ–बी का क़ब्ज़ा था लेकिन साल भर बाद ही उसके एकाधिकार को तोबाओ से कड़ी चुनौती मिल रही थी। मेग व्हिटमैन के लिए यह देखना सचमुच अफ़सोसनाक था कि अब सी–टू–सी कारोबार में तोबाओ नया मार्केट लीडर था।

प्रतियोगिता बढ़ने के साथ–साथ जैक मा का हौसला भी बढ़ता जा रहा था। 19 जुलाई को अलीबाबा ने अपनी अधीनस्थ कम्पनी तोबाओ में 350 मिलियन युआन निवेश करने की घोषणा की। यह पूँजी उस 100 मिलियन युआन से अलग थी जो एक साल पहले निवेश की गयी थी। अब तोबाओ में अलीबाबा का कुल निवेश 540 मिलियन युआन हो चुका था।

सितम्बर 2004 के एक आँकड़े के अनुसार तोबाओ के उपभोक्ताओं की संख्या ई–बी के मुक़ाबले तीन गुना अधिक हो चुकी थी। 21 सितम्बर को तोबाओ ने अपने कारोबार का विस्तृत ब्योरा जारी किया। अगस्त महीने में कम्पनी का कुल कारोबार 120 मिलियन युआन था और सितम्बर में एक दिन का कारोबार 7 मिलियन तक पहुँच चुका था। दूसरी तरफ़ इ–बी और ईस्टनेट द्वारा 2004 के दूसरे तिहाई में प्रकाशित

आँकड़े के अनुसार उनका हर महीने का कारोबार औसतन 160 युआन था।

यहाँ दोनों वेबसाइट्स के उपभोक्ताओं के आँकड़ों पर ध्यान देने की ज़रूरत है। इचनेट के नये उपभोक्ताओं की संख्या 6,090,000 थी जबकि तोबाओ के उपभोक्ताओं की संख्या 2,020,000 थी। इसका अर्थ यह था कि तोबाओ के पास कम उपभोक्ता होने के बावजूद उनके द्वारा किये गये कारोबारों की संख्या ईस्टनेट की तुलना में तीन गुना से भी अधिक थी।

20 अक्टूबर, 2005 को जैक मा ने तोबाओ में एक बिलियन युआन और निवेश करने की घोषणा की। उसने कहा कि इ–बी चीन में एक वैश्विक मंच की स्थापना करने की कोशिश में है और यह कमोबेश "एक नयी और महँगी गाड़ी को किसी धूल भरी पतली सड़क पर चलाने जैसा है।" उसने यह भी कहा कि आमने–सामने की जंग के लिहाज़ से इ–बी का नेतृत्व करने वाली टीम बहुत अच्छी है लेकिन उनको छापामार युद्ध प्रणाली की कोई जानकारी नहीं है।

जैक मा ने अलीबाबा की तुलना यांग्तजे नदी के मगरमच्छ से की। उसने कहा, "हमारा मुक़ाबला एक समुद्री शार्क से है। अगर हम समुद्र में दाखिल होंगे तो हम मारे जायेंगे लेकिन अगर हम यांग्तजे नदी में ही बने रहेंगे तो हमारे जीतने के आसार हैं।"

अक्टूबर 2006 में मेग व्हिटमैन ने इ–बी–इचनेट को बेचने की घोषणा कर दी। 20 दिसम्बर, 2006 को इ–बी–इचनेट ने चीनी मोबाइल इंटरनेट कम्पनी टॉम ऑनलाइन के साथ साझेदारी कर ली; टॉम ऑनलाइन का 49% शेयर हासिल करने के लिए इ–बी–इचनेट और 40 मिलियन अमेरिकी डॉलर का इस्तेमाल किया गया। केवल 20 मिलियन अमेरिकी डॉलर ख़र्च कर टॉम ऑनलाइन ने 51% शेयर पर क़ब्ज़ा कर लिया और प्रबन्धन का अधिकार भी अपने अनुभवी हाथों में ले लिया।

दोनों कम्पनियों के बीच करार होने के बाद टॉम–इचनेट नाम की संयुक्त कम्पनी की शुरुआत हुई और वांग लीली को कम्पनी का सीईओ नियुक्त किया गया। अपनी नियुक्ति के बाद वांग लीली ने कहा, "हम किसी ऐसी कम्पनी से मुक़ाबला करने की बात सोच भी नहीं सकते जिसके पास अपनी परिसम्पत्ति के आकलन का भी समय नहीं हो।" जैक मा उस बुलन्दी पर पहुँच चुका था जहाँ अब ई–बी उसके साथ काम करने की आस लगाये बैठा था।

युद्ध का पटाक्षेप हो चुका था और वह भी किसी शोर–शराबे के बिना। जैक मा विजेता साबित हुआ था और तोबाओ को चीन के सी 2 सी बाज़ार का अगुआ बनने का रुतबा हासिल हो चुका था।

कठिनाइयाँ और संघर्ष

10 दिसम्बर, 2002 की बात है। शेंज्हें ज़िले के लुओहू के एक रेस्टोरेंट का शेफ हुंग क्सिंग्छु तेज़ बुखार से लड़खड़ा कर गिर पड़ा। परिणामतः चीन और शेष दुनिया को Severe Acute Respiratory Syndrome (SARS) नामक एक नयी संक्रामक बीमारी का पता चला। यह बीमारी तेज़ी से फैलती थी और जानलेवा थी। कोई भी इसके ख़तरे की ज़द से बाहर नहीं था।

चीन से शुरू हुई यह बीमारी किसी तूफ़ान की तेज़ी से पूरी दुनिया में फैल गयी। जैक मा और उसके सहयोगी यह बात बखूबी जानते थे कि SARS की महामारी से भयग्रस्त लोग बाज़ार की बजाय ऑनलाइन शॉपिंग का विकल्प चुनेंगे।

SARS कितना भी ख़तरनाक भले रहा हो लेकिन लोगों की दिनचर्या तो रुकने वाली नहीं थी। मार्च 2003 तक अलीबाबा में काम करने वालों की यह भविष्यवाणी सही साबित होने लगी थी कि हरेक दिन तोबाओ के उपभोक्ताओं में 3,500 नये सदस्यों की बढ़ोतरी होगी। यह आँकड़ा पिछली तिमाही की तुलना में 50% अधिक था। पहले से जो उपभोक्ता थे उनके कुल कारोबार में भी बढ़ोतरी हुई।

आँकड़े के मुताबिक़ प्रत्येक साल वेबसाइट पर कारोबार के 900 से 1,200 अवसर भी मुहैया कराये जाते थे। यह पिछले साल की तुलना में तीन गुना अधिक था। इसी तरह अन्तर्राष्ट्रीय ख़रीददारों के फीडबैक में भी पिछले साल की तुलना में दोगुनी वृद्धि हुई थी। चीन में निर्मित 30 शीर्ष उत्पादों को सर्च करने वाले अन्तर्राष्ट्रीय ख़रीददार जहाँ चार गुना अधिक हो गये वहीं पिछले वर्ष निश्चित समय पर उत्पादों की आपूर्ति में भी दोगुनी बढ़ोतरी हो गयी।

हर महीने वेबसाइट को हिट करने वालों की संख्या 185 मिलियन पहुँच गयी जिनमें कारोबार और उससे सम्बन्धित सूचनाओं के लिए वेबसाइट को विजिट करने वाले 2.4 मिलियन लोग थे; दुनिया भर से 3,80,000 ख़रीददार और 1.9 मिलियन विक्रेताओं ने अलीबाबा पर उपलब्ध कारोबारी सुविधाओं का लाभ उठाया।

30 अप्रैल की बात है, SARS अपनी भयावहता के शिखर पर था। हांगझोऊ का मेजर माओ लिंशेंग वस्तुस्थिति का जायज़ा लेने के उद्देश्य से एक घण्टे के लिए अलीबाबा के मुख्यालय में आया हुआ था। उसे उम्मीद थी कि इन प्रतिकूल परिस्थितियों में ई–कॉमर्स व्यापार स्थानीय उद्योग धन्धों की मदद करके उसे तात्कालिक मन्दी के दौर से बाहर निकाल पाने में सहायक साबित होगा। उस वक़्त अनेक लोगों की यह राय थी कि लघु और मध्यम श्रेणी के कारोबारियों के लिए ऑनलाइन कारोबार सबसे कारगर और सुरक्षित तरीक़ा है। अलीबाबा के लिए भी यह अवसर एक दैविक वरदान की तरह था क्योंकि कारोबार उसकी सबसे बड़ी प्राथमिकता थी।

हर स्थिति के नकारात्मक और सकारात्मक दोनों पहलू होते हैं। अलीबाबा अभी इस परिस्थितिजन्य अवसर का लाभ उठाने ही वाला था कि एक हादसा हो गया था। 11 अप्रैल को अलीबाबा की एक 26 वर्षीय महिला कर्मचारी ने चाइना एक्सपोर्ट कमोडिटीज फेयर में हिस्सा लेने के लिए गुआनझाऊ की उड़ान पकड़ी। उसने पूरे सात दिन उस SARS संक्रमित क्षेत्र में गुज़ारे। लोग बहुत सशंकित थे। उनके भीतर भयानक आक्रोश था : "यह जानने के बाद भी कि वहाँ SARS फैला हुआ है, एक स्टाफ को वहाँ क्या सोचकर भेजा गया?"

अलीबाबा ने अपनी तरफ़ से स्पष्टीकरण दिया : "ऐसा पहली बार हुआ कि चाइना एक्सपोर्ट कमोडिटीज फेयर में हमारा सामना SARS से हो गया हो। हालाँकि कई लोग अपने पूर्वनिर्धारित कार्यक्रम को रद्द करके वहाँ नहीं गये लेकिन हम अपने ग्राहकों के प्रति वचनबद्ध थे और हमें किसी भी स्थिति में वहाँ उपस्थित होना था।"

गुआनझाऊ को SARS से ग्रस्त रेड–अलर्ट क्षेत्र घोषित किये जाने के बावजूद इस फेयर का एक विशेष महत्त्व था और इसीलिए अलीबाबा ने अपने ग्राहकों से किये वायदे को ख़तरा उठा कर भी निभाया।

उन सात दिनों तक अलीबाबा की प्रतिनिधि बहुत व्यस्त रही। 18 अप्रैल को दिन की उड़ान पकड़कर वह हांगझोऊ लौट गयी। लगातार काम करने के बाद भी वह 21 अप्रैल को दफ़्तर पहुँची। 22 तारीख़ को उसकी तबीयत थोड़ी ख़राब हो गयी। उसे बन्द नाक, गले की सूजन और कफ से परेशानी हो रही थी। उसने अस्पताल में डॉक्टर को दिखाकर दवाएँ लीं लेकिन उसे कोई आराम नहीं हुआ। दो दिनों के बाद उसने दवाएँ बन्द कर दीं।

पूरी तरह स्वस्थ नहीं होने के बावजूद वह 28 से 30 अप्रैल तक दफ़्तर जाती रही। 2 मई को उसे भयानक बुख़ार हुआ। 3 मई को अस्पताल में उसकी कुछ जाँच कराई

गयी। 5 मई तक उसे 39 डिग्री सेल्शियस (102 डिग्री फोरेनहाइट) बुख़ार बना रहा।

शाम को 6 बजे ज्हेजिंग और हांगझोऊ की SARS टीम ने उसे SARS से पीड़ित होने की आशंका प्रकट की। 7 की शाम को इस आशंका की पुष्टि के लिए उसे SARS क्लीनिक स्थानान्तरित कर दिया गया।

यह सब कुछ इतनी शीघ्रता से हुआ कि लोग आवाक् थे। लोग इस भयानक बीमारी से इतने डरे हुए थे कि इसका ज़िक्र सुनकर भी उनका चेहरा पीला पड़ जाता था। अलीबाबा मुख्यालय में काम करने वाले लोगों की आँखों में इस डर की प्रतिछाया साफ़ नज़र आ रही थी। वह शहर की एक डरावनी जगह में तब्दील हो चुका था।

हांगझोऊ में यह SARS का चौथा मामला था। स्थानीय प्रशासन ने अलीबाबा के मुख्यालय को वर्जित क्षेत्र घोषित कर दिया था। यह देखते हुए जैक मा ने अपने कर्मचारियों को एक पत्र लिखा–"अलीबाबा के मेरे प्रिय मित्रो, पिछले कई दिनों से मैं बहुत निराश हूँ। आज सुबह जब से मैंने अपने सहयोगी को SARS से पीड़ित होने की पुष्ट ख़बर सुनी है, तब से मैं आप सबसे क्षमा माँगने के लिए व्यग्र हूँ।

"मैं अपने पीड़ित सहकर्मी के शीघ्र स्वस्थ होने और अलीबाबा के अन्य कर्मचारियों के अतिरिक्त हांगझोऊ के शेष लोगों के स्वस्थ रहने के लिए अपना सर्वस्व त्यागने के लिए तैयार हूँ। यह बिल्कुल सही है कि अलीबाबा में अभी भी सुरक्षा सम्बन्धी सुविधाओं की कुछ कमियाँ हैं और हमें इस सम्बन्ध में पुनरावलोकन करने की बेहद आवश्यकता है।

"कम्पनी का मुखिया होने के नाते जो कुछ भी हुआ मैं उसकी पूरी ज़िम्मेदारी लेता हूँ। मेरा विवेक कहता है कि आज हम जिन हालातों से गुज़र रहे हैं उनके लिए एक–दूसरे को दोषी ठहराने से अधिक आवश्यक है कि हम पूरी एकजुटता के साथ उनका मुक़ाबला करें। हमें मिलकर इस ख़तरे से निबटना होगा और आने वाली चुनौतियों के लिए तैयार रहना होगा। हम अभी एक नयी कम्पनी हैं और हममें से तक़रीबन सभी नौजवान हैं। इस संकट से सफलतापूर्वक गुज़रकर हम तेज़ी से परिपक्व हो सकेंगे। आइये हम मिलकर अपनी सहकर्मी के जल्दी स्वस्थ होने की प्रार्थना करें।"

6 मई की दोपहर 4 बजे जैक मा ने अपने चेहरे पर मास्क लगाये अपने स्टाफ को सम्बोधित किया। तुरत उसका सन्देश घर में रहते हुए काम करने वाले सभी कर्मचारियों तक अग्रसारित कर दिया गया। देखते ही देखते सबने अपने चेहरे पर मास्क धारण कर लिया। उन्होंने जल्दी से जल्दी घर की ज़रूरत की चीज़ों की ख़रीददारी की। दो

घण्टों के भीतर टेक्निकल इंजीनियरों ने उन सबके कम्प्यूटरों पर ज़रूरी सॉफ्टवेयर स्थापित कर दिये।

घर लौटने वाले अलीबाबा के कर्मचारियों के लिए उनको स्वयं को दूसरों से अलग रखना सबसे आवश्यक सावधानी थी। उन्होंने अपने आपको कमरों में बन्द कर लिया और चाभी कम्पाउंड के चौकीदार को दे दी। उनके घरों के बाहर जनसुरक्षा मन्त्रालय द्वारा महामारी रोधी अधिकारियों और कर्मचारियों की तैनाती कर दी गयी।

उन्हें नियमित रूप से तीनों वक़्त का खाना घर के भीतर ही पहुँचा दिया जाता था। रोज़ उनके घरों में एक भारी–भरकम लबादानुमा कपड़े पहने एक आदमी आता जिसके पीठ पर गैस का सिलेंडर और हाथ में स्प्रे–पाइप होती थी। वह उनके घरों में कीटाणुनाशक दवा का छिड़काव करते थे ताकि परिवार के दूसरे लोगों को संक्रमण से बचाया जा सके।

दूसरी कई कम्पनियों के कर्मचारियों के हौसले पर इस महामारी का बहुत नकारात्मक असर पड़ा था और उनके लिए अपना काम जारी रखना बहुत मुश्किल हो गया था। लेकिन अलीबाबा के कर्मचारियों में मुश्किलों से लड़ने का मज़बूत जज़्बा था। वे रोज़ आठ–आठ घण्टों तक अपने–अपने कम्प्यूटरों के सामने बैठे रहते थे ताकि महामारी के ख़ौफ़ से कारोबार पर प्रतिकूल प्रभाव नहीं पड़े। कारोबार निर्बाध रूप से चले इसके लिए नयी योजनाएँ बनायी गयीं।

कुछ साल बाद अलीबाबा के संस्थापक सदस्य और उस समय कम्पनी के सी.एफ.ओ. दी शान ने उन दिनों को याद करते हुए कहा था–"रोज़ सुबह आठ बजे हर आदमी अपना–अपना कम्प्यूटर चालू कर लेता था और अपने–अपने कामों में लग जाता था। बस यही एक फ़र्क़ था कि सभी लोग दफ़्तर की तरह एक साथ नहीं बैठे होते थे। दोपहर को वे उठते और खुद पकाकर कुछ खाते।

"एक बजे सब अपने कम्प्यूटरों के सामने दोबारा बैठ जाते। आठ–नौ बजे रात को वे सभी ऑनलाइन होकर एक–दूसरे के साथ मस्ती करते थे। यह एक सामान्य बात थी और किसी को किसी तरह की कोई शिकायत नहीं थी।"

जाहिर बात थी SARS जैसी विपदा भी अलीबाबा के जुझारू तेवर को प्रभावित नहीं कर सकी थी। बल्कि इस तजुर्बे से गुज़रकर कर्मचारियों का हौसला और बुलन्द हुआ था और यह महज संयोग की बात नहीं थी, उनके भीतर की यह जुझारू प्रवृत्ति बरसों–बरस सायास विकसित की गयी थी। यह कम अचरज की बात नहीं थी कि कम्पनी के 500 कर्मचारी पूरे शहर में बिखरे हुए थे और अनेक बन्दिशों के बीच

अपने–अपने घरों में क़ैद होने के बाद भी एक ही उद्देश्य के लिए एक ही काम को अंजाम दे रहे थे।

इंटरनेट के ज़रिये निर्देश दिये जाने के अलावा उनको उनके हिस्से का काम दे दिया जाता था। सब कुछ पूरी तरह से व्यवस्थित था और उनके बीच किसी तरह की कोई आपसी दुविधा नहीं थी। बहरहाल कम्पनी एक अच्छी मशीन की तरह अपना काम करती रही।

इस बीच एक हैरतअंगेज़ वाक़या हुआ। जब भी किसी ग्राहक का फ़ोन आता उसे जवाब में अक्सर एक बूढी आवाज़ सुनाई पड़ती, "हलो, यह अलीबाबा है!"

फ़ोन करने वाला यह सोचकर अचम्भे में पड़ जाता कि अलीबाबा ने बुजुर्गों को काम पर रखना कब शुरू कर दिया था? दरअसल ये परिपक्व जवाब उन कर्मचारियों के दोस्तों और रिश्तेदारों के होते थे जो अपने–अपने घर में बन्द होकर अपना काम कर रहे थे। उनको इसी लहजे में जवाब देना सिखाया गया था।

जैक मा ने अपने कर्मचारियों को कहा, "पिछले दिनों के घटनाक्रम ने मुझे गहरे रूप में प्रभावित किया है। इतनी चुनौतियों से भरे दिनों में भी आपने अपनी उम्मीद और धीरज को बनाये रखा। इस कठिन समय में हमने लगातार एक–दूसरे के साथ सहयोग किया।

"SARS जैसे सामूहिक ख़तरे का सामना करते हुए भी हम अपने उद्देश्यों और ज़िम्मेदारियों को नहीं भूले। हरेक आपदा अन्ततः एक दिन गुज़र जाती है और जीवन हमेशा आगे भी जारी रहता है। किसी भी आपदा से लड़ते हुए भी अपनी ज़िम्मेदारियों के एहसास को कैसे भूल सकते हैं!"

बहरहाल SARS के वे काले–ख़ौफ़नाक दिन आख़िरकार गुज़र चुके थे लेकिन इस दौर ने दुनिया को मुसीबतों से टकराने के अलीबाबा के माद्दा से परिचित करा दिया। इसकी मुख्य वजह यह थी कि उन कठिन दिनों में भी अलीबाबा के बी2बी मॉडल ने कारोबार पर प्रतिकूल प्रभाव नहीं पड़ने दिया।

आजमाने की बाध्यता के बाद ही लोगों को ई–कॉमर्स की पहुँच और सुविधाओं के बारे में ठीक से समझ में आया। परिणामतः जिसने भी इसे एक बार आजमाया उसने कारोबार के इस तरीक़े को स्थायी रूप से अपना लिया। उसके बाद अलीबाबा इतनी तेज़ी से तरक़्क़ी के रास्ते पर चल पड़ा कि उसे पीछे मुड़कर देखने का मौक़ा और ज़रूरत नहीं पड़ी।

उसी समय एक और महत्त्वपूर्ण घटना घटी जिसका उल्लेख करना ज़रूरी है।

मीडिया ने बाद में इस घटना को 'या और बा के विलय' का नाम दिया। इस नामकरण की उत्पत्ति याहू और अलीबाबा के विलय के कारण हुई थी। अनेक लोगों की नज़रों में यह एक साझा उपक्रम था।

याहू एक इंटरनेट कम्पनी थी जिसकी स्थापना 1994 में अमेरिका में एक चीनी–अमेरिकी जेरी यंग और डेविड फिलो दोनों ने मिलकर की थी। 1999 में यह चीन के बाज़ार में याहू चाइना के नाम से दाखिल हुई थी।

याहू उस समय सिनो और सोहू के अलावा चीन की अग्रणी वेबसाइट्स में से एक थी। लेकिन 2005 में जेरी यंग को यह महसूस हुआ कि याहू चाइना का कारोबार उसकी आशा के अनुरूप नहीं था। जैक मा अलीबाबा को आने वाले 102 सालों तक दुनिया की 'शीर्ष कम्पनियों में एक' के रूप में बनाये रखने की महत्त्वाकांक्षा रखता था। भूमण्डलीकरण ही इस लक्ष्य तक पहुँच पाने का अकेला मार्ग था। भूमण्डलीकरण के लिए कम्पनियों का अस्थायी अधिग्रहण सबसे आसान लेकिन सबसे छोटा रास्ता था। उसके लिए आवश्यकतानुसार व्यापारिक समझौतों की ज़रूरत थी।

2005 की गर्मियों में जैक मा को जेरी यंग का ई–मेल मिला। ई–मेल में बहुत सामान्य बात लिखी हुई थी। जैक मा को अमेरिका में डिजिटल चाइना फोरम में शामिल होने के लिए आमन्त्रित किया गया था।

दोनों के बीच गम्भीर और लम्बी बातचीत हुई। दोनों पुराने मित्र थे और एक–दूसरे को उन दिनों से जानते थे जब जैक मा चीन के विदेश व्यापार मन्त्रालय में काम करता था। जैक मा के मन में ऑनलाइन क्षेत्र की इस बड़ी हस्ती के लिए गहरा सम्मान था।

जैक मा बात रखने में बिल्कुल नहीं झिझकता था। उसने एक सर्च इंजन की आवश्यकता के बारे में जेरी यंग को बताया। किसी भी वेबसाइट के विस्तार के लिए बेहद ज़रूरी था। अब अधिक से अधिक लोग सर्च इंजन का इस्तेमाल कर रहे थे। यदि किसी भी वेबसाइट को खोज पाना मुश्किल होता तो उसे शुरू करने का कोई ख़ास महत्त्व नहीं था।

जैक मा को भविष्य के कारोबार का अन्दाज़ा था। वह चीन और शेष दुनिया को जोड़ने के इरादे से बी 2 बी, बी 2 सी और सी 2 सी को एक प्लेटफ़ॉर्म पर लाना चाहता था लेकिन एक सर्च इंजन को शुरू किये बिना उसका यह सपना पूरा होना मुश्किल था। याहू का सर्च इंजन सभी अर्थों में विश्वस्तरीय था। इसीलिए उसने पहल करते हुए जेरी यंग के सामने साझेदारी की बात रखी। जेरी यंग ने उसके प्रस्ताव पर विचार से सहमति जतायी लेकिन उसका तरीक़ा बिल्कुल उलट था। दरअसल जेरी

यंग जैक मा के इस प्रस्ताव से भीतर ही भीतर बहुत उत्साहित था लेकिन उस समय उसने अपने पत्ते नहीं खोले।

जेरी यंग जैक मा से उम्र में चार साल छोटा था। उसका जन्म 1968 में ताइवान में हुआ था और उसने कैलिफोर्निया की स्टैनफोर्ड यूनिवर्सिटी से अपनी पढ़ाई पूरी की थी। वह इंटरनेट के कारोबार में बहुत पहले से था। मासायोशी सोन का कहना था कि उसने जैक मा और जेरी यंग की आँखों में एक जैसे सपने देखे थे।

कुछ अरसे बाद ही बीजिंग वेल्थ फोरम की शुरुआत हुई। याहू के सीईओ मरीस्सा माएर ने शंघाई से गुज़रने के क्रम में जैक मा से मिलने का फ़ैसला किया। माएर की इस मुलाक़ात का कोई ख़ास मक़सद था। उसने बड़े ग़ौर से जैक मा से अलीबाबा की वैश्विक व्यापारिक योजनाओं के बारे में सुना। बीच–बीच में उसने जैक मा को स्पष्ट संकेत दिये कि उसकी भावी योजनाओं के क्रियान्वयन के लिए याहू के साथ साझेदारी एक समझदारी भरा क़दम होगा।

उसके बाद जेरी यंग स्वयं सड़क के रस्ते सेन फ्रांसिस्को पहुँचा। वहाँ वह जैक मा से मिला और दोनों साथ–साथ ड्रिंक्स के लिए निकले। दोनों आधी रात तक एक–दूसरे के साथ रहे। जेरी यंग ने अधिक कुछ नहीं कहा। जैक मा भी अपनी तरफ़ से ख़ामोश ही रहा। शायद वे दोनों चुप रहते हुए एक–दूसरे के मन की थाह लेने की कोशिश कर रहे थे।

मद्धिम पीली रोशनी और शराब की खुमारी में दोनों पुराने दोस्त अचानक क़रीब आ गये। उस रात दोनों जैसे यह भूल गये थे कि वे इंटरनेट की दुनिया के बादशाह हैं। दोनों बस दो आम इन्सान थे। उस रात उन दोनों ने एक–दूसरे को बस एक दोस्त की तरह समझने की कोशिश की।

बहुत अरसे बाद जैक मा ने एक इंटरव्यू के क्रम में बताया–"मैं भीतर से बहुत द्रवीभूत हो गया था।" मानवीय संवेदनाओं का हमारे ऊपर गहरा असर होता है और मैंने यह महसूस किया कि मैं अब तक ग़लत था। जिस तरह मुझे स्थिति को अस्वीकार करने का अधिकार है, उसी तरह दूसरे को भी है। याहू चाइना ढहने की कगार पर था।

"याहू चाइना की नाकामी से याहू की अन्तर्राष्ट्रीय साख पर निश्चित रूप से बुरा असर पड़ता और कम्पनी की नीतियों और सफलताओं का प्रशंसक होने के नाते मुझे यह बात स्वीकार नहीं थी। मैंने इस चुनौती को कुबूल किया और तय किया कि कम्पनी को बचाने की पहल करूँगा।"

व्यापारिक जंग को जीतने की राह में सबसे बड़ी बाधा भावुकता मानी जाती है। इसके बावजूद जेरी यंग ने सम्मान और प्रशंसावश अपनी भावनाओं को जैक मा के सामने प्रकट होने से नहीं रोका। बहरहाल उसी रात जैक मा ने याहू के साथ साझेदारी करने का फ़ैसला कर लिया। यह केवल मानवीय भावनाओं की बात नहीं थी, जैक मा व्यापारिक तर्क की दृष्टि से भी याहू जैसी नामी–गिरामी कम्पनी के ऊपर अपना नियन्त्रण चाहता था। अलीबाबा को बाहर–भीतर से एक वास्तविक वैश्विक इंटरनेट कम्पनी में परिणत करने के लिए यह पहल ज़रूरी थी।

दोनों कारोबारियों के बीच अपने–अपने हितों को लेकर लम्बी बातचीत हुई और अन्ततः 11 अगस्त के दिन अधिग्रहण की आधिकारिक घोषणा हुई। इस घोषणा के बाद जैक मा को एक ऐसी कम्पनी को पटरी पर लाना था जो उसके लिए बिल्कुल नयी और अपरिचित थी। यह एक कठिन चुनौती इसलिए भी थी क्योंकि उसके पास याहू चाइना के बारे में कोई जानकारी नहीं थी।

याहू के केन्द्रीय मुख्यालय के साथ बातचीत शुरू करने के पहले उसके पास याहू चाइना के बारे में व्यापक जानकारियाँ नहीं थीं। याहू यह चाहता भी नहीं था कि उसके इस निर्णय की भनक याहू चाइना को लगे।

अपनी बातचीत में जैक मा और जेरी यंग ने याहू चाइना का ज़िक्र करने से हमेशा परहेज़ किया। आधिकारिक घोषणा के बाद ही उसके कर्मचारियों को यह जानकारी मिल सकी कि याहू चाइना अब अलीबाबा के अधीनस्थ एक कम्पनी थी।

"मैंने एक सर्च इंजन हासिल करने में सफलता पायी है जो भविष्य का एक बड़ा ब्रांड और अन्तर्राष्ट्रीय प्लेटफ़ॉर्म साबित होगा।" जैक मा ने उन्हें सम्बोधित करते हुए बताया, "मैं भी एक आम आदमी से अधिक याहू के बारे में कुछ नहीं जानता हूँ इसलिए अपनी नयी ज़िम्मेदारी के बारे में मैं कुछ भी नहीं जानता लेकिन मुझे नहीं लगता कि एक मल्टीनेशनल कॉरपोरेशन के अधीन होने के बाद 400 से भी अधिक कर्मचारियों वाली इस कम्पनी को किसी तरह का नुक़सान होगा।"

अधिग्रहण और याहू के साथ साझेधारी के तीसरे दिन 13 अगस्त को जैक मा अपने सहायकों के साथ याहू चाइना के बीजिंग स्थित दफ़्तर में दाखिल हुआ। जो पहली बात उसने कही वह यह थी, "सबसे पहले मुझे क्षमा करें, कुछ नियमों–क़ायदों के कारण मैं आपसे पहले मुख़ातिब नहीं हो पाया। दूसरी बात कि मैं आप सबसे मुझे थोड़ा वक़्त और मौक़ा देने का अनुरोध करूँगा। पूरी स्थिति को ठीक से समझने के लिए मुझे कोई साल भर लग जायेगा। और, अन्त में मैं यह उम्मीद करता हूँ कि

यहाँ सब कोई अपने एयरकंडीशन ऑफिस में आराम से काम कर सकेंगे।"

प्रारम्भिक विश्लेषण के बाद वह इस नतीजे पर पहुँचा कि याहू चाइना शुद्ध रूप से एक चीनी कम्पनी है। इसीलिए यह अपनी कार्यप्रणाली में दूसरी कम्पनियों के मुक़ाबले अधिक जटिल है और अपेक्षानुकूल नतीजे नहीं दे पा रहा है।

उसे अपने उद्देश्यों और मूल्यों को याद रखते हुए कम्पनी में संरचनात्मक बदलाव की आवश्यकता अनुभव हुई। उसे कम्पनी के लिए एक प्रबन्धन की एक प्रभावी व्यवस्था की आवश्यकता भी महसूस हुई। उसने कुछ योजनाएँ बनायीं जिसमें पहली योजना थी, "जनभावनाओं का ख़याल रखिए।" उसने कहा, "अधिकतर व्यापारिक अधिग्रहण आरम्भ से ही लाभ के उद्देश्य से किये जाते हैं। हालाँकि अलीबाबा को अभी खुद को बड़े स्तर पर साबित करना है, इसके बावजूद कुछ आरम्भिक असफलताओं के लिए हमें तैयार रहना होगा।"

अपनी दूसरी योजना जैक मा के मार्शल आर्ट्स उपन्यासों से प्रेरित थी। इसे उसने "शक्ति को निष्क्रिय" करने का नाम दिया था। "अनेक कम्पनियाँ अधिग्रहण के बाद जल्दी से जल्दी मुनाफ़ा कमाने की कोशिश करने लगती हैं और शुरू में कुछ हद तक सफल भी होती हैं लेकिन आख़िर में उनको असफलता ही हाथ लगती है। मुझे लगता है कि पहले हमें उत्पादन बढ़ाने की जगह कमियों को दूर करने पर अपना ध्यान देना चाहिए।"

हालाँकि सब कुछ उसकी पूर्वनिर्धारित योजनाओं के अनुरूप नहीं हुआ।

'जोश' और 'बदलाव का स्वागत' जैसे अलीबाबा के बुनियादी तौर–तरीक़ों का याहू चाइना में बहुत उत्साहपूर्ण स्वागत नहीं हुआ क्योंकि ये उसके पूर्ववर्ती कार्य–संस्कृति के अनुकूल नहीं थे। याहू चाइना इंजीनियरिंग संस्कृति का एक जीवन्त उदाहारण था, जिसके अनुसार आदमी को दिल से नहीं बल्कि दिमाग़ से काम करना सिखाया गया था। दूसरी तरह अलीबाबा के 'जोश' के नुस्खे का ताल्लुक सीधे भावनाओं के साथ था।

नतीजतन जैक मा ने इस मुद्दे पर कई दिनों तक फिर से विचार किया–"मैंने एक ऐसी कम्पनी का अधिग्रहण किया है जो अपनी ही पूर्वनिर्धारित नीतियों पर चल रही हैं। इसका मुखिया होने के बाद भी न तो मैं इसे दोबारा पटरी पर ला पा रहा हूँ और न ही वह ख़ुद अपने आप में बदलाव लाने को तैयार है। क्यों नहीं याहू चाइना को अपनी कार्य–संस्कृति ख़ुद बनाने के लिए स्वतन्त्र छोड़ दिया जाये?

"यह अन्तर्विरोध आरम्भ से ही था। याहू चाइना का भरोसा अपने तकनीकी

स्टाफ पर अधिक था। चीन का उत्तरी और दक्षिणी क्षेत्र एक–दूसरे से कई मायनों में अलग है। दोनों इलाकों के लोगों के मूल्यों और संस्कृतियों में गहरा अन्तर है। अगर जीवन पद्धति और विचारों में यह भेद है तो इसका प्रभाव किसी कम्पनी पर दिखने में कैसा आश्चर्य?"

जैक मा ने काफ़ी सोचने–विचारने के बाद अपनी शक्तियाँ अपने अधीनस्थों को सौंप दीं। उसने सिर्फ़ यह सुनिश्चित कर लिया, "सबसे पहले याहू तकनीकी तौर पर ख़ुद को दुरुस्त करे, एक टीम के रूप में पुनर्गठित करे और एक संगठन के रूप में ख़ुद को विकसित करे। दूसरा, कम्पनी ढाँचागत रूप से सुरक्षित और शक्तिशाली हो, और अपने साइट ट्रैफिक और आमदनी में वृद्धि करे।

"लेकिन इन सभी सुधारों का बुनियादी उद्देश्य याहू को एक हाई–रिस्क कम्पनी से एक लो–रिस्क कम्पनी में परिणत करना था। आमदनी उसकी पहली प्राथमिकता नहीं थी।"

छह महीने बाद ही लोगों को यह महसूस होने लगा कि याहू धीरे–धीरे अलीबाबा के तौर–तरीक़ों को अपनाने लगा था। पहले याहू के दफ़्तर की दीवारें सफ़ेद हुआ करती थीं। अब उन दीवारों को अलीबाबा की तरह पीले–नारंगी रंगों में रंग दिया गया था। उन दीवारों को उनकी तस्वीरों से सजाया गया जिन्होंने कम्पनी को बुलन्दी तक पहुँचाने में महत्त्वपूर्ण भूमिकाएँ निभाई थीं। यहाँ तक कि बाथरूम में भी कई बदलाव किये गये। उनके भीतर पौधे रखे गये और दीवारों पर मज़ाक़िया पोस्टर्स लगा दिये।

छह महीने बाद जब कर्मचारियों का एक बड़ा अधिवेशन हुआ तो फीडबैक देते हुए याहू का एक भी कर्मचारी किसी भी तरह के पूर्वनिर्धारित औपचारिकता का अनुसरण नहीं कर रहा था। सभी टीमें अपनी–अपनी विशिष्ट पोशाकों में थीं। उच्चाधिकारियों के सम्बोधनों के बीच के अन्तराल में कर्मचारियों को अपनी प्रस्तुतियाँ देने का अवसर दिया गया। याहू का कायान्तरण अब अलीबाबा के कामकाज के अनुकूल होने लगा था।

'या' और 'बा' के इस विलय ने जैक मा के लिए एक स्प्रिंगबोर्ड की भूमिका निभाई जिस पर खड़े होकर अब वह वैश्वीकरण में गहरे गोते लगा सकता था। धीरे–धीरे एक समग्र बी 2 बी, बी 2 सी, सी 2 सी, ई–कॉमर्स प्लेटफ़ॉर्म के निर्माण का सपना पूरा होता दिखने लगा था।

सम्मान और प्रस्थान

बरसात ख़त्म होने के बाद इन्द्रधनुष दिखायी पड़ता है। दार्शनिक लाओ तजु जिसने 6 वीं सदी बीसीई में ताओइज्म की शुरुआत की थी, ने एक बार कहा था, "ईश्वर मेहनत करने वालों को ही पुरष्कृत करता है।" 15 जुलाई, 2000 को एक अन्तर्राष्ट्रीय आर्थिक पत्रिका ने समय से पहले ही अपना अंक प्रकाशित किया था। लेकिन इससे कहीं अधिक आश्चर्य की बात उसके कवर पृष्ठ पर अंकित चेहरा था। उसकी आँखों में एक चमक और मुस्कुराहट में एक विश्वास था। वह एक ऊर्जा और आकर्षण से भरे एक चीनी पुरुष का चेहरा था।

फोर्ब्स मैगज़ीन का प्रकाशन 1917 में आरम्भ हुआ था। यह एक विश्वसनीय आर्थिक पत्रिका थी जो तक़रीबन एक दशक से प्रकाशित हो रही थी। यह धनाढ्य कुलीनों के विचारों पर केन्द्रित पत्रिका थी जिसका उद्देश्य आम मध्यम वर्ग में उद्यमशीलता के महत्त्व को प्रोत्साहित करना था। लेकिन ख़बरों के मामले में यह पत्रिका समसामयिक व्यापार के नेपथ्य के तत्त्वों और प्रचलित प्रतिमानों का गहन विश्लेषण भी करती है। यह समकाल के आर्थिक क्रियाकलापों और व्यवसायों की गहरी पड़ताल भी करती है।

फोर्ब्स मैगज़ीन का स्लोगन है–"नेवर स्टॉप।" इसे पूरी दुनिया में एक विशेष सम्मान प्राप्त है। पत्रिका के उस अंक के कवर पर जिस आदमी की तस्वीर छपी थी वह जैक मा था। उसकी तस्वीर के बगल में छपा था, "लक्ष्य के लिए संघर्ष।" यह शब्द एकाधिक व्याख्याओं की सम्भावनाएँ छोड़ता है। पत्रिका के भीतर जो प्रकाशित आलेख का मज़ाक़िया लेकिन तारीफ़ाना शीर्षक था "स्माल फ्राई बी 2 बी।"

आलेख में स्पष्ट लिखा था कि जैक मा ने अपने लिए सही रास्ता चुना था। अमेरिका में केवल 20 कम्पनियाँ इतनी बड़ी थीं जो थोक आपूर्तियों के कारोबार में शीर्ष पर थीं। उनके अतिरिक्त 555 होलसेल डिस्ट्रीब्यूटर और 20,900 ऐसे रिटेलर्स थे जो अपने व्यापार के लिए अलीबाबा पर निर्भर थे।

फोर्ब्स मैगज़ीन के अनुभवी सम्पादक मैट स्चिफ्रिन ने लिखा था–"हालाँकि कम्पनी हांगकांग में रजिस्टर्ड थी लेकिन उसके ज़रिये 190 देशों के हज़ारों लोग अपना कारोबार करते थे।

"गत वर्ष मार्च में अपनी स्थापना के बाद कम्पनी ने दुनिया भर में अपने 2,50,000 नये कारोबारी सदस्य बनाये थे। प्रतिदिन 1,400 नये उपभोक्ता ख़ुद को रजिस्टर्ड कर रहे थे। कम्पनी के पास 2,000 वस्तुओं की लम्बी फेहरिस्त थी। छोटी मछलियाँ इतनी तेज़ी से आगे बढ़ रही थीं कि वे व्हेल को हराने की स्थिति में पहुँचने को थीं।''

फोर्ब्स के मुताबिक़ उसने अपने सीनियर एशिया रिपोर्टर जस्टिन डोएबेल को मई के शुरू में ही शंघाई और हांगझोऊ के तीन दिन के दौरे पर भेजा था ताकि वे अलीबाबा को आँखों से देखकर अंक के आवरण की तैयारी कर सके। जून में पत्रिका ने जैक मा को 180 सवालों की एक सूची भेजी थी ताकि वह जवाबों के आधार पर अपनी जानकारियों की पुष्टि कर सकें। पत्रिका ने यहाँ तक कि उन सभी लोगों से भी मुलाक़ात की जिनका ज़िक्र जैक मा ने अपने इंटरव्यू में किया था। इस क्रम में उसके रिपोर्टर ने सिंगापुर से लेकर सुदूर ऑस्ट्रेलिया तक की यात्रा की। जैक मा आवरण कथा बनाने के लिए पत्रिका ने दो महीने तक कड़ी मेहनत की।

2004 में चाइना सेंट्रल टेलीविज़न (सीसीटीवी) ने जैक मा को आर्थिक क्षेत्र के दस शीर्षस्थ दिग्गजों में शुमार किया। उसे बहुराष्ट्रीय इलेक्ट्रोनिक उपभोक्ता कम्पनी है। एर के सीईओ के हाथों सम्मानित किया गया। सम्मान देने से पहले उसने जो वक्तव्य दिया वह बेहतरीन था–"उसने एक–दूसरे से बिल्कुल भिन्न लेकिन अपने–अपने मूल्यों में बिल्कुल ईमानदार लाखों लोगों को एक साथ लाने का महत्त्वपूर्ण कार्य किया। इस क्रम में उसने 200 देशों और स्थानों के बीच एक पुल की भूमिका निभाई। सिर्फ़ आपका नाम दर्ज करने के बाद वह आपके सामने आपकी पसन्द को पूरी कर देते हैं।''

उत्तर में अपने धन्यवाद–ज्ञापन में जैक मा ने कहा– "मैं सीसीटीवी, निर्णायकों, अपने उपभोक्ताओं और अपने सहकर्मियों के प्रति अपना आभार प्रकट करता हूँ। मैं उन सबके प्रति शुक्रगुज़ार हूँ जिन्होंने मेरे सपने को सच करने में अपनी भूमिकाएँ निभायी।

"आज से पाँच साल पहले कोई यही समय रहा होगा जब मैंने और मेरे साथियों ने चीन की महान दीवार पर खड़े होकर दुनिया की सबसे बड़ी चीनी कम्पनी की स्थापना का सपना देखा था। हमने यह लक्ष्य निर्धारित किया था कि एक दिन दुनिया के कोने–कोने में रहने वाले व्यापारी हमारे नेटवर्क का इस्तेमाल करेंगे।

"उस वक़्त ऐसे लोगों की कमी नहीं थी जो मुझे पागल समझते थे। लेकिन किसी की भी कोई बात का असर मेरे इस निर्णय पर नहीं पड़ा कि मुझे एक वैश्विक कम्पनी बनानी है। इंटरनेट के सर्वाधिक संकटपूर्ण समय 2001 और 2002 में हमारी कम्पनी के सामने सबसे बड़ी चुनौती ख़ुद का अस्तित्व बचाये रखना था।

"जब बड़ी–बड़ी कम्पनियाँ भी नाकाम हो रही थीं, ऐसी स्थिति में अगर हम घिसट के भी चल रहे थे तो यह एक बड़ी सफलता थी। हमने मानो यह सोच रखा था कि जब तक हम हार नहीं मानेंगे तब तक हमारे कामयाब होने की सम्भावनाएँ भी बची रहेंगी। हम आज और कल तकलीफ़ उठा सकते हैं लेकिन उसके बाद जो वक़्त आयेगा वह बेशक बेहतर होगा। ऐसी स्थिति में आज हथियार डाल देना मेरी नज़र में मुनासिब नहीं है।"

2005 में *फोर्ब्स* ने जैक मा को एशिया का 'सबसे प्रभावशाली उद्यमी' घोषित किया।

2007 में अमेरिका के *बिज़नेस वीकली* ने उसका चयन 'बिज़नेस लीडर ऑफ द ईयर' के रूप में किया।

2008 में दुनिया की मशहूर आर्थिक पत्रिका *बरोंस* ने उसे दुनिया के शीर्ष तीस सीईओ में शामिल किया।

जुलाई 2008 में जैक मा को जापान के दसवें इंटरप्रेन्योर अवार्ड से सम्मानित किया गया। इससे पहले यह अवार्ड अब तक केवल जापानी उद्यमियों को ही दिया जाता था।

सितम्बर 2008 में जैक मा को 'विश्व की शीर्ष 25 इंटरनेट हस्ती' में नामित किया गया। यह पुरस्कार भी *बिज़नेस वीकली* ने ही प्रदान किया था। गौरतलब बात यह थी कि इस सूची में शामिल अकेला चीनी इंटरनेट व्यवसायी था। इस क्रम में उसे इतने पुरस्कार और सम्मान मिले कि उन सबका यहाँ उल्लेख करना मुश्किल है।

8 नवम्बर, 2013 को हांगकांग यूनिवर्सिटी ऑफ़ साइंस एंड टेक्नोलोजी ने उसे व्यापार प्रबन्धन में मानद पी एच.डी. से सम्मानित किया। जैक मा को यह सम्मान देने का क्या अभिप्राय था? इसका सरल अभिप्राय यह था कि इनकी नज़र में जैक मा एक ऐसा विद्वान था जो आश्चर्यजनक रूप से सूचनाओं और तकनीकी जानकारियों से लैस था।

उसके पूर्ववर्ती पुरस्कार एक स्थापित उद्यमी के रूप में उसके नेतृत्व कौशल और व्यापारिक क्षमताओं के आधार पर दिये गये थे। निस्सन्देह ये पुरस्कार और सम्मान

इस बात की पुष्टि करते थे कि जैक मा द्वारा बयाया गया ई–कॉमर्स मॉडल न केवल सफल हुआ था बल्कि वैश्विक अर्थव्यवस्था को भी प्रभावित करने की क्षमता रखता था।

इस उपाधि के माध्यम से हांगकांग यूनिवर्सिटी ऑफ़ साइंस एंड टेक्नोलॉजी ने अलीबाबा को एक अन्तर्राष्ट्रीय कॉरपोरेशन में तब्दील करने के पीछे जैक मा की प्रबन्धन कार्यकुशलता को अनुमोदित और स्वीकृत करने का कार्य किया था। हालाँकि उसने व्यापार प्रबन्धन की कोई औपचारिक शिक्षा नहीं ली थी। लेकिन वह एक बहुत व्यावहारिक व्यक्ति था जिसने न केवल एक अन्तर्राष्ट्रीय कम्पनी की स्थापना की बल्कि उसका सफल संचालन भी किया था। यहाँ तक कि प्रतिकूल स्थितियों में भी उसने कम्पनी के अस्तित्व को बचाये रखने में सफलता हासिल की। लाखों लोगों के जीवन में सकारत्मक बदलाव लाने का उत्तरदायी तो वह था ही।

इसमें कोई शक नहीं कि जैक मा उन सभी सम्मानों और पुरस्कारों का अधिकारी था जो उसे मिले थे। ये सभी पुरस्कार उसके व्यक्तित्व के अन्य आयामों की पुष्टि भी करते थे। उसने कहा भी था कि अलीबाबा की सफलता के पहले उसके माँ–बाप ने कभी नहीं सोचा था कि उसे कभी ऊँची शिक्षा हासिल होगी और उसके दोस्त–साथी हमेशा ही उसकी सफलता को लेकर सशंकित रहते थे। उसने बड़े जोश के साथ यह दावा किया था–"मेरा अनुभव बताता है कि 80 प्रतिशत से अधिक चीनी लोगों में सफल होने की क्षमता है।"

यह सीधे दिल से कही हुई बातें थीं। तीन बार कोशिश करने के बाद जैक मा का दाख़िला किसी तरह हांगझोऊ नॉर्मल यूनिवर्सिटी में हो पाया था। इस दृष्टि से देखने पर पी–एच.डी. की उपाधि पाने तक की उसकी यात्रा कम आश्चर्यजनक नहीं मानी जा सकती है। दूसरे शब्दों में उसकी ये उपलब्धियाँ इस बात को रेखांकित करती थीं कि हर चीनी में पी एच.डी. उपाधि पाने की क्षमता और सफल होने के तत्त्व उपस्थित हैं।

उसने यह भी कहा कि जब उसने अलीबाबा की स्थापना की तब उसकी उम्र 40 साल से भी कम थी। उसकी पत्नी ने तब विश्वास जताया था कि जैक मा चीन का सबसे सफल व्यापारी ही नहीं बल्कि सम्मानित व्यापारी भी सिद्ध होगा। उसे इस विश्वास पर खरा उतरना था और अपने इस लक्ष्य को प्राप्त करने के लिए वह लगातार परिश्रम करता रहा।

हांगकांग यूनिवर्सिटी ऑफ़ साइंस एंड टेक्नोलॉजी के स्नातकों को सम्बोधित करते हुए उसने कहा, "मुझे पूरा विश्वास है कि आप सभी भविष्य में अपना आत्मविश्वास और सकारात्मक नज़रिया बनाये रखेंगे। बहुत से लोगों की यह शिकायत है कि अब

हांगकांग में रोज़गार के अवसर पहले जैसे नहीं रहे; जबकि सच यह है कि चीन और हांगकांग में अवसरों की कोई कमी नहीं है। नौजवानों को अपना हौसला बनाये रखने की ज़रूरत है। अपनी उम्मीद कभी नहीं खोयें, कभी हार नहीं मानें और अपने सपनों को साकार करने के लिए हमेशा प्रयासरत रहें।''

उसने इस बात पर ख़ास ज़ोर दिया कि हांगकांग अतीत में कारोबार के आंग्ल–यूरोपियन मॉडल का अनुसरण करता था लेकिन अब उसने एक न्यू मॉडल अपना लिया है। चीन भी कुछ बुनियादी परिवर्तनों के साथ उसकी इस पहल में सहयोग कर रहा है। उसने परिवर्तन के लिए साहसिक क़दम उठाने के लिए नौजवानों का आह्वान किया। ''इस काम को अंजाम देना थोड़ा मुश्किल अवश्य है लेकिन इस पहल के ज़रिये न केवल हमें एक आत्मसन्तोष मिलेगा बल्कि दूसरों की मुश्किलों को कम कर पाने में भी हम कामयाब होंगे। बरसात से होने वाली सम्भावित परेशानियों से बचने के लिए हमें निखरे–खुले मौसम में ही ठोस और ज़रूरी क़दम उठाने होंगे।''

उसने आगे कहा कि चीन के साथ–साथ पूरी दुनिया एक संक्रमण–काल से गुज़र रही है और हम सब को भविष्य को ध्यान में रखते हुए अपनी नीतियाँ बनानी होंगी ताकि हम आने वाले समय के अनुरूप विकसित हों सकें : "शायद अनेक लोग यह मानते हैं कि आने वाला समय उनके लिए बहुत कष्टकारी साबित होगा जबकि मैं समझता हूँ कि हम सभी एक बेहतर और सुनहरे भविष्य की तरफ़ अग्रसर हैं।''

जैक मा को उसके समय में कई अलग नामों से भी पुकारा जाता था मसलन 'इंटरनेट का बादशाह', 'व्यापार जगत का नेता', 'सबसे प्रभावशाली व्यक्तित्व' और 'आने वाले दिनों में सबसे गहरा असर डालने वाली करिश्माई शख़्सियत'। इन ख़िताबों से बेपरवाह वह एक सजग आदमी था। उसे याद था, एक वक़्त उसे पागल आदमी कह कर बुलाया जाता था। इस जुमले की याद आते ही वह ख़ुद को एक आम आदमी समझने लगता था और लोगों से यह कहना चाहता था, "मैं एक औसत आदमी हूँ। मैं सचमुच किसी काम का नहीं हूँ। मैं बहुत प्रतिकूलताओं में जन्मा हूँ और मुझे जो अनुकूल स्थितियाँ मिलीं उन्हीं के कारण जीवन में कुछ कर पाया हूँ। अगर मैं सफल हो सकता हूँ तो आप सब भी सफल हो सकते हैं, बल्कि मैं तो यह कहूँगा कि यदि आप कड़ी मेहनत करते रहेंगे तो मुझसे भी ज़्यादा सफल हो सकते हैं।''

एक सीईओ को कैसा होना चाहिए, इस बात को इंटरनेट कम्पनी बिदु ने इन

शब्दों में व्याख्यायित किया है–''सीईओ पद का गठन आधुनिक कम्पनियों की प्रगति के अनुरूप ही किया गया है। मौजूदा बाज़ार अर्थव्यवस्था में एक आधुनिक कम्पनी के प्रबन्धकीय गठन के तीन अनिवार्य तत्त्व होते हैं–सामान्य शेयर धारक, निदेशक मण्डल और उच्च स्तरीय निदेशकों का समूह।

"उच्च कार्यकारी अधिकारी अथवा उच्च निदेशक निदेशक मण्डल के प्रति उत्तरदायी होते हैं। निदेशक मण्डल उन अधिकारियों को कम्पनी के प्रबन्धन और निर्णय सम्बन्धित अधिकार देते हैं। कम्पनी को सुचारु रूप से चलाने की सामान्य ज़िम्मेदारियाँ उन्हीं अधिकारियों को प्रदत्त की जाती हैं।

"कार्यकारी समूह का मुखिया सीईओ अथवा मुख्य कार्यकारी अधिकारी होता है। वह निदेशक मण्डल का अध्यक्ष, कम्पनी का उपाध्यक्ष या महाप्रबन्धक तीनों में से कोई भी हो सकता है।"

उपर्युक्त विवरणों के आधार पर यह स्पष्ट है कि अंग्रेज़ी शब्द CEO का पद निर्माण आधुनिक कम्पनी की परिकल्पना के अनुरूप किया गया है। जब जैक मा ने एक ऐसी कम्पनी की स्थापना की बात की जो कम से कम 102 सालों तक टिकी रह सके तो ज़ाहिर–सी बात है कि अलीबाबा के विकास में इस पदनाम को स्वाभाविक रूप से एक बड़ी भूमिका निभानी थी।

व्यावहारिक दृष्टि से सीईओ का पद अध्यक्ष पद से भिन्न होता है। सीईओ उच्चस्तरीय कार्यकारी पदाधिकारियों में सर्वोपरि और सर्वाधिक महत्त्वपूर्ण होता है। वह अध्यक्ष की तरह सर्वसत्तासम्पन्न नहीं होता है। उसकी मुख्य भूमिका कम्पनी में नये विचारों को आजमाने के साथ–साथ महत्त्वपूर्ण और अन्तिम फैसले लेना है।

वह अपने सभी विचारों पर निर्णय लेने के लिए स्वतन्त्र नहीं होता है। वह सर्वसत्ता सम्पन्न प्रशासक नहीं होता है जो किसी मुद्दे पर अन्तिम निर्णय ले सके। वह निरंकुश नहीं होता है बल्कि नीतियों पर सामूहिक विचार–विमर्श का अनिवार्य परिपालन करने के बाद ही फ़ैसले लेता है। शुरू में जैक मा के विचार भी सम्भवतः यही थे। लेकिन जब हांगकांग स्टॉक मार्किट में लिस्टिंग से लेकर डिलिस्टिंग तक अलीबाबा को अपने कायान्तरण की लम्बी प्रक्रिया से गुज़रना पड़ा।

जैक मा ने यह निर्णय लिया कि 10 मई, 2013 के बाद से वह अलीबाबा के सीईओ के पदभार से मुक्त हो जायेगा। अभी वह मात्र 49 साल का था और कम्पनी का मुखिया बने हुए भी उसे अभी एक ही साल हुए थे। इसके बावजूद उसने पदमुक्त

होने का निर्णय ले लिया था। उसका मानना था कि संस्थापक को कम्पनी से ख़ुद को अलग कर लेने के बाद ही कम्पनी के पनपने की सम्भावना मज़बूत होगी।

कम्पनी पर एकाधिकार नहीं किया जा सकता। कम्पनी की तरक्की के लिए युवा और प्रतिभाशाली पीढ़ियों की भूमिका महत्त्वपूर्ण है। किसी कम्पनी को भी यांग्त्जे नदी की तरह बिना उतार के आगे बढ़ते रहना चाहिए। तेज़ धारा का आवेग ही उसकी रफ़्तार को एक मज़बूत निरन्तरता दे सकती है। यही प्रवाह उसे व्यवसाय का एक बेहतर माहौल और उसके विस्तार को एक खुलापन दे सकता है।

निजी तौर पर अपने विचारों के विकास और नयी चुनौतियों का सामना करने के लिए भी बन्धनमुक्त होना आवश्यक था। कम्पनी से ख़ुद को बाँध कर कम्पनी और व्यक्ति दोनों की तरक्की में अवरोध उत्पन्न हो सकता था। पीढ़ी–दर–पीढ़ी नयी प्रतिभाओं को समाहित किये बिना कम्पनी का विस्तार असम्भव था। जीवन में कुछ भी अपरिवर्तनशील नहीं है, उसी तरह कोई एक व्यक्ति कम्पनी को हमेशा नहीं चला सकता है। व्यक्ति और स्थिति दोनों के लिए ही परिवर्तन एक नियति है। इसे किसी भी क़ीमत पर रोक पाना असम्भव है। बेशक परिवर्तन का उद्देश्य अस्तित्व रक्षा और बेहतरी होना चाहिए।

इसमें कोई शक नहीं है कि जैक मा ने अलीबाबा को बहुत अच्छी स्थिति में लाने के बाद सीईओ का पद छोड़ा था। उसने कम्पनी में दो ठोस परिवर्तन किये थे। याहू के इक्विटी शेयरों को फिर से वापस ख़रीद लिया गया था और हांगकांग स्टॉक मार्किट से कम्पनी की डिलिस्टिंग करा दी गयी थी। इन दो महत्त्वपूर्ण सुधारों के कारण अलीबाबा की आर्थिक स्थिति पहले से अधिक मज़बूत हो गयी थी और वह बाज़ार में ख़ुद को एक बड़ी चुनौती के रूप में स्थापित कर चुका था। लू ज्होक्सी और पेंग ली दोनी को सीईओ बनाये जाने के बाद विशेषज्ञ समझ चुके थे कि जैक मा की भावी योजना अलीबाबा को एक डिजिटल प्लेटफ़ॉर्म के रूप में विकसित करने की थी और इस महत्त्वाकांक्षी योजना की बागडोर वह ख़ुद अपने हाथों में रखना चाहता था। ई–कॉमर्स उद्योग के विस्तार की दिशा में यह एक बहुत बड़ा क़दम था।

बोर्ड के अध्यक्ष के रूप में निर्धारित दायित्वों के निर्वाह के साथ ही जैक मा की दृष्टि भविष्य पर भी टिकी हुई थी। यह रणनीति केवल जैक मा की ही नहीं बल्कि अलीबाबा की भी थी।

कई लोग जैक मा की इस पहल से असहमत थे। उनकी नज़र में उसका यह फ़ैसला बेतुका था और न ही उनको इसकी उम्मीद ही थी। पारम्परिक तरीक़े से सोचने

वाले उसकी इस नयी अवधारणा के साथ अपना तालमेल बिठाने में असमर्थ थे। जैक मा की इस उलटी चाल का अर्थ समझ पाने में वे असक्षम थे।

जैक मा के इस निर्णय से आम लोगों को भी तरह–तरह की बातें करने का मौक़ा मिल गया था। अख़बारों में सनसनीख़ेज हेडलाइंस बन रही थीं मसलन–"जैक मा के इस्तीफ़े की अन्दरूनी कहानी।" या "जैक मा के इस्तीफ़े का सच।"

एक तरफ़ मीडिया की आवाज़ की अनदेखी करना मुश्किल था, वहीं दूसरी तरफ मीडिया द्वारा जैक मा को ख़ारिज किये जाने सम्बन्धी ख़बरों को हजम कर पाना भी नामुमकिन था। आख़िरकार इस निर्णय के पीछे कितने अन्दरूनी राज या अन्दरूनी सच हो सकते थे? असल सच तो यह था कि इस निर्णय के पीछे जैक मा की दूरदर्शिता और उद्यमशीलता थी।

दरअसल अलीबाबा अब एक मुनाफ़ा कमाने वाली बड़ी कम्पनी बन चुकी थी और जैक मा के इस्तीफ़े के पीछे सबसे बड़ी तसल्ली यही थी कि जैक मा एक मेहनती आदमी था लेकिन पैसे और ताक़त के प्रति उसके मन में विशेष आकर्षण नहीं था।

2013 में तोबाओ अपनी स्थापना की दसवीं सालगिरह मना रहा था। ठीक उसी समय जैक मा अलीबाबा के कर्मचारियों, दोस्तों और दुनिया भर से जुटे मीडियाकर्मियों के सामने अपना 'रिटायरमेंट स्पीच' दे रहा था–

"आज का दिन बहुत ख़ास है। इस दिन का मुझे एक अरसे से इन्तज़ार था। साथ ही कुछ दिनों से मैं यह लगातार सोच रहा था कि यहाँ एकत्र हुए अपने सहयोगियों, दोस्तों, साझेदारों और ऑनलाइन से क्या कहूँगा।

"यह सचमुच उसी तरह एक हैरतअंगेज़ बात है जैसे कोई युवा लड़की लम्बे अरसे से अपनी शादी के दिन का इन्तज़ार कर रही हो, और जैसे ही वह दिन आता है तो वह आवाक् सोचती रहती है कि क्या करे। मेरे लिए आज का दिन कुछ ऐसा ही है। हम सभी बहुत भाग्यशाली हैं। कोई दस साल पहले चीन जब SARS के संकट से बेतरह जूझ रहा था तो हमारा आत्मविश्वास पूरी तरह से डगमगाया हुआ था।

"इसके बावजूद अलीबाबा में काम करने वाले लोग पूरी तरह से आश्वस्त थे कि ई–कॉमर्स के उपयोग के बाद उनका जीवन अभी से निश्चित रूप से बेहतर होगा। हालाँकि हमें तब यह उम्मीद नहीं थी कि हम इस हद तक सफल होने में कामयाब हो सकेंगे।

"मुझे लगता है कि पिछले एक दशक में हमने अलीबाबा को खड़ा करने में जिन विचारों और श्रम का निवेश किया है, यदि आज उसका 99% भी हमसे छीन लिया

जाये तब भी हमारी उपयोगिता में कोई विशेष कमी नहीं आयेगी। इसीलिए आमतौर पर जैसा लोग सोचते हैं, मुझे अपने और जिन्होंने मेरे साथ मेहनत की उन सभी साथियों के जीवन को लेकर किसी तरह का प्रायश्चित्त–बोध नहीं है।

"हमारे पास आज जो भी है हमें वही मिला है, उसी तरह मेरे पास जो कुछ भी है मुझे भी वही मिला है। किसी विशेष कारण के बिना सफल हुआ हूँ, और अलीबाबा की सफलता का भी कोई ख़ास राज़ नहीं है। इसके बावजूद भी सालों से हमारी कोशिशें जारी हैं और आने वाले सालों के प्रति भी हम बहुत आशान्वित हैं। सच कहूँ तो मुझे लगता है कि हम जो कुछ भी हैं अपने दृढ़ विश्वास के कारण हैं।

"हमने उस वक़्त विश्वास का दामन थामे रखा जब पूरी दुनिया अपना विश्वास खो चुकी थी। हमारी दृढ़ आस्था थी कि आने वाले दस सालों में चीन एक बेहतर देश बनेगा। मुझे पक्का यक़ीन था कि मेरे सहयोगी मुझसे अच्छा काम करके दिखायेंगे। हमें यह भी भरोसा था कि आने वाली पीढ़ियाँ हमारे द्वारा शुरू किये गये कामों को और आगे ले जायेंगी।

"आज से दस या बीस साल पहले मुझे इस चमत्कार की कतई उम्मीद नहीं थी। बल्कि मुझे खुद पर भी यक़ीनी तौर पर भरोसा नहीं था। मैं इसके लिए अपने सहकर्मियों का ख़ासतौर पर कर्ज़दार हूँ क्योंकि उन्होंने मुझमें अपना भरोसा जताया। एक सीईओ बनना बहुत मुश्किल काम है लेकिन उसका स्टाफ बनना और भी मुश्किल काम है।

"बहरहाल आज लोग 'सेंट ऑफ़ अ वूमन' नाम के उस आदमी को पैसे दे रहे हैं जिसके बारे में उन्होंने आज तक न तो सुना है और न कभी उसे देखा है, और हज़ारों मील दूर के एक अजनबी से वे चीज़ें ख़रीद रहे हैं जिन्हें उन्होंने कभी देखा भी नहीं है।

"अब चीन में एक विश्वास का माहौल बन गया है, इसलिए मुझे तोबाओ और अलीलोन समेत अलीबाबा के तमाम कर्मचारियों पर गर्व है। हम सब पहले भी सहकर्मी थे और भविष्य में भी सहकर्मी ही रहेंगे।

"80 और 90 के दशक की पीढ़ी में यह उम्मीद आपने जगाई है। आपने उनके भीतर यह विश्वास पैदा किया है कि आने वाली दुनिया अधिक खुली हुई, पारदर्शी और ज़िम्मेदार और सहयोग करने वाली होगी। मुझे आप सभी पर गर्व है।

"आज हम जिस दुनिया में जी रहे हैं वह बहुत तेज़ी से बदल रही है। 30 साल पहले हमने सोचा भी नहीं था कि आज दुनिया ऐसी होगी। किसी ने भी यह नहीं सोचा होगा कि एक दिन चीन एक वैश्विक उत्पादक के रूप में जाना जायेगा और आम जनजीवन पर कम्प्यूटर का इतना गहरा असर पड़ेगा या इंटरनेट का यहाँ इतना

व्यापक विस्तार होगा। किसी ने भी यह उम्मीद नहीं की थी कि तोबाओ कामयाबी के साथ चलता रहेगा और नेटस्केप एक दिन नाकाम हो जायेगा या याहू आज जिस रूप में हमारे सामने है वैसा हो सकेगा।

"दुनिया तेज़ी से बदल रही है। किसी को भी यह आशा नहीं थी कि एक दिन पूरी दुनिया सिमटकर इतनी छोटी हो जायेगी और हम भविष्य की सम्भावनाओं पर इतना खुलकर और विश्वासपूर्वक बात कर सकेंगे। दूसरी चीज़ों में तब्दीली के साथ–साथ कम्प्यूटर भी पहले की तुलना में पहले से ही तेज़ हो चुका है। अब तो पर्सनल कम्प्यूटर की बजाय लोग मोबाइल इंटरनेट का धड़ल्ले से इस्तेमाल कर रहे हैं। अभी हमने मोबाइल इंटरनेट का अधिकतम इस्तेमाल नहीं किया है अन्यथा हमारे सामने एक विशाल डाटा युग है।

"युगान्तकारी परिवर्तनों का श्रेय हमेशा युवा पीढ़ी को जाता है। बिदु, गूगल और तेंसेंट (एक चीनी इन्वेस्टमेंट होल्डिंग कम्पनी) जैसी कम्पनियों में असंख्य युवा काम कर रहे हैं।

"दस साल पहले इतनी बड़ी कम्पनियों के आरम्भ होने के बावजूद भी हम अपनी असहायता के कारण नुक़सान की स्थिति में थे। क्या हमारे पास तब भी मौक़े थे? लेकिन दस साल की कड़ी मेहनत और समर्पण के बाद हमने साबित कर दिया है कि हमने उन तमाम मौक़ों का बेहतर इस्तेमाल किया जो हमारे सामने उपलब्ध थे। अगर परिवर्तन का वह दौर नहीं आया होता तो आज जो नौजवान यहाँ बैठे हैं वे सभी अपने–अपने अवसरों को गँवा चुके होते। इसकी बड़ी वजह यह है कि हमारी पूर्ववर्ती पीढ़ी उद्योग धन्धों के मामलों में कट्टरवादी थी और पीढ़ियों के पदसोपान की रूढ़ व्यवस्था पर आधारित थी।

"आज हम आने वाले कल को लेकर इसलिए आशावान हैं कि हमने परिवर्तनों का बेहतर से बेहतर इस्तेमाल किया। चीन ही नहीं बल्कि पूरी दुनिया आने वाले तीस सालों में परिवर्तनों के कई दौर से होकर गुज़रेगी जो हमें अपने लिए अच्छे से अच्छा अवसर देगी। हमें उन अवसरों को भुनाने की ज़रूरत है। अनेक लोग बीते दिनों या 30 साल पहले की समस्याओं का रोना रो सकते हैं इसके बावजूद उनको अफ़सोस होगा कि वे आज के सुधारों और विकास को देखने के लिए शायद जीवित नहीं होंगे। जो बीत चुका उसे बदल पाने का हमारे पास कोई तरीक़ा नहीं है लेकिन 30 साल के बाद चीन की स्थिति क्या होगी, यह हम ज़रूर तय कर सकते हैं। पिछले दस सालों में कड़ी मेहनत करके हमने कई छोटी–बड़ी तब्दीलियाँ लाने में कामयाबी हासिल की है। हर आदमी का यही सपना है।

"मैं परिवर्तन के इस दौर का शुक्रगुज़ार हूँ, जिससे हम सभी अभी गुज़र रहे हैं। मैं शिकायतों से भरे उन असंख्य लोगों का शुक्रगुज़ार हूँ। अगर लोगों की शिकायतें नहीं होतीं तो हम नये अवसर ढूँढ़ने की कोशिशें नहीं करते। अगर बदलाव नहीं होंगे तो हम नहीं जान पायेंगे कि हमें क्या चाहिए, हमारे पास क्या है और हमें किन चीज़ों की ज़रूरत नहीं है।

"मेरे लिए यह गौरव की बात है कि अलीबाबा की स्थापना के बाद के 14 सालों तक मैं इस सफ़र का सहयात्री रहा हूँ। मैं एक व्यापारी हूँ, और अब ई–कॉमर्स में मानवीयता ने दस्तक दे दी है। दुःख की बात यह है कि इसके बाद भी कारोबारियों को दुनिया में वह सम्मान प्राप्त नहीं हो सका है जिसके वे अधिकारी हैं। अब व्यापार करने का एकमात्र उद्देश्य लाभ कमाना ही नहीं है।

"कला, शिक्षा और राजनीति जैसे अन्य पेशे की तरह हम भी दुनिया को रहने के लिए एक बेहतर जगह बनाने के लिए वचनबद्ध हैं।

"14 वर्षों तक एक कारोबारी का जीवन जीने के बाद मैं जीवन, उसकी प्रतिकूलता, कठोर श्रम और ज़िम्मेदारियों को समझने लगा हूँ। मैं अब अपनी स्वयं की सफलता और दूसरों की सफलता का तुलनात्मक अन्तर भी समझता हूँ। इसीलिए मेरे लिए मेरे कर्मचारियों के चेहरों पर की मुस्कराहट का महत्त्व है।

"आज आधी रात के बाद मैं कम्पनी का सीईओ नहीं रहूँगा। कल से व्यापार मेरे लिए मात्र एक शौक़ रह जायेगा। मुझे एक कारोबारी के रूप में गुज़ारे हुए अपने 14 सालों पर बहुत गर्व है। आज आप सबको और चीन के युवाओं को देखकर मुझे इस बात की तसल्ली है कि वे साल बेकार नहीं बीते। इस दुनिया में कोई भी यह पक्के तौर पर नहीं बता सकता है कि व्यापार में कोई कितने दिनों तक कामयाब हो सकता है। कोई नहीं कह सकता कि आप कब नाकाम, कब बूढ़े या कब मन से थक जायेंगे। नाकामी, बुढ़ापे और मानसिक थकान से बचने का सबसे बेहतर तरीक़ा नौजवानों पर भरोसा करना है। नौजवान पीढ़ी ही हमारा भविष्य है।

"इसलिए अब मैं बतौर सीईओ अलीबाबा नहीं लौटूँगा। अगर मैं लौटना भी चाहूँ तब भी नहीं लौटूँगा क्योंकि मुझे इसका कोई मतलब नहीं समझ में आता। अब आप सब इस काम को बेहतर तरह से कर सकते हैं। मुझे बेशक इस बात का गर्व है कि कम्पनी का विस्तार बहुत तेज़ी से हुआ है लेकिन समाज के प्रति इसे अभी बहुत योगदान देना है। इसलिए अलीबाबा में काम करने वाला हर आदमी बहुत उत्साहित, प्रतिबद्ध और प्रयासरत है। इन बातों के इतर हम सभी मामूली लोग हैं जो अपने काम

से बहुत प्यार करते हैं हमने अब तक जो कुछ भी किया है उसकी तुलना में बहुत अधिक हासिल कर चुके हैं। अब समाज की हमसे यही उम्मीदें हैं कि हम उसके लिए कुछ करें और उसकी समस्याओं का निराकरण करें। आज समाज के सामने अनेक चुनौतियाँ हैं और हमें यह अवसर मिला है कि हम उनका सामना कर सकें। सच यही है कि अगर ये चुनौतियाँ नहीं होतीं तो हम भी यहाँ नहीं होते।

"अली में काम करने वाले छोटे कारोबारियों को अपनी सेवाएँ देने में दुस्साध्य मेहनत की है ताकि चीन के आर्थिक विकास के सपनों को पूरा किया जा सके। चौदह साल पहले हमने वायदा किया था कि हम 'व्यापार को सबके लिए आसान' बनायेंगे। अब छोटे कारोबारों को विकसित करने की ज़िम्मेदारी आप सबके कन्धों पर है। छोटे व्यापारों के मुद्दे पर मुझे और भी कुछ कहना है। किसी ने कभी कहा था कि इंटरनेट के विस्तार से असमानता को बढ़ावा मिला है। लेकिन मेरे विचार से इंटरनेट ने आर्थिक समानताओं को प्रोत्साहित करने का काम किया है। ज़रा सोचिए, किस प्रान्त, शहर और इलाके में आपको छोटे कारोबारों के लिए अनुकूल कर–प्रणाली और नियमों की जानकारी मिलेगी? लेकिन इंटरनेट पर ये जानकारियाँ उपलब्ध हैं। वहाँ तीन से पाँच सालों में छोटे कारोबार के क्षेत्र में पाँच–छह लाख उपभोक्ताओं का इजाफ़ा आप स्पष्ट देख सकते हैं। अपने विस्तार के साथ–साथ छोटे कारोबारों ने अपने लाभ और अधिकार के बारे में भी आवाज़ उठानी शुरू कर दी है। छोटे कारोबारों ने अपनी कर–दरों में 500 युआन की छूट की माँग की है। अगर अली में कार्यरत सभी लोग उनको सहयोग करेंगे तो वे भविष्य में चीन के सबसे बड़े करदाता साबित हो सकते हैं।

"मैं आप सभी के प्रति अपनी कृतज्ञता प्रकट करता हूँ। आज के बाद से मैं उन प्रोजेक्ट्स पर काम करना चाहता हूँ जिसमें मेरी दिलचस्पी है। अधिकतर प्रोजेक्ट्स शिक्षा और पर्यावरण–संरक्षण से सम्बन्धित हैं। मुझे बरबस *हील द वर्ल्ड* गाने की याद आ रही है, लेकिन सच यह है कि इस दुनिया में ऐसी ढेर सारी मुश्किलें हैं जिनका हमारे पास कोई हल नहीं है। दुनिया में एक ही ओबामा है, इसके बावजूद अनेक लोगों को लगता है कि वे उन्हीं की तरह हैं। दरअसल हमें एक समय में वही एक काम करना चाहिए जो हमारी रुचि के अनुकूल हो। हमें केवल अपने कामों में ही कड़ी मेहनत करने की ज़रूरत नहीं है बल्कि चीन के वातावरण और पर्यावरण के बारे में भी उतनी ही गम्भीरता के साथ काम करने की आवश्यकता है। हमें कोशिश करनी चाहिए कि नदियों में साफ़ पानी बहे, आसमान का रंग पारदर्शी नीला हो और हमें स्वास्थ्यकारी अच्छा खाना मिल सके। मैं आप सबसे इन लक्ष्यों को प्राप्त करने का आह्वान करता हूँ।

"आज आपसे भविष्य की अली टीम से परिचित कराते हुए मुझे हार्दिक प्रसन्नता का अनुभव हो रहा है। इन्होंने सालों–साल मेरे कन्धे से कन्धा मिलाकर काम किया है, इसलिए वे मुझे मुझसे भी बेहतर तरीक़े से समझ सकते हैं। लू ज्होक्सी के पास 13 साल का तजुर्बा है। उन्होंने न केवल अलीबाबा के अनेक ओहदों पर काम किया है बल्कि कम्पनी की अनेक मुश्किल घड़ियों के गवाह भी रहे हैं। मेरे कहने का अर्थ यह है कि विगत 13 सालों में हमने कम्पनी के अच्छे और बुरे दौर बख़ूबी देखे हैं। जैक मा की भूमिका निभाना एक मुश्किल काम है। आज अगर मैं यहाँ खड़ा हूँ तो इसकी सबसे बड़ी वजह यह है कि मुझे लोगों का साथ हासिल हुआ। उनके विश्वास ने मेरा रास्ता आसान कर दिया।

"मैं अनुरोध करता हूँ कि जिन्होंने मेरा साथ दिया वे लू ज्होक्सी और उनकी टीम का भी उसी तरह साथ देंगे, उनमें अपनी ऐसी ही आस्था जताएँगे। आप सबका आभारी हूँ। कल के बाद मैं अपना जीवन नये सिरे से शुरू करूँगा, मेरे पास नयी चुनौती होगी। मैं भाग्यशाली हूँ कि मुझे केवल 48 साल की उम्र में रिटायर होने का सुख प्राप्त हो सका। आज से पहले काम ही मेरा जीवन था। कल से जीवन ही मेरा काम होगा। आइये, हम सब मिलकर लू ज्होक्सी का स्वागत करें।"

परिशिष्ट

2016 में ज्हेजिंग के आंत्रेप्रेन्यॉर्स एसोसिएशन में जैक मा के व्याख्यान का लिप्यन्तरण

आंत्रेप्रेन्यॉर्स वन्य पशु हैं

मेरी दृष्टि में ज्हेजिंग के उद्यमी बहुत महत्त्वपूर्ण हैं। किसी को भी उद्यमी होने का पाठ सिखाना एक मुश्किल काम है। उद्यमी जन्मजात होते हैं। उनकी तलाश की जाती है। मैंने यह बात पहले भी कही है कि मैं अपनी कम्पनी को पेशेवर प्रबन्धकों के द्वारा संचालित किये जाने के विरुद्ध था। यही वजह थी कि सात साल पहले मैंने एक साझी अवधारणा का प्रारूप तैयार किया था।

एक उद्यमी और एक पेशेवर प्रबन्धक के बीच क्या अन्तर होता है? तब मैं बोर्ड के सामने एक ही मिसाल देता था। कल्पना कीजिए एक उद्यमी और एक पेशेवर प्रबन्धक दोनों ही एक पहाड़ पर बनैले सूअर के शिकार पर गये हों। मान लीजिए अगर पेशेवर प्रबन्धक का निशाना चूक जाये और सूअर उस पर हमला कर दे तो वह झटके से अपनी बन्दूक फेंक कर भाग निकलेगा। लेकिन अगर हमारी तरह कोई उद्यमी निशाना चूक जाता है और सूअर उस पर हमला कर देता है, ऐसी स्थिति में वह अपनी छड़ी या चाकू से उस पर दोबारा धावा बोल देगा। उद्यमी ख़तरों से नहीं डरता। हम जो भी हैं वह किसी भी प्रशिक्षण के कारण नहीं हैं–हम बाज़ार की स्थितियों के कारण एक उत्पाद हैं। मुझे तो यह भी लगता है कि वे अच्छे अर्थशास्त्री भी नहीं हैं। क्या यह ग़लत है? कई बार तो वे किसी की सलाह तक मानने से इनकार कर देते हैं। आप क्या चाहते हैं, यह केवल आपको ही पता होता है। लेकिन जब कोई अर्थशास्त्री यह कहता है कि अमुक अर्थव्यवस्था असफल हो जायेगी या अमुक स्थितियाँ संकटजनक हो जायेंगी तब आप दुविधाओं में घिर जाते हैं।

इस आशंका से बाहर निकलने के क्या उपाय हैं, यह आप नहीं जानते हैं। आप ठीक–ठीक उनके द्वारा प्रकट की गयी आशंकाओं को भी नहीं जानते हैं। आप ठीक से यह भी नहीं जानते कि चीज़ों को उनके बताये अनुसार निश्चित रूप से कैसे और कहाँ से शुरू किया जाये।

अच्छी ख़बर और बुरी ख़बर

"पहाड़ी नदी के पानी के गर्म होने का पता सबसे पहले बत्तखों को चलता है (सोंग वंश के कवि सु शी की कविता *ईवनिंग सीन एट दी स्प्रिंग रिवर* की पंक्ति)।" हम उद्यमियों के पास भी अपना खुद का पूर्वानुमान होता है। हमें केवल धैर्य रखने और चीज़ों को तार्किक और परिप्रेक्ष्यपूर्ण तरह से विश्लेषित करने की आवश्यकता है। अर्थव्यवस्था माह–जोंग के खेल की तरह है। अगर आपकी क़िस्मत साथ नहीं दे रही है तो थोड़ी देर ब्रेक लें, घूमें–टहलें, और फिर एक प्याली चाय पीकर खेल की टेबल पर फिर से बैठ जायें। ज्हेजिंग में जितने मेहनती उद्यमी हैं उतना कहीं भी और मिल पाना मुश्किल है। हालाँकि नया साल अभी–अभी शुरू ही हुआ है लेकिन लोगों ने अपने कामों की योजनाएँ बना ली हैं और उन पर अमल करने लगे हैं।

उनमें से बहुत से लोग यहाँ उपस्थित हैं। उन्हें देखकर मुझे यह लगता है कि अगर ज्हेजिंग के उद्यमी अपनी समस्याओं का हल नहीं खोज पायेंगे या वे ख़ुद को टिकाये रखने में नाकाम होंगे तो चीन में उद्यमियों का कोई भी समूह उस काम को नहीं कर सकता है।

मैंने पिछली बार भी यह कहा था कि अपने निजी नियमों पर चलना बहुत महत्त्वपूर्ण है। आज मैं अपनी बात की शुरुआत एक बुरी ख़बर के साथ करूँगा। इस साल आर्थिक परिदृश्य पर सम्भावनाएँ बहुत अच्छी नहीं हैं, और यह स्थिति एक लम्बे समय तक बनी रह सकती है।

लेकिन इस बुरी ख़बर के साथ मैं आपको एक अच्छी ख़बर भी देना चाहता हूँ। इस बुरे समय से हम एक साथ जूझ रहे हैं। यह समय किसी के लिए भी अच्छा नहीं है, इसीलिए यह अच्छी ख़बर है। अगर यह बुरा वक़्त किसी के लिए भी अच्छा है तो यह आपका दुर्भाग्य होता। अगर बुरा वक़्त सब के लिए एक साथ बुरा है तो यह कुछ हद तक बेहतर है। इसलिए चिन्ता का कोई विशेष कारण नहीं है। कई बार आर्थिक स्थितियों की अच्छी या बुरी होने से आपका कोई व्यक्तिगत सम्बन्ध नहीं है। कई बार अच्छी आर्थिक स्थिति में भी कई उद्यम अच्छे परिणाम नहीं दे

पाते, उसी तरह कई बार बुरी आर्थिक स्थिति में भी कुछ उद्यम हैरतअंगेज़ रूप से बढ़िया कारोबार करते हैं। चीन के कई अच्छे उद्यम तब स्थापित हुए जब यहाँ की आर्थिक स्थिति उतनी अच्छी नहीं थी। चूँकि मैं वित्त, टेक्नोलॉजी और प्रबन्धन का बहुत अच्छा जानकार नहीं हूँ, लिहाज़ा मेरी दिलचस्पी उन उद्यमों में अधिक है जो नाकामी के दौर से गुज़र रहे हैं। यदि आप किसी भी उपक्रम के विकास की प्रक्रिया और उनकी व्यावहारिक कठिनाइयों को देखेंगे तो आप पायेंगे कि आर्थिक दुर्व्यवस्था के दौर में 80 से 90% उपक्रमों को तीन से चार बड़ी चुनौतियों का सामना करना पड़ता है।

व्यापारिक चुनौतियों, आन्तरिक कठिनाइयों और बाहरी प्रतियोगिताओं का सामना किये बिना कोई भी उपक्रम बड़े थपेड़ों से मुक़ाबला नहीं कर सकता है।

जब स्टॉक मार्किट की स्थिति अच्छी हो तो मुनाफ़ा कमाने के बाद कृपया ख़ुद को निवेशक मत मानिये। सच्चे अर्थों में आप तभी निवेशक माने जायेंगे जब आप खस्ताहाल स्टॉक मार्किट से भी मुनाफ़ा बना सकते हैं। मेरी समझ में नहीं आता कि वैसी स्थिति में कोई भी आदमी ख़ुद को एक निवेशक कैसे कह सकता है जब सड़क पर टहलती हुई एक बूढ़ी औरत भी कुछ स्टॉक ख़रीद कर पैसे कमा सकती है। मुझे ऐसा कारोबारी व्यवहार आश्चर्यजनक रूप से बुरा लगता है। इसलिए, हम यह कैसे मान लें कि वर्तमान आर्थिक परिदृश्य अच्छा नहीं है?

वर्तमान स्थिति के लिए एक साथ कई कारण ज़िम्मेदार हैं। अमेरिका की ब्याज–दर में वृद्धि, पूँजी की निकासी, रॉन्मिन्बी (रॉन्मिन्बी कम्युनिस्ट पीपल्स रिपब्लिक ऑफ़ चाइना द्वारा 1949 में अपनी स्थापना के समय जारी की गयी आधिकारिक मुद्रा का नाम है। इसका शाब्दिक अर्थ 'आम जनता की मुद्रा' है) की मन्दी, स्टॉक मार्किट का चढ़ाव–उतार, निर्यात में कमी, आयात–दर में गिरावट, अत्यधिक उत्पादन, वास्तविक आर्थिक मन्दी, उपभोक्ता सामग्रियों के मूल्यों में भारी ह्रास, उद्यमियों में आत्मविश्वास की कमी, आर्थिक विकास दर में कमी, वायु–प्रदूषण की पराकाष्ठा आदि इसके मुख्य कारण कहे जा सकते हैं। बहरहाल, कारण कोई भी हो लेकिन यह बात कोई भी नहीं कह सकता जो इसे अपने लिए आसान समय कह सके। वास्तविक अर्थव्यवस्था इसके लिए इंटरनेट को दोषी मानती है। इंटरनेट वास्तविक अर्थव्यवस्था को अपराधी ठहराती। है। सरकार कहती है कि उपक्रम अपना काम ठीक से नहीं कर रहे हैं। उपक्रमों के मुताबिक़ यह सरकार की नाकामी है। कुल मिलाकर सच यही है कि स्थितियाँ अच्छी नहीं हैं। हमें यह भी याद रखना होगा कि शान्ति और सम्पन्नता

के समय में किसी भी तरह के ज़रूरी सुधार नहीं किये गये। आर्थिक सुधार तब होते हैं जब आवश्यकता होती है। नये विचार तब लागू किये जाते हैं जब उनकी ज़रूरत पड़ती है। आज की विषम परिस्थिति को देखते हुए सुधारों को लागू किये बिना कोई विकल्प नहीं है।

आँधी आने की सम्भावना है : बारिश में भीगने से बेहतर छाया में छिप जाना है

मैं अक्सर एक कहानी याद करता हूँ। तूफ़ान आने के आसार हैं और तीन लोग हैं। पहले के पास एक अच्छी छतरी थी, दूसरे के पास बढ़िया रेनकोट था और तीसरे के पास दोनों में से कोई चीज़ नहीं थी। जब तूफ़ान आ जाता है तब पहले दोनों आदमी यह सोचकर निकल पड़ते हैं कि वे अपने-अपने गन्तव्य तक पहुँच जायेंगे। तीसरा जिसके पास छतरी या रेनकोट नहीं था वह घर में बैठा बारिश ख़त्म होने का इन्तज़ार करने लगता है। दो घण्टे बाद बारिश के ख़त्म होने पर जब वह घर से निकलता है तो वह पहला आदमी होता है जो अपनी मंजिल तक पहुँचने में कामयाब होता है। पहले दोनों आदमी जो निकले थे, उनमें से एक फिसलकर अपनी टाँग तुड़वा बैठता है और दूसरे की पीठ की हड्डी टूट जाती है। इसी तरह जब अर्थव्यवस्था डाँवाडोल हो तो मैं लोगों से धीरज रखने और स्थितियों पर नज़र रखने का अनुरोध करता हूँ। हमें उस समय बुद्धि और तर्क से काम लेने की ज़रूरत है। मैं जानता हूँ कि यहाँ मौजूद हर आदमी मेरी बात समझ रहा है लेकिन इस बात को व्यवहार में भी अपनाना आवश्यक है।

अर्थशास्त्री और विशेषज्ञ इसी बात को बड़े जटिल लहजे में कहते हैं, लेकिन वे ख़ुद ऐसी स्थिति के व्यावहारिक पक्षों को नहीं समझते हैं। सम्भव है कि हम उद्यमी इन बातों के सिद्धान्त-रूप को ठीक से समझने में असमर्थ हों लेकिन हम जानते हैं कि इन स्थितियों में हमें क्या करना चाहिए। अब चीन की जीडीपी की बात करते हैं तो सुधारों और आर्थिक उदारीकरण के पहले चीन की जीडीपी अफ़्रीका के निर्धनतम देश के समतुल्य थी।

सुधारों से पहले राज्य के स्वामित्व वाले उद्यमों का घाटा 85% के आसपास था। वित्त-व्यवस्था में सुधारों के पहले चीन के चार अग्रणी बैंक मुख्यतः सम्पत्ति के कारोबार में संलिप्त थे। अब विश्व के कई प्रमुख बैंक मूलतः चीन के हैं। आर्थिक सुधार वस्तुतः उत्पादकता से सम्बन्ध रखते थे। चीन में उत्पादन की अधिकता एक गम्भीर समस्या थी। इसमें सुधार की आवश्यकता थी। देश में प्रति वर्ष 100,000 टन लोहे का उत्पादन

होता था जबकि आवश्यकता केवल 60,000 टन लोहे की थी। इसका मतलब लोहे का उत्पादन आवश्यकता से लगभग 50% अधिक हो रहा था।

पूरे देश पर एक बड़ा आर्थिक बोझ था। मुझे यह कहने में कोई हिचक नहीं है कि अर्थव्यवस्था कुल मिलाकर अच्छी नहीं थी। लोग कहते है कि इंटरनेट का उपयोग बर्फ़ की एक पतली–सी सतह पर चलने जैसा ख़तरनाक है। लेकिन एक बार वास्तविक उद्योगों का मूल्यांकन करके देखिए। बैंक्स 40 सैलून से भी अधिक समय से टिके हुए हैं। ऐसी अनेक इंटरनेट कम्पनियाँ हैं जो कई दशकों से चल रही हैं। कितनी कम्पनियाँ हैं जो केवल पाँच सालों से जीवित हैं?

हर आदमी सुधारों की वकालत करता है लेकिन कोई भी कम्पनी लगातार सुधार के जोख़िम नहीं उठाना चाहती है। पिछले साल ज्हेजिंग प्रान्त में हमने 17 बिलियन युआन कर के रूप में चुकाये हैं। अगले साल हम क्या करेंगे?

अगर यही सिलसिला जारी रहा तो एक दिन हम निश्चित रूप से ढह जायेंगे। एक सीमा के बाद हमें सुधारों को नियन्त्रित करना होगा। हम सुधारों के साथ कब तक चल सकते हैं? आख़िर हम अपनी संस्थाओं की मूल संस्कृति को किस हद तक बदलेंगे?

किसी ख़राब मौसम की तरह यह दौर भी आया है। अगर हमें इसके सम्भावित ख़तरों के बारे में पता है तो हम सूरज के निकलने का इन्तज़ार करने की बजाय इस मौसम से निबटने की तैयारियाँ करेंगे। मैं आप सबको बताना चाहूँगा कि स्थितियों में बदलाव का इन्तज़ार करना बेइमानी है।

अगले 5 से 15 महीनों का आकलन करने के बाद मुझे लगता है कि आर्थिक मन्दी का यह सिलसिला अभी कुछ समय तक जारी रहेगा। स्थितियाँ अभी बदलने वाली नहीं दिख रही हैं। इस बात से भी कोई अन्तर नहीं पड़ने जा रहा कि हम विकास दर 7% रखने में सफल हो सकेंगे या नहीं। गत वर्षों में हमारी कम्पनी के प्रदर्शन और उपलब्धियों के संकेत करने वाले बिन्दु सर्वथा भिन्न रहे हैं। हमारे कुछ प्रकोष्ठ हमारी उपलब्धियों को विकास दर की दृष्टि से देखते हैं, जबकि कई प्रकोष्ठ 5,000 कर्मचारियों द्वारा किये जा सकने वाले काम को केवल 3,000 कर्मचारियों द्वारा पूरा करने को एक बड़ी उपलब्धि मानते हैं। कई बार विकास दर नौकरी में कटौती से कम महत्त्वपूर्ण होती है। ऐसी बहुत–सी ग़ैर–ज़रूरी चीज़ें हैं जिनसे छुटकारा पाना आवश्यक है। कई क्षेत्रों को हमेशा के लिए ख़त्म कर देना भी आने वाले समय में एक उपलब्धि सिद्ध हो सकता है। इसीलिए आज हमें अपनी कम्पनी के आन्तरिक तौर–

तरीक़ों पर विचार करना होगा। हमें उन क्षेत्रों की पहचान करनी होगी जिन्हें बन्द कर देना फ़ायदेमन्द है। जहाँ काम के तरीक़ों में बदलाव की ज़रूरत है, वहाँ हमें बदलाव लाना होगा। हमें बिना वक़्त गँवाये यह करना होगा क्योंकि कई काम हैं जिन्हें और अधिक नहीं टाला जाना चाहिए। मैं आने वाले 5 से 15 सालों में चीन की अर्थव्यवस्था के प्रति बहुत आशावान हूँ। मैं आशावान क्यों हूँ? दरअसल आर्थिक सुधारों और नीति–निर्माण के लिए मेरी दृष्टि में यह एक अनुकूल समय है। भ्रष्टाचार–रोधी कार्रवाइयों ने बाज़ार की अर्थव्यवस्था को पहले से अधिक पारदर्शी और प्रामाणिक बनाने का काम किया है। यह और बात है कि भ्रष्टाचार को कम करना अपने आप में एक तकलीफ़देह स्थिति है।

दूसरी बात, ग़रीबी–स्तर में कमी लाना एक अन्य बड़ा अवसर है। चीन ने दो ऐसे साहसिक क़दम उठाये हैं जिनका जोख़िम पिछले हज़ार सालों में कोई भी नहीं उठा पाया। आज तक किसी ने भी भ्रष्टाचार से इतनी सख़्ती से निपटने का हौसला नहीं दिखाया। लोग ग़रीबी को पूरी तरह से मिटा डालने को प्रतिबद्ध हैं। पिछले हज़ार सालों में किसी भी देश और काल ने ऐसी साहसिक प्रतिबद्धता को कभी नहीं प्रकट किया। इस अभूतपूर्व पहल के लिए मैं कम्युनिस्ट पार्टी की सराहना करता हूँ। यदि आप निश्चित कर लें तो कोई भी काम दुष्कर नहीं है। शायद इसीलिए उन्होंने यह निर्णय लिया और पूरी ईमानदारी के साथ इसका परिपालन करने का प्रयास किया। यह सही अर्थों में एक बड़ा अवसर है।

तीसरी बात, मुझे इस बात का पक्का भरोसा है कि आने वाले 5 से 15 सालों में अर्थव्यवस्था पर राज्य का नियन्त्रण धीरे–धीरे और कम होता जायेगा। इससे क्या हासिल होगा?

इसका सीधा प्रभाव यह पड़ेगा कि बाज़ार और उद्योग–धन्धे इससे मज़बूत होंगे। हमें इस बिन्दु को याद रखना होगा। हममें से हरेक को। अतीत में हमने नीतियों के अनुरूप जीवन जिया। बेशक भू–संसाधनों का भी असंख्य लोगों के जीवन में महत्त्वपूर्ण योगदान रहा। हमने आज से पहले लाइसेंस पर भरोसा किया। लाइसेंस प्रणाली के अन्तर्गत भूमि और खनिज संसाधनों के क्रय–विक्रय में कौशल की कोई भूमिका नहीं थी। अब से हम भूमि, नीति, लाइसेंस, कच्चा माल और खनिजों की उपयोगिता के अनुसार चलेंगे। जब तक एक कम्पनी उपयोगिताओं का निर्माण करेगी और उपयोगिता के मानदण्डों को बरकरार रखेगी तब तक बाज़ार की अर्थव्यवस्था में उसके बचे रहने की सम्भावनाएँ भी उपस्थित रहेंगी।

शासन चलाना दाँत उखड़वाने जितना ही तकलीफ़देह है

आज बहुत से उद्योग–धन्धे बुरे दौर से गुज़र रहे हैं। मैं आपको बताना चाहता हूँ कि अगर आप मुश्किलों के कारणों को नहीं बदलेंगे तो ऐसी स्थिति में क्या हो सकता है।

चूँकि हम बाज़ार–आधारित अर्थव्यवस्था को अपनाने की प्रक्रिया में हैं इसलिए हमारी मुश्किलों का पहला कारण विश्व–अर्थव्यवस्था में आने वाली गिरावट है।

परेशानी का एक दूसरा कारण भी है। यह सम्भव है कि पिछले दस सालों में आपकी संगठनात्मक संरचना, कम्पनी की कार्य–पद्धति और कारोबार के मॉडल ने बेहतर नतीजे दिये हों लेकिन आने वाले 5 से 15 सालों में बाज़ार की ज़रूरतों के अनुरूप अगर आप अपनी संरचना, कार्य–पद्धति, संगठन और कर्मचारियों में ज़रूरी बदलाव नहीं लाते हैं तो आप बेमौत मारे जायेंगे।

इस क्रम में मैं आप सबके साथ अपनी कम्पनी की कुछेक जानकारियाँ साझा करना चाहूँगा। विगत तीन से पाँच साल और विशेषकर पिछले तीन से पाँच महीनों में हमारी कम्पनी की सबसे बड़ी चिन्ता यह थी कि आने वाले 5 से 15 सालों के बीच होने वाले बदलाव के अनुकूल हम कम्पनी के गठन, कर्मचारियों और कार्य–पद्धति में कैसे सुधार लाएँ। बेशक बदलाव की क़ीमतें चुकानी पड़ती हैं। यह दाँत निकलवाने जैसा ही एक पीड़ादायी अनुभव है। अगर आप दाँत नहीं निकलवाते हैं तो यह दर्द आपको रोज़–रोज़ परेशान करता रहेगा। बेशक यह पीड़ा जानलेवा नहीं है लेकिन आप ख़ुद को ज़िन्दगी और मौत के बीच की स्थिति में पाते हैं। मुझे आशा है कि हर आदमी को पर्याप्त तैयारियाँ ज़रूर करनी चाहिए। हम सबको आर्थिक सुधारों के कारण होने वाली परेशानियों से निबटने के लिए मानसिक रूप से तैयार रहना चाहिए। हमें इस संकट के समय से कामयाबी के साथ बाहर निकलना है। बहुत–सी बातें पूर्वनिर्धारित होती हैं। उपयोग की आवश्यक सामग्रियों की क़ीमतों में अवमूल्यन होने की सम्भावना है। पुराने पड़ चुके उद्योग या तो बन्द हो जायेंगे या फिर उनका हस्तान्तरण हो जायेगा। जो चीज़ें पहले बिक सकती थीं उनके व्यर्थ और रद्दी होने की सम्भावना उत्पन्न हो जायेगी। मैं आप सबको स्पष्ट बताना चाहता हूँ कि यह एक वास्तविक और गम्भीर दबाव है। यह सोचना बन्द कर दीजिए कि वास्तविक अर्थव्यवस्था कितनी कारगर

हो सकती है। इंटरनेट की अर्थव्यवस्था के अनुसार बिदु, अलीबाबा और तेंसेंट की स्थितियों में बहुत तेज़ गिरावट आयेगी। हम यह पक्के तौर पर नहीं कह सकते हैं कि कौन इसमें आगे निकलेगा और हमारा अधिग्रहण कर लेगा। प्रत्येक दिन हमारी सबसे बड़ी आशंका यही है कि हम कितने दिनों तक टिके रह पायेंगे।

आन्तरिक उथलपुथल, सीईओ की पदमुक्ति

कोई भी उद्योग या कारोबार अग्निपरीक्षा से एक लम्बे समय तक नहीं गुज़र सकता। अगर आप यह आजमाना भी चाहते हैं तो आपको एक अनवरत उथल–पुथल के लिए खुद को तैयार रखना होगा। बाज़ार पर दोष क़दापि न ही मढ़िये। बेहतर होगा कि पहले अपने आपको अच्छी तरह से आँक लीजिए। संकट आने ही वाला है। दरअसल आर्थिक संकट के समय कम्पनी के कर्मचारियों का पुनर्मूल्यांकन करना उचित नहीं होगा, बल्कि कर्मचारियों से अधिक हमें दो भिन्न मुद्दों पर सोचना चाहिए। पहला तो सीईओ और दूसरी खुद कम्पनी–क्या कम्पनी की मौलिक कार्यसंस्कृति समय की कसौटियों पर खरी उतरने में समर्थ है? एक सीईओ का आकलन हम कैसे करेंगे? एक सीईओ कौन होता है?

हर कोई यह जानता है की सीईओ मुख्यतः कम्पनी के दो कामों का प्रभारी होता है। जब कम्पनी के लिए अनुकूल समय होता है तब सीईओ को यह देखना चाहिए कि कम्पनी के लिए क्या उपयोगी नहीं है और किन चीज़ों से कम्पनी को तत्काल छुटकारा पा लेना चाहिए। अगर इस आकलन में उसे देरी होती है तो इसके परिणाम घातक सिद्ध हो सकते हैं। दूसरी ओर संकट की घड़ी में सीईओ पर नये अवसरों को तलाशने की ज़िम्मेदारियाँ होती हैं। जब कर्मचारियों को सीईओ पर पक्का भरोसा हो तो उसे सतर्क रहना चाहिए और जब कर्मचारियों के मन में कोई असन्तोष हो तो सीईओ को नये अवसरों की तलाश में लग जाना चाहिए। यही सीईओ है, यही असल मुखिया है जिसके ऊपर सबसे अधिक जिम्मेदारियाँ होती हैं। एक सच्चा नेता ही इन ज़िम्मेदारियों पर खरा उतर सकता है। एक पेशेवर प्रबन्धक इन चुनौतियों की मूल प्रवृत्ति को कभी नहीं समझ सकता है। दूरदर्शिता, उदारता और निर्णय की कठोरता एक कामयाब सीईओ के प्रबल लक्षण होते हैं।

दूरन्देश होने का क्या अभिप्राय है? दूरन्देशी किसी भी समस्या को समग्रता, गहराई और व्यापकता के साथ देखने की आपकी दृष्टिगत क्षमता है। इसीलिए कई लोग कहते हैं, "जैक मा आप एक नैसर्गिक वक्ता हैं।" वास्तव में मैंने कभी भी एक बढ़िया वक्ता बनने के बारे सोचा नहीं था। इसका अर्थ है कि मैंने कभी विशेषण जैसी

अनेक बातों का उपयोग अपने भाषणों में नहीं किया। मुझे यह भी नहीं लगता कि मैं बहुत वाक्–कुशल हूँ लेकिन समस्याओं को उसके व्यापक परिप्रेक्ष्य में देखने की मेरी क्षमता मुझे अन्य लोगों से अलग करती है। मुझे लगता है कि मेरे बारे में दूसरों को भी यही महसूस होता है।

विशेषकर आज जैसी प्रतिकूल परिस्थितियों में आपको किसी भी कारोबारी समस्या को अपनी कम्पनी या उद्योग के नज़रिए से देखना होगा। आज जबकि सामान्य स्थिति कई अर्थों में बहुत बुरी अवस्था में है, हम आर्थिक मन्दी के दौर से गुज़र रहे हैं और आपकी कम्पनियाँ कई कठिनाइयों से जूझ रही हैं, मुझे आशा है कि अपनी–अपनी कम्पनी का मुखिया होने के नाते आप धैर्यपूर्वक मेरे इन सवालों का जवाब देंगे–"आप आरम्भ में कैसी कम्पनी की स्थापना करना चाहते थे? आरम्भ में जो स्थितियाँ थीं क्या आज भी वही स्थितियाँ हैं? अब आपके सामने क्या विकल्प बचे हैं? आप किन चीज़ों में विश्वास रखते हैं?"

दूसरे लोग अभी भी सफलतापूर्वक चलने वाली कम्पनियों के बारे में क्या कहते हैं, वे प्रतिद्वन्द्वी कम्पनियाँ क्यों सफल हैं या उनको सरकार की कैसी सहायता मिल रही है–इन बातों से मेरा कोई सम्बन्ध नहीं है। मेरा सम्बन्ध इन बातों से है कि आप क्या करना चाहते हैं और क्या नहीं करना चाहते हैं, आप अपने इरादों में दृढ़ हैं या नहीं और आप उसे हासिल करेंगे या हासिल करने की कोशिश में जीवन समाप्त कर देंगे। इन सवालों का ईमानदार जवाब देने की कोशिश करें। क्या आप वही काम कर रहे हैं जो आपकी रुचि के अनुकूल है और आप उससे पागलपन की हद तक प्यार करते हैं? अगर आपका उत्तर हाँ में है तो उन लोगों को अपने साथ लाने की कोशिश करें जो आप में और आपके काम में विश्वास करते हैं। आपका अन्तिम अवसर यही है।

दूसरा महत्त्वपूर्ण तथ्य आपकी उदारता है। सुधारों के क्रम में युवा पीढ़ी समाज में एक महत्त्वपूर्ण शक्ति के रूप में उभरकर सामने आयी है। युवा लोगों का नज़रिया आपसे बिल्कुल भिन्न है, इसलिए मैं आपसे उनकी बातें ध्यान से सुनने और उन बातों पर ग़ौर करने का अनुरोध करूँगा। ज़रूरी नहीं कि युवा लोग जो कहते हैं वह हमेशा सही ही हो लेकिन वे जो भी कहते हैं वह हमारे लिए नया होता है, और यह हमारे दृष्टिकोण को व्यापक बनाने में महत्त्वपूर्ण भूमिका निभाता है।

तीसरी चीज़ लचीलापन है। पूरी तरह से आशावादी या पूरी तरह से निराशावादी होने से परहेज़ कीजिए। पिछले दस सालों से मैं हर वर्ष के अन्त में अगले 12 महीनों की योजनाएँ बनाता हूँ। मेरी कम्पनी के कर्मचारी इस काम में मेरी सहायता करते हैं।

2003 समाप्त होने के बाद मेरे लिए 2004 की सम्भावनाओं के बारे में पूर्वानुमान करना बहुत कठिन था, और 2005 के बारे में सोच पाना तो तक़रीबन नामुमकिन था। पूरी ईमानदारी से यह कहना अधिक ठीक होगा कि जब भी किसी चुनौती का सामना हो आप यथासम्भव शान्तचित्त और आशावादी बने रहने का प्रयास करें। अगर आप अपनी भावी चुनौतियों का अनुमान लगाने में असमर्थ हैं तो इसका स्पष्ट अर्थ है कि आप ख़तरनाक तरीक़े से अतिशय आशावादी हैं। एक उद्योगपति अथवा एक व्यवसायी दोनों ही रूप में अपने काम के सामने सम्भावित ख़तरों को पहचानने का हुनर आपके अन्दर होना बेहद आवश्यक है। यदि आप उन तत्त्वों को चिन्हित न भी कर पायें जो आपको कामयाब होने के लिए प्रेरित करते हैं तो विशेष बात नहीं है लेकिन आप में अपनी चुनौतियों और सम्भावित संकटों को पहचानने के गुण अवश्य होने चाहिए। आपको ऐसे अनेक उद्यमी मिल जायेंगे जो बातचीत के क्रम में आपको सफल होने के ढ़ेरों नुस्ख़े बता सकते हैं। लेकिन मुझे आज तक ऐसा एक भी उद्यमी नहीं मिला जो मुझे यह बता सके कि उसकी कम्पनी ठीक–ठाक क्यों नहीं चल पा रही है। भविष्य को यह असीम शक्ति प्राप्त है कि वह बड़े–से–बड़े कद्दावर और प्रभावशाली व्यक्ति को अपना निवाला बना सकता है। प्रायः इसका एक कारण हमारी नियति है। नियति क्या है?

नियति एक ऐसी चीज़ है जिसके बारे में हम निश्चित रूप से कुछ भी नहीं कह सकते हैं। अधिकतर लोग बाह्य तत्त्वों पर अधिक ध्यान देते हैं। कुछ ही लोग हैं जो अन्दरूनी तत्त्वों पर भी गौर करते हैं और उससे भी कम वे लोग हैं जो अपने आपसे सवाल करते हैं। अलीबाबा और दूसरे लोगों में सबसे बड़ा फ़र्क़ यही है कि हम ख़ुद को भावी आवश्यकताओं के अनुरूप ढालने की दिशा में निरन्तर सोचते रहते हैं।

काम के वक़्त आराम कभी नहीं करें

मैं आपके सामने एक मिसाल रखना चाहता हूँ। 2012 में जब अर्थव्यवस्था अपने सुनहरे काल से गुज़र रही थी हमारी कम्पनी ने साल 2013 के लिए एक अन्तरिम बजट बनाया। बजट में हमने अपने अनुमानित लक्ष्य, आय और मुनाफ़े को दोगुना करके पेश किया। अलीबाबा ने 2012 में नयी बुलन्दियों को छुआ था। तोबाओ और (इसके बी2बी अतिरिक्त उत्पाद) टी–माल अनपेक्षित रूप से सफल थे। मैंने कम्पनी को अपना लक्ष्य दोगुना निर्धारित करने का निर्देश दिया, लेकिन मुझे यह पता था कि यदि मैं ऐसा निर्देश नहीं भी देता तब भी कम्पनी यह लक्ष्य प्राप्त करने में सक्षम थी। ऐसी स्थिति में इस नये लक्ष्य को निर्धारित करने के पीछे क्या कारण थे?

क्या आप में से कोई भी मेरे लिए ऐसा बजट बना सकता है जो कम्पनी के दोगुने लक्ष्य को प्राप्त करने के लिए कर्मचारियों की आवश्यक संख्या को सुनिश्चित कर सके? उस वक़्त हमारे कर्मचारियों की कुल संख्या 20,000 थी। उस साल बनाये गये बजट के मुताबिक़ अपने लक्ष्य को प्राप्त करने के लिए हमें 8,700 और कर्मचारियों की आवश्यकता थी। मैंने कर्मचारियों की संख्या–वृद्धि से स्पष्ट इनकार कर दिया।

मेरी अस्वीकृति के बाद एक दूसरा बजट बनाया गया जिसमें 7,800 लोगों को बढ़ाने का प्रावधान था। लेकिन मैंने इस आँकड़े को भी नामंजूर कर दिया। आख़िरी मीटिंग में सबने मुझसे जानना चाहा कि वस्तुतः मुझे कितने लोगों की आवश्यकता है? मैंने प्रतिप्रश्न किया, "आप लोग कितना समझते हैं?" सबने मुझे कहा कि 5,000 अतिरिक्त कर्मचारियों की ज़रूरत है। मैंने मना कर दिया। आख़िरकार उन्होंने पूछा, "तब मुझे कितने लोगों की ज़रूरत है?"

मैंने कहा–200 लोग। साथ ही मैंने यह भी कहा कि मेरे और प्रबन्धन के अन्य कर्मचारियों के साथ–साथ किसी भी दूसरे कर्मचारियों या नये नियुक्त 200 लोगों को किसी प्रकार का बोनस नहीं दिया जायेगा। मैंने कहा था, "प्रत्येक साल लोग मुझे कर्मचारियों की संख्या बढ़ाने के बारे में कहते हैं लेकिन मैं उनकी बात नहीं मानता हूँ। मैं अपने लक्ष्य को दोगुना करना चाहता हूँ लेकिन कर्मचारियों की संख्या 200 से अधिक नहीं बढ़ाना चाहता हूँ।"

अन्ततः परिणाम क्या हुआ?

हमने न केवल अपना निर्धारित लक्ष्य प्राप्त किया बल्कि अपने कर्मचारियों की संख्या में 300 लोगों की कटौती भी की। सुधारों को प्रभावी तरीक़े से लागू करने की यह एक कारगर मिसाल थी!

आश्चर्य की बात थी कि मेरे अधीनस्थ सहयोगियों ने मुझसे लक्ष्य पूरा करने के लिए बजट के साथ–साथ कर्मचारियों की तादात बढ़ाने के लिए भी कहा था। मैंने उनके सामने पहले ही यह लक्ष्य रख दिया था कि कर्मचारियों और बजट में कोई इजाफ़ा किये बिना हमें अपनी मंज़िल को हासिल करना है। दूसरे लोगों के साथ–साथ मैंने अपने दिमाग़ को भी सोचने की तकलीफ़ दी। हमारे पूर्ववर्ती और मौजूदा अनुमान के अनुसार जब तोबाओ की शुरुआत की गयी थी उस वक़्त एक कर्मचारी की नियुक्ति का बाज़ार भाव का औसत 100 मिलियन युआन प्रतिव्यक्ति था। उनमें बिल्डिंग के सफ़ाईकर्मी और सुरक्षाकर्मी सभी शामिल थे। मैं नये कर्मचारियों की नियुक्ति के इसलिए ख़िलाफ़ था कि एक व्यक्ति की नियुक्ति का अर्थ 100 मिलियन युआन का अतिरिक्त व्यय उठाना था। यदि कर्मचारियों की संख्या को बढ़ाने का विकल्प नहीं दिया जाये तो पहले से कार्यरत कर्मचारियों का समूह अपनी टेक्नोलॉजी, उत्पादों और संगठन में सुधार करने के लिए बाध्य हो जायेगा। अगर ऐसा नहीं किया जाता कर्मचारी कच्चे माल, स्टाफ़ की कमी और अन्य मुश्किलों के बहाने घालमेल करते रहेंगे।

इसीलिए जब चीज़ें सुचारु रूप से चल रही हों तब हमें दबाव की नीति को आजमाना चाहिए। स्टॉक बाज़ार का सर्किट ब्रेकर कोई ग़लत चीज़ नहीं है; लेकिन इसे ग़लत समय में शुरू किया गया है। चीन का स्टॉक मार्किट पहले से ही बहुत संवेदनशील है। ज़रूरत के मुताबिक़ नींद की गोली लेना बुरा नहीं है, लेकिन अब यह लिया जा चुका है तो ऐसी स्थिति में जबरन जगा रहना न सिर्फ़ मुश्किल है बल्कि सेहत के लिए भी घातक है। सर्वोत्तम स्थिति अभी भी घटित होने के लिए अनुकूल समय की प्रतीक्षा में है। हम यह हमेशा से कहते रहे हैं कि हमें सही वक़्त पर सही काम करना चाहिए, इसलिए इस आधार पर हम कह सकते हैं कि भविष्य में अनेक बड़े अवसर हमारी प्रतीक्षा कर रहे हैं।

उपभोक्ता-पोषित

ऐसा क्यों होता है कि अमेरिकी नायक कभी मरते नहीं हैं? पहली बात, मेरी मान्यता है कि बाज़ार का सबसे बड़ा निर्णायक तत्त्व उपभोक्तावाद है। इसमें असीम शक्ति होती है और हमें यह बात कभी नहीं भूलनी चाहिए। वर्तमान समय में चीन का उपभोक्ता बाज़ार अपनी श्रेष्ठ अवस्था में है। इतने बड़े और शक्तिशाली उपभोक्ता समूह की उपस्थिति किसी भी अर्थव्यवस्था के लिए एक दुर्लभ संयोग है इसलिए हम सबको चीनी उपभोक्ता बाज़ार का पुनरावलोकन करने की बेहद ज़रूरत है। यहाँ ख़ुद को स्थापित करने के लिए आपको चीन के बाज़ार और इस बाज़ार के क़ायदों को जानना ज़रूरी है। कभी–कभी हर आदमी को यही लगता है कि जैसे हर आदमी अब अमेरिका की नकल करने में लगा है। कभी–कभी जो तरीक़े अमेरिका में बहुत कारगर सिद्ध होते हैं वे चीन में पूरी तरह से निष्फल साबित होते हैं। ऐसा क्यों है?

इसका एक ही कारण है कि अमेरिका दूसरे लोगों के पैसों का इस्तेमाल करने के अतिरिक्त भविष्य के पैसों का भी इस्तेमाल करता है। दोनों देशों के बाज़ारों के प्रारूप एक–दूसरे से बिल्कुल भिन्न हैं। अमेरिकी लोग निवेश के वक़्त बहुत तर्कपूर्ण तरीक़े से सोचते हैं और ख़र्च के समय दूरदर्शिता का प्रदर्शन करते हैं। दूसरी तरफ़ यहाँ पर उपस्थित हम जैसे चीनी लोग ख़र्च करने के मामले में बड़े तार्किक हैं लेकिन निवेश करने के मामले में कुछ अधिक ही दूरदर्शी होते हैं।

स्टॉक ख़रीदने के समय हम बहुत उत्साही होते है लेकिन आम ज़रूरतों की छोटी–मोटी चीज़ें ख़रीदते हुए भी हम कंजूसी करते हैं। लोग एक–एक पाई जोड़ कर पूरे साल बचत करते हैं और उसे स्टॉक्स ख़रीदने में फूँक देते हैं क्योंकि इसमें सभी लोगों की गहरी रुचि है, लेकिन मेरा मानना है कि अगर हम नये उपकरणों और कर्मचारियों पर ख़र्च करेंगे तो एक गड़बड़ स्थिति उत्पन्न हो जायेगी।

कर्मचारियों के वेतन और हौसले दोनों को बढ़ाने के बारे में मैं पहले भी बात कर चुका हूँ। इस बात को हमेशा ध्यान में रखें कि हौसले की सबसे अधिक ज़रूरत युद्धभूमि में लड़ने वाले पैदल सैनिकों को होती है। मैंने ग़ौर किया है कि बहुत–सी

कम्पनियाँ ख़ासतौर पर अन्तर्राष्ट्रीय स्तर की कम्पनियाँ अपने वरीय प्रबन्धन के वेतन में बढ़ोतरी करती हैं। लेकिन मुझे लगता है कि चीनी कम्पनियों को अपने सामान्य कर्मचारियों का वेतन बढ़ाने की ज़रूरत है। यह एक अवश्यम्भावी सत्य है। इस बात से ऐसे भी कोई विशेष अन्तर नहीं पड़ता है कि आप किसी वरिष्ठ प्रबन्धक का वेतन 50,000 युआन बढ़ा दें या 10,000 युआन प्रति महीने बढ़ा दें। वह बस यही सोचता है, "मैं तो पहले से ही 2 मिलियन कमा रहा हूँ!'

लेकिन यदि आप किसी मामूली कर्मचारी का वेतन 5,000 या 3,000 युआन बढ़ा देंगे तो वह आपके प्रति अत्यधिक कृतज्ञता से भर जायेगा। इसीलिए हौसले और प्रोत्साहन की सबसे अधिक ज़रूरत आम कर्मचारियों को होती है। इसलिए आप इन बुनियादी फ़र्क़ को साफ़–साफ़ देख सकते हैं जैसे हम एक ही खेल को अपनी–अपनी सुविधा के अनुसार खेलते हैं। अगर दूसरे लोग इस खेल को बड़ी गेंदों के साथ खेलते हैं तो हम इसे छोटी गेंदों के साथ खेलते हैं (जैक मा का अभिप्राय चीन में लोकप्रिय पिंग पोंग के खेल से था जो छोटी गेंद के साथ खेला जाता है। वही विदेशों में लोकप्रिय बेसबॉल और फुटबॉल जैसे खेल बड़ी गेंद के साथ खेले जाते हैं)। हमारी गेंदें जिन आकारों की हों लेकिन हमारा खेल आक्रामक होना चाहिए, न कि सुरक्षात्मक। हाँ, खेलते हुए हमें खेल के नियमों का परिपालन ज़रूर करना चाहिए। कारोबार के मामले में अमेरिकी कम्पनियाँ आमतौर पर आक्रामक रवैया अपनाती हैं लेकिन टकराव की स्थिति आते ही वे अपनी सुविधाओं के मुताबिक़ नियम तय कर लेती हैं। चीनी कम्पनियाँ टकराव से बचना चाहती हैं क्योंकि हमारे कारोबार के तरीक़े बेतरह अव्यवस्थित हैं। यहाँ तक कि हमारी फ़िल्में भी अलग–अलग तरीक़ों की होती हैं। अमेरिकी फ़िल्मों के नायक अन्त में मरने से बच जाते हैं, जबकि चीनी फ़िल्मों के नायक आख़िर में मर जाते हैं। हमारे लिए आप तभी एक नायक होते हैं जब मार डाले जाते हैं। इसलिए उसकी मृत्यु के बाद नायक कौन बनेगा? कुछ चीनी फ़िल्में देखने के बाद आप पायेंगे कि नायक आख़िरकार मर जाता है, तो सहज सवाल है कि उसके बाद कौन? अमेरिकी फ़िल्मों के नायक शुरू से बुरे किस्म के लोग होते हैं लेकिन एक निर्णायक क्षण में वे अच्छे आदमी में तब्दील हो जाते हैं। उन विशेष क्षणों के गुज़रते ही वे पुनः बुरे हो जाते हैं। इसकी एक सीधी वजह यह है कि वे हम सबकी तरह साधारण आदमी होते हैं।

इस वाक़ये का सबक यह है कि आज भी अनेक अमेरिकी हैं जो चीन के बारे में नहीं के बराबर जानते हैं जबकि दूसरी तरफ़ हम जैसे चीनी लोग हैं जो अपनी

ज़िन्दगी अमेरिका को समझने में खपा देते हैं। हमें कुछ वक़्त अपने आपको समझने में भी ख़र्च करना चाहिए। हमें चीन की अनोखी बाज़ार–व्यवस्था और उसके तौर तरीक़ों को जानने की सख़्त ज़रूरत है। हमें नयी अर्थव्यवस्था के सन्दर्भों, कारणों और अवसरों का अन्वेषण करने की भी ज़रूरत है। सच तो यह है, हमें एक साथ मनुष्य की प्रकृति, बाज़ार और चीनी समाज तीनों को समझने की ज़रूरत है।

बाज़ारवाद और नयी अर्थ-सत्ता को समझने में फ़िल्मों का उपयोग

अमेरिका अब एक निवेश अर्थव्यवस्था से उपभोक्ता अर्थव्यवस्था में विकसित हो चुका है। रोनाल्ड रीगन के राष्ट्रपति बनने के पहले अमेरिका की अर्थव्यवस्था भी निवेश और निर्यात की नीतियों पर आधारित हुआ करती थी। बाद के सालों में यह उपभोक्ता–आधारित हो गयी। मैं समझता हूँ कि हमें भी एक बेहतर उपभोक्ता बनना सीखना होगा। कल रात की बात है, मैंने दो फ़िल्में लगातार देखीं। यहाँ मौजूद लोगों में कितने लोग हैं जो हर महीने फ़िल्म देखते हैं? कितने लोग हैं जो कम से कम छह महीने पर एक फ़िल्म देखने में दिलचस्पी लेते हैं? कितने लोग हैं जिन्होंने पिछले छह महीने में एक भी फ़िल्म नहीं देखी है?

यह कोई शर्म की बात नहीं है। मैं समझ सकता हूँ कि बहुत से लोगों को अपना हाथ उठाने में झिझक महसूस हो रही होगी। दरअसल पिछले चार–पाँच सालों में मैंने एक ख़ास समस्या पर गौर किया। मैंने गौर से यह बात सोची कि लोग हमारी कम्पनी के विषय में आख़िरकार आपस में किस बारे में बात करते होंगे। बातें करते हुए वे अक्सर हँसते हैं लेकिन मैं यह नहीं समझ पाता कि आख़िर किस बात पर हँसते होंगे। जो शब्द वे बोलते होंगे उनका निहितार्थ क्या होता होगा? बाद में मुझे यह भनक लगी कि वे अक्सर टीवी शो और फ़िल्मों के बारे में बातें करते थे। अक्सर नयी चीज़ें सबसे पहले टीवी और फ़िल्मों में दिखायी पड़ती है। इसीलिए, मुझे नहीं लगता है कि अगर आप बाज़ार की मौजूदा प्रवृत्तियों को समझना चाहते हैं तो गिने–चुने उपभोक्ताओं के साथ संवाद और विमर्श करना भर पर्याप्त नहीं। इससे कहीं बेहतर है कि आप युवा पीढ़ी की ज़रूरतों को समझने के लिए ऑनलाइन माध्यमों का उपयोग कीजिए।

उपभोक्ता बाज़ार में नये अवसरों की दृष्टि से नौजवानों की भूमिका बहुत महत्त्वपूर्ण है। अगर भविष्य पर दृष्टि जमानी है तो युवाओं पर दृष्टि रखना आवश्यक है। पूरी दुनिया में 1980 के दशक या उसके बाद पैदा हुए युवाओं की संख्या तक़रीबन 2 अरब है। ऐसा इतिहास में पहले कभी नहीं हुआ। लोग इंटरनेट अर्थव्यवस्था के बारे में शिकायत करते हैं लेकिन मैं कहता हूँ, शिकायत मत कीजिए। आप इसके

बारे में जो कुछ सोचिएगा, यह याद रखिएगा कि न केवल इसका अस्तित्व बचा रहेगा बल्कि यह लगातार तेज़ी से विस्तृत भी होता जायेगा। इस साल सिंगल्स डे (अविवाहित युवा चीनी लोगों द्वारा प्रति वर्ष 11 नवम्बर को मनाया जाने वाला एक उत्सव) पर हरेक आदमी यही कहता सुना गया कि चीन की वास्तविक अर्थव्यवस्था बहुत अच्छी स्थिति में नहीं है। मैं आपको बताना चाहूँगा कि इस वर्ष सिंगल्स डे के दिन 75% विक्रेता नये और युवा थे। पिछले तीन सालों में इन कम्पनियों के बारे में कुछ भी नहीं सुना गया था। उपभोक्ताओं की आवश्यकताओं के अनुसार चीन ने इन नयी कम्पनियों की एक श्रेणीबद्ध तालिका जारी की थी। नयी माँगों के बाज़ार में आने से पहले इन कम्पनियों का नाम भी किसी ने शायद ही सुना था। इस दृष्टि से देखें तो नयी कम्पनियों और कारोबारियों के साथ–साथ एक नया उपभोक्तावाद भी आकार लेने की प्रक्रिया से गुज़र रहा है। जो असफल हो रही हैं वे ये कम्पनियाँ नहीं हैं बल्कि ये आपकी कम्पनियाँ हैं जो असफल हो रही हैं। उनकी बिक्री में गिरावट नहीं आ रही हैं बल्कि गिरावट आपकी कम्पनी की बिक्री में आ रही है।

लोग कहते हैं कि इंटरनेट उद्योग के आगमन से उनकी बिक्री को आघात पहुँचा है। मैं आपको याद दिलाना चाहूँगा कि 20 साल पहले जब छोटे–बड़े रोज़गारों पर राज्य का नियन्त्रण था तब भी आपको शिकायतें थीं और आप रचनात्मक और विकासशील उद्यमों की वकालत करते थे। आज बीस साल बाद आप अपने उपभोक्ताओं से सहज सम्बन्ध बनाने और उनको बेहतर ग्राहक सेवा मुहैया कराने में असमर्थ साबित हुए हैं। यही कारण है कि आज लोग एक उम्मीद के साथ इंटरनेट की तरफ़ उन्मुख हो रहे हैं क्योंकि इंटरनेट उनकी ज़रूरतों को बेहतर समझ सकता है। इंटरनेट उद्योग आपको अपने साथ लेकर चल रहा हैं। यही उम्मीद भी की जानी चाहिए।

सुधार, विज्ञान और तकनीक की इस तेज़ बयार में अपने अवसरों को मत चूकिए

हमें संचालित करने वाली हवा का दूसरा तेज़ झोंका आर्थिक सुधार है। चीन सुधारों के जिस सुनहरे दौर से फिलहाल गुज़र रहा है ऐसा अवसर कभी–कभार ही आता है। मेरे ख़याल से सुधार की यह प्रक्रिया बहुत हद तक आरम्भ हो भी चुकी है। विशेष कर भ्रष्टाचार उन्मूलन के उद्देश्य से बड़े क़दम उठाये गये हैं। भ्रष्टाचार निषेध और ग़रीबी–उन्मूलन जैसे कार्यक्रम पिछले 1,000 सालों में कभी नहीं चलाये गये। आपने बेशक इनके बारे में पहले से सुन रखा हो लेकिन मैं आपको फिर से यह बताना चाहता हूँ कि बड़े मौक़ों के रूप में इन दोनों कार्यक्रमों को हरगिज़ अनदेखा नहीं किया जाना चाहिए। विगत 1,000 सालों में 800 साल ऐसे ज़रूर रहे हैं जब चीन ने जीडीपी के मामले में दुनिया के सभी देशों को पछाड़ दिया हो। लेकिन पिछले दो दशकों में इसमें आश्चर्यजनक गिरावट देखी जा सकती है। इसका मूल कारण आर्थिक सुधार और उदारीकरण हैं। फिलहाल सकल घरेलू उत्पाद (GDP) की दृष्टि से पिछड़ कर हम दूसरे स्थान पर पहुँच गये हैं। इतने प्रतिकूल आर्थिक माहौल के बावजूद मेरा यह मानना है बाज़ार के दबावों के बाद भी आर्थिक सुधारों को स्थगित या उपेक्षित कर पाना कमोबेश असम्भव है। बहरहाल हमें सुधारों की प्रतीक्षा करने की बजाय सुधारों के लिए पहल करने की ज़रूरत है। आर्थिक सुधारों के माध्यम से अन्ततः आप अपनी–अपनी कम्पनी में भी सुधार की प्रक्रिया लागू करते हैं। अगर आप अपनी तरफ़ से पहल करेंगे तो आप प्रतीक्षा में समय नष्ट करने से बच सकते हैं। हाल–फिलहाल के सालों में मैंने चीनी कम्पनियों के मामले में एक हैरतअंगेज़ बात देखी है। हरेक आदमी सरकार को दोष दे रहा है, लेकिन एक भी ऐसा आदमी मुझे नहीं मिला जो यह खुलकर स्वीकार कर सके कि पिछले दो–तीन सालों में उसने कारोबारी गलतियाँ की हैं। जब भी हमें कोई सफलता प्राप्त होती है तो इसका श्रेय हम स्वयं को देते हैं लेकिन असफल होते ही हम सारा दोष सरकार और बाज़ार के सर पे मढ़ देते हैं। यह विरोधाभास बातें हैं। आपकी सफलता या असफलता में क्या सचमुच सरकार की कोई ज़िम्मेदारी है? बिल्कुल है। लेकिन यह उतनी ही

है जितनी आपके निजी निर्णयों, कर्मचारियों, कम्पनी की कार्यप्रणाली और प्रतिभा की है। इसीलिए मेरा विश्वास है कि आर्थिक सुधारों के इस तेज़ वेग का लाभ हर आदमी उठा सकता है।

तीसरी बात कि सुधारों के इस तेज़ झोंके को लाने के सबसे बड़े कारण विज्ञान और प्रौद्योगिकी हैं। विगत 20 सालों में इंटरनेट कम्पनियों ने काफ़ी बेहतर काम किया है। लेकिन इस आधार पर आप अगले 20 सालों के लिए कोई निश्चित अनुमान नहीं लगा सकते हैं। जब भी अर्थव्यवस्था और प्रौद्योगिकी के क्षेत्र में क्रान्तिकारी परिवर्तन होते हैं तो शुरू के 20 साल केवल प्रौद्योगिकी के संरचनात्मक निर्माण में लगते हैं; इसके बाद के 30 सालों में ही प्रौद्योगिकी के उपयोग की स्थिति बन पाती है। इस पैटर्न को समझने के लिए वाष्पचालित इंजन की मिसाल दी जा सकती है। आविष्कार के बाद भी उसे अभियन्त्रण की 50 साल की प्रकिया से होकर गुज़रना पड़ा था। इसीलिए मैं आपसे कहना चाहता हूँ कि फिलहाल 20 सालों से इंटरनेट उद्योग का जो अस्तित्व है उसे भी अगले 30 सालों तक अनिवार्यतः ऐसी ही प्रक्रिया से होकर गुज़रना पड़ेगा। अभी तक जिस तरह के रूपान्तरण हुए हैं उसने उपभोक्ताओं और कारोबारियों दोनों की अपेक्षाएँ बढ़ा दी हैं। मेरी दृष्टि में शायद अभी हम पर्याप्त रूप से तैयार नहीं थे। हर व्यक्ति इस विषय पर जितना विमर्श कर रहा है उस अनुपात में वह उतना ही कम सक्रियता और रुचि प्रदर्शित कर रहा है। इसीलिए मैं अपेक्षा करता हूँ कि आप इस बात को हमेशा ध्यान में रखिए कि आगामी 20–30 वर्षों में इस क्षेत्र में असंख्यं कम्पनियाँ अपनी क़िस्मत आजमाने आयेंगी, और उनमें से अधिसंख्य कंम्पनियाँ सफल नहीं हो पायेंगी।

पहले और दूसरे प्रौद्योगिक आन्दोलनों के 20 से 30 सालों के भीतर भी ठीक ऐसा ही हुआ था। वर्तमान आर्थिक सुधारों के दस साल बाद भी जो नतीजे सामने आयेंगे वे हमारी अपेक्षाओं के बिल्कुल विपरीत होंगे। मैं आपको बताना चाहता हूँ कि हम सबको सर्वथा भिन्न परिवर्तनों और प्रहारों का सामना करना होगा। पहले प्रौद्योगिक आन्दोलन में हमारे कारोबार के मॉडल में जो सबसे बड़ा औद्योगिक सुधार हुआ वह कल–कारखानों के अस्तित्व के रूप में हमारे सामने आया।

दूसरी क्रान्ति मुख्य रूप से ऊर्जा–उत्पादन से प्रभावित थी और उसके परिणामस्वरूप कारोबार का मॉडल कम्पनी और फर्मों की स्थापना के रूप में बदला। इस दृष्टिकोण से 30 सालों के बाद हमारे व्यापार का सम्भावित प्रारूप क्या होगा? क्या किसी ने भी इस बारे में सोचा है?

फिलहाल हम सभी इन सुधारों को अपने–अपने छोटे–बड़े संगठनों में एक ईंधन के तौर पर उपयोग कर रहे हैं और उदारीकरण ने हमें अपनी सीमाओं से बाहर निकल सकने का भी पर्याप्त अवसर दिया है। यह कम्पनियों के संरचनात्मक ढाँचे में आधारभूत सुधारों का समय है। मुझे विश्वास है कि जब मैं इस विषय पर विस्तार से अपनी बात रखूँगा तब आप उसे अपने निजी महत्त्व के परिप्रेक्ष्य से देखने में समर्थ होंगे। एक अच्छी बात यह है कि चीनी उद्यमों के लिए यह विशेष चिन्ता का समय नहीं है क्योंकि ज्हेजिंग में हमारे कारोबार अधिक से अधिक 10–15 वर्ष ही पुराने हैं। जो उद्योग 80 से 100 वर्ष पुराने हैं, बेशक उनके लिए यह सतर्क रहने का समय है। आपके पास इसलिए भी अवसर हैं क्योंकि आपका कारोबार क़रीब एक दशक ही पुराना है और आपके कर्मचारियों की संख्या भी केवल 2,000 से 3,000 के आसपास है। अगर आपके पास 10,000 के आसपास कर्मचारी होते तो आपके लिए ये सुधार अधिक पीड़ादायी हो सकते थे क्योंकि तब यह प्रक्रिया एक साथ नहीं बल्कि टुकड़ों में पूरी करनी पड़ती।

मोबाइल फ़ोन की पैठ अब 90% छोटे किसान, निम्न आय और कम पढ़े–लिखे घरों तक हो चुकी है। पहले इसका उपयोग केवल उच्च आय परिवारों तक ही सीमित था। अब यह मामूली आमदनी वाले आदमी तक पहुँच चुका था। इस आमूलचूल बदलाव की उम्मीद किसी को नहीं थी। परिणामतः इंटरनेट उद्योग की शुरुआत के बाद अकेले पिछले कुछेक दशकों में डाटा और सूचनाओं की जो अप्रत्याशित बरसात हुई है वह शायद मोबाइल की अनुपस्थिति की स्थिति में 2,000 सालों में भी सम्भव नहीं होती। प्रिंट और सूचनाओं का यह आदान–प्रदान सचमुच हैरतअंगेज़ है। मैं इस सत्य के महत्त्व को आप सब के साथ साझा करना चाहता हूँ। पहली औद्योगिक क्रान्ति ने मनुष्य की वैयक्तिक स्वतन्त्रता को सुनिश्चित किया और कामगारों का काम मशीनों से लेना शुरू किया। दूसरी तकनीकी क्रान्ति ने ऊर्जा के संसाधनों पर आधारित विकास को प्रोत्साहित किया और आदमी को चन्द्रमा पर पहुँचाने जैसा महत्त्वपूर्ण काम किया। उसके उपरान्त औद्योगिक मामलों में हम उत्तरोत्तर विकासोन्मुख होते गये। लेकिन एक बात बहुत ध्यान देने की है, दोनों पूर्ववर्ती सुधार अपने चरित्र और स्वरूप में भौतिक थे। उनकी तुलना में मौजूदा सुधार कई अर्थों में डरावने हैं क्योंकि ये हमारी मानसिकता और विचारों को बदलने में सक्षम हैं। यह मानवीय मस्तिष्क को लम्बे समय तक प्रभावित करेंगे। ये सुधार हमें बौद्धिक रूप से बदल देंगे। मुझे पूरा भरोसा है कि ऊर्जा के पर्याप्त उपयोग के बाद हमारा अगला लक्ष्य बायोटेक्नोलॉजी तक उसके विस्तार को पहुँचाना और बड़े डाटा और क्लाउड कम्प्यूटिंग

की रफ़्तार में बढ़ोतरी लाना होगा। मनुष्य की स्वास्थ्य सम्बन्धी आवश्यकताओं पर ध्यान देना भी हमारी एक बड़ी ज़िम्मेदारी है। तीसरे प्रौद्योगिकी सुधारों का निष्कर्ष बड़ी तादात में कम्पनियों के आरम्भ के रूप में सामने आयेगा। यह बेहद ग़ौरतलब बात है।

सबसे पहले ग्राहक, शेयरधारक तीसरी प्राथमिकता

सभी उद्यम अब डाटा टेक्नोलॉजी युग में प्रवेश कर चुके हैं। सभी उद्यमी अपने कामकाज में न केवल पारदर्शी हैं बल्कि अपने डाटा को भी शेयर कर रहे हैं। उन्हें सुधारों की ज़रूरत इसलिए भी है कि वे प्रतियोगिता के इस माहौल में अपना श्रेष्ठ प्रदर्शन करके स्वयं को अग्रणी बना सकें। ऐसा क्यों है?

इसकी सबसे बड़ी वज़ह यह है कि ग्राहकों को पारदर्शी और त्वरित सेवा चाहिए। उन्हें आपसे उच्च स्तरीय डाटा–शेयरिंग के साथ–साथ आधुनिक सुविधाओं के आकर्षक प्रस्ताव की भी अपेक्षा है। उन्हें वे चीज़ें चाहिए जो उनको कहीं से और किसी से भी हासिल नहीं हो पायें। यदि ग्राहकों की प्राथमिकता आपके कारोबार के केन्द्र में नहीं होगी तो आपके लिए बाज़ार में टिके रहना असम्भव है। 2007 में न्यूयॉर्क के वाल स्ट्रीट में अपने व्याख्यान में मैंने कहा था कि हमारी कम्पनी दूसरों से भिन्न है। हम सबसे अधिक महत्त्व अपने उपभोक्ताओं को देते हैं। उसके बाद अपने कर्मचारियों को और सबसे आख़िर में अपने शेयरधारकों को। मेरी बात सुनकर वाल स्ट्रीट के सभी लोग अचम्भित थे। उनका कहना था कि सभी कम्पनियों के लिए उनके शेयरधारक सबसे महत्त्वपूर्ण होते हैं। मुझे भी शेयरधारक महत्त्वपूर्ण लगते हैं लेकिन शेष दोनों के बाद ही उनका स्थान आता है। ग्राहक से आप मुनाफ़ा कमाते हैं और कर्मचारी आपके लिए उत्पादन करता है। अगर ग्राहक से मुनाफ़ा और कर्मचारियों से उत्पादन प्राप्त होगा तभी शेयरधारक ख़ुश होंगे। परिणामतः हमारी समस्त गतिविधियों के केन्द्र में ग्राहक या उपभोक्ता ही होता है। जो कम्पनी इस मूलमन्त्र को समझ लेगी वही 21वीं सदी में टिकी रह सकेगी। सुधारों की यह बयार आपको उपभोक्ताओं की ज़रूरतों के अनुरूप ढाल देती है। यदि आप इस तर्क को अपने व्यवसाय में समाहित नहीं करेंगे तो आपकी परेशानी निरन्तर बढ़ती जायेगी।

ऑटोमोबाइल की पड़ताल कीजिए, घोड़े की लीद की नहीं

भविष्य की दुनिया की रचना अर्थशास्त्र के मानदण्डों पर नहीं होगी। अनेक आर्थिक सिद्धान्त समयानुसार बड़े परिवर्तनों से होकर गुज़र रहे हैं। आने वाले दिनों में अर्थव्यवस्था आर्थिक सिद्धान्तों, पैसों, सत्ता और प्रभावों पर आधारित नहीं होगी। यह सूचनाओं, बुद्धि और सुधारों पर निर्भर होगी। सच तो यह है कि बहुत–सी मुश्किलों के बारे में हमें चिन्तित होने की कोई आवश्यकता नहीं है क्योंकि विकास के क्रम में उनका समाधान स्वतः हो जायेगा। पुराने दिनों में जब लोग घोड़ों पर यात्राएँ किया करते थे। रास्तों में उन्हें जगह–जगह पर घोड़ों की लीद मिलती थी। लोग उससे बच–बचाकर आगे बढ़ते थे। लेकिन क्या इससे समस्या का निराकरण सम्भव था?

कुछ लोग उसकी सफ़ाई कर देते थे जबकि दूसरे उसे चौरस कर देते थे। आख़िरकार ऑटोमोबाइल के आविष्कार के बाद ही इस समस्या का स्थायी निराकरण हो पाया। एक ऐसे समय में जबकि अधिकतर लोग लीद की समस्या से चिन्तित थे, वहीं कुछ लोग ऐसे भी थे जो अपना ध्यान इससे हटाकर ऑटोमोबाइल के आविष्कार के लिए प्रयत्नशील थे। ज़ाहिरन जिनकी निगाह आने वाले कल पर टिकी हुई थी वे इस कोशिश में कामयाब हुए। ऐसी परेशानियाँ आपकी कम्पनी के सामने भी आ सकती हैं और आपको उनका हल भी तलाशना पड़ेगा। क्या यह सम्भव है कि भविष्य की सभी सम्भावित मुश्किलों का एकमुश्त इलाज हो सके?

मुझे उम्मीद है कि इस मुद्दे पर सब कोई अधिक गहराई से विचार करें। हर व्यक्ति को आगे के बारे में गम्भीरतापूर्वक सोचने की आवश्यकता है। परिवर्तन तभी उपयोगी सिद्ध होगा जब उसे भविष्य की आवश्यकताओं के अनुरूप अपनाया जाये। पेशेवर प्रबन्धक अतीत की बुनियाद पर अपनी योजनाएँ बनाते हैं। इन योजनाओं का एकमात्र आधार यही होता है कि कम्पनी की वर्तमान परेशानियों से निकलने के लिए कौन से किताबी सिद्धान्त कारगर साबित हो सकते हैं। यह एक प्रभावहीन तरीक़ा है। व्यावहारिक रणनीति यह होनी चाहिए : भविष्य में हमारे उपभोक्ताओं की क्या स्थिति होगी? हमारे साझीदारों का कल कैसा होगा? हमें सुधारों की इस बयार का कैसा उपयोग करना चाहिए कि हमारे उपभोक्ता और साझीदार हम पर विश्वास करते रहें?

संकट की घड़ी में बचाव सबसे सुरक्षित विकल्प है

अपनी नीतियों को तय करने के क्रम में कोई सात–आठ साल पहले मैं इस निष्कर्ष पर पहुँचा था–"यदि आपका सामना जंगल में लगी आग से हो जाये तो क्या आपको उसे फौरन बुझाने में लग जाना चाहिए?"

यह सवाल मेरे ज़ेहन में 1987 में तब आया था जब दक्सिंग' अन्लिंग की पर्वत–शृंखलाओं में अचानक आग फैल गयी थी। क्या बचाव दल को पहले आग पर क़ाबू पाना चाहिए था? या फिर उनको 50 किलोमीटर (30 मील) के दायरे में फैले पेड़ों को काट कर गहरी खाई खोदनी चाहिए थी? पेड़ों को काटने की क़ीमत पर आगे होने वाली क्षति को बहुत हद तक रोका जा सकता था। अन्यथा अगर आप सीधे–सीधे आग पर नियन्त्रण करना चाहते हैं तो अधिक से अधिक जानमाल की हानि होने की सम्भावना हो सकती थी। आज अधिकतर कम्पनियाँ मौजूदा समस्याओं का हल खोजने के उपक्रम में भविष्य की समस्याओं का हल खोजने की ज़रूरत नहीं समझतीं। आप कैसे अनुमान लगा सकते हैं कि आपके कल के उपभोक्ता कैसे होंगे? उन उपभोक्ताओं की ज़रूरत के मुताबिक़ आपके कर्मचारी और आपकी कम्पनी कैसी होगी? मुझे उम्मीद है कि यहाँ उपस्थित हर आदमी अपनी तर्कबुद्धि के साथ इन सवालों के हल ढूँढ़ने की कोशिश करेगा। इसलिए जब आप कोई व्यापार करते हैं तो आपको इन मूलभूत बातों पर ध्यान देना चाहिए। व्यापर करने के पीछे आपकी असल मंशा क्या है, आपने अभी तक क्या हासिल किया, आप क्या हासिल करना चाहते हैं और आपको किन बातों को नज़रअन्दाज कर देना चाहिए।

जब आपका व्यापार एक तय बुलन्दी तक पहुँच जाता है तब आपको नज़रअन्दाज करने का हुनर जानना ही चाहिए। ऐसी बात नहीं कि आपका प्रदर्शन सन्तोषजनक नहीं है। ऐसी स्थिति किसी के भी साथ कभी भी आ सकती है। आशंकाएँ आपको दुविधाओं से ग्रस्त कर सकती हैं इसलिए प्रतिकूल स्थिति में किसी भी ग़लत नीति और ग़लत निर्णय से यथासम्भव बचने का प्रयास करें। कठिन समय में बिना सोचे–विचारे कोई फ़ैसला नहीं करें। प्रायः हमारी परेशानियों के कारण दूसरे नहीं बल्कि हम खुद होते हैं। मेरे सामने यहाँ ज्हेजिंग का एक भी ऐसा उद्यमी नहीं बैठा हुआ जो इस स्थिति में

हो कि मेरे लिए कोई आर्थिक संकट उत्पन्न कर सके या मेरे लिए कोई ख़तरा बन सके। यहाँ बैठे अधिकांश उद्यमी आर्थिक परिदृश्य को प्रभावित कर पाने में सक्षम नहीं हैं। यदि आपका व्यापार का आकार और बड़ा हो जाये और अर्थव्यवस्था ऐसी हो जाये कि आप सफल नहीं हो पा रहे हों तो इस स्थिति के लिए असली ज़िम्मेदार आप हैं क्योंकि आप विगत वर्षों में इसका सही–सही आकलन करने में नाकाम रहे हैं। इस नाकामी के एकमात्र ज़िम्मेदार सिर्फ़ आप हैं। मुझे लगता है कि आदमी को किसी भी स्थिति में अपना व्यवहार समान रखना चाहिए। पहले लोग अपने सम्पर्क तन्त्र विकसित करने में अधिक रुचि लेते थे। अब वे इसकी बजाय अपनी अन्तर्दृष्टि और दूरदृष्टि पर अधिक एकाग्र हैं। पहले लोग मुख्यतः लाइसेंसों पर अधिक निर्भर थे। अब उनकी अधिक निर्भरता योग्यता पर है। इसके लिए इस बिन्दु पर विचार करना आवश्यक है उद्यमिता का वास्तविक अर्थ क्या है?

वर्तमान समय में लगन का अर्थ क्या है? आज जो कुछ भी आप हैं, वह किन कारणों से हैं? कल आप क्या हो सकते हैं? मैं साथ में यह भी उम्मीद करूँगा कि लोग किसी भी अच्छी–बुरी स्थिति के लिए सरकार की भूमिका में मीनमेख निकालना बन्द कर देंगे। बल्कि इसकी बजाय हमें यह आकलन करने की ज़रूरत है कि हमने क्या गलतियाँ कीं और कहाँ हम ज़रूरतों के मुताबिक़ खुद को ढाल पाने में असफल रहे। इस बात से विशेष अन्तर नहीं पड़ता कि अपनी चूक स्वीकार करने में हमने बहुत वक़्त गँवा दिया।

आपके दस्तावेज़ अनावश्यक रूप से लम्बे नहीं होने चाहिए, आपको बड़े पैमाने पर कर्मचारियों की कटौती नहीं करनी चाहिए

मैं हाल–फिलहाल एक राष्ट्रीय कॉन्फ्रेंस में जारी काग़ज़ातों के बारे में आपसे कुछ बात करना चाहता हूँ। मुझे वे आवश्यकता से अधिक लम्बे लगे। इस बात को यूँ समझिए कि मान लीजिए आप अपने कर्मचारियों से मुख़ातिब हैं आपको उस वक़्त बिल्कुल स्पष्ट रूप में बताना होगा कि आप 'A', 'B' और 'C' से क्या–क्या चाहते हैं। आप तब यह नहीं कह सकते, "मैं यह तब्दीली या वह तब्दीली नहीं चाहता, मैं इसे रखना नहीं चाहता, मैं उसे भी नहीं रखना चाहता लेकिन रख नहीं सकूँगा।" इतने विस्तार में जाने से असल मुद्दे के घालमेल हो जाने की गुंजाइश है।

ठीक उसी तरह कुछ दस्तावेज़ इतने ग़ैर–ज़रूरी रूप से लम्बे होते हैं कि आप उनको पूरा पढ़ने के बाद भी यह समझने में नाकाम रहते हैं कि दरअसल आप चाहते क्या हैं। आप 'कृषि हमारे देश की नींव है', 'शिक्षा सफलता की कुंजी है', 'विज्ञान और प्रौद्योगिकी हमारा भविष्य है', और 'उद्योग हमारी प्रगति का मार्ग है' जैसे चलाऊ जुमलों के जाल में फँस कर यह भी भूल जाते हैं कि हम कहना क्या चाहते हैं। दरअसल हमारे काम लायक बातें बहुत सीमित होती हैं और उनको उन तीन सघन बिन्दुओं पर केन्द्रित किया जा सकता है जिन्हें हम 2016 में लक्ष्य के रूप में चिन्हित कर सकते हैं। शेष बातें आप व्यक्तिगत सुविधानुसार ख़ुद तय कर सकते हैं। यह वस्तुनिष्ठता आपके उद्देश्यों को बहुत आसान कर देता है।

नीति–निर्माण के समय सरकारों को बहुत सारे बिन्दुओं को ध्यान में रखना होता है। हमारी आशाओं और सरकार की नीतियों में मूल अन्तर भी इसीलिए है। जब किसी कम्पनी के कायान्तरण की बात होती है तब हम उसके सुधारों और उसकी आवश्यकताओं–अनावश्यकताओं को लेकर बहुत स्पष्ट होते हैं। संकट के समय कर्मचारियों की कटौती को बहुत हल्के लहज़े में नहीं लें। कई बार इस क़दम के परिणाम गम्भीर रूप में सामने आ सकते हैं। हमेशा याद रखिए, कटौती अन्तिम निराकरण है। यह किसी बड़ी शल्यचिकित्सा की तरह जटिल है। इसलिए कर्मचारियों में कटौती को बचाव के उपाय के तौर पर नहीं अपनायें। नयी भर्तियों में सतर्कता अवश्य बरतें।

कई बार शल्यचिकित्सा अन्तिम समाधान होता है। लेकिन अन्तिम विकल्प के पहले कटौती कभी नहीं करें। व्यक्तिगत रूप से किसी कर्मचारी से सन्तुष्टि के नतीजे के रूप में उससे छुटकारा पाना अवश्य ज़रूरी है लेकिन बड़े पैमाने पर कटौती करने से यथासम्भव बचने की कोशिश कीजिए।

यह पक्की बात है, हमें यह हमेशा याद रखना चाहिए कि कठिन समय में धीरज बनाये रखना सबके लिए सम्भव नहीं है। धीरज रखने की नसीहत देना जितना आसान है स्वयं धीरज बनाये रखना उतना ही दुष्कर है। जब बाज़ार पर 4 खरब बचाने का दबाव हो तो ऐसी आर्थिक स्थिति में व्यापार करने वाली छोटी–बड़ी कम्पनियाँ इसके प्रभावों से पूर्णतः अछूती नहीं रहनी चाहिए। कठिन दौर में भी करों में कोई रियायत नहीं मिलनी चाहिए। कारोबार में दीर्घकालिक विकास और समृद्धि के लक्ष्य को तभी पाया जा सकता है। संसाधनों का उपयोग भी इस दृष्टि से किया जाना चाहिए।

यह बात यहाँ पर उपस्थित सभी लोगों पर समान रूप से लागू होती है। पहले यह देखिए कि आपकी कम्पनी किस क्षेत्र में बढ़िया काम कर रही है, आपको अपने अधिकतर संसाधन वहीं निवेश करने की आवश्यकता है। उन क्षेत्रों पर भी ध्यान दें जहाँ से आशातीत परिणाम नहीं मिल रहे हैं और उनमें से कुछेक को आवश्यकतानुसार बन्द कर सकते हैं।

आपको शायद पता भी हो कि मेरे कारोबार में फुटबॉल भी शामिल है। एक बार किसी ने मुझसे यह सवाल किया कि मैंने 'एवरग्रांदे' में निवेश क्यों किया है। दो साल पहले एवरग्रांदे चीन का अकेला सफल क्लब था। आग जब तक सुलगती रहती है तो उसे तापने के लिए लोग उसके चारों तरफ़ बैठे रहते हैं लेकिन आग के बुझते ही लोग भी ग़ायब हो जाते हैं। ठीक उसी तरह संसाधनों को कम्पनी के सबसे बेहतर विभाग में झोंका जाना चाहिए ताकि सम्भावित उद्योगों को प्रोत्साहन मिल सके। जिस विभाग को बन्द करने की आवश्यकता हो उसे अवश्य बन्द कर दिया जाना चाहिए। कई बार तो आप इसकी ज़रूरत खुद ही महसूस करते हैं लेकिन अन्यत्र कारणों से पहल करने में देर कर देते हैं। "पहाड़ी नदियों का पानी गर्म होने का पूर्वाभास सबसे पहले बत्तखों को होता है।" हरेक कम्पनी की अपनी समस्याएँ होती हैं। लेकिन उनकी अपनी विशेषताएँ भी होती हैं। यह आवश्यक नहीं कि कम्पनी की कोई अस्थायी समस्या ही उसकी मूल समस्या हो। यदि आप उन समस्याओं को पार करने में सफल साबित होते हैं तो आप बेशक अधिक समर्थ रूप में उभरकर सामने आते हैं। लेकिन यह सवाल आपको आपसे ही करना होगा कि उन समस्याओं से निबटने के लिए आप क्या क़ीमत चुका सकते हैं।

नन्निवान की खेती से सबक सीखिए

मैं 21 वीं सदी के उद्यमों के बारे में अन्तिम बात विशेष रूप से उल्लेख करना चाहूँगा। मैंने अभी–अभी संस्थागत ढाँचे में रूपान्तरण की बात कही है और, इस बिन्दु पर ध्यान देना सबसे अधिक आवश्यक है। प्रतिकूल आर्थिक परिस्थिति में संगठन की बनावट, कर्मचारियों की क्षमता और कम्पनी की कार्यपद्धति तीनों को अन्दर से मज़बूत बनाने की ज़रूरत है। माओ जेडोंग ने क्या किया था, क्या आप सब यह जानते हैं?

जब माओ जेडोंग 1934–1935 के लॉन्ग मार्च के दौरान कम्युनिस्ट पार्टी के साथ शांक्सी प्रान्त के यां'अन पहुँचा था तब रेड आर्मी अपना उत्साह पूरी तरह से खो चुकी थी। आप यह भी मान सकते हैं कि स्थिति बहुत गम्भीर थी। उनके सौभाग्य ने उनका साथ क्यों छोड़ दिया था? बहरहाल वे यां'अन पहुँच चुके थे। माओ जेडोंग को तीन महत्त्वपूर्ण कामों की ज़िम्मेदारियाँ सौंपी गयी थीं। उसने अपने कैडरों को चायनीज एंटी–जपैनीज मिलिट्री और पोलिटिकल यूनिवर्सिटी में प्रशिक्षण दिया। यां'अन में सुधार आन्दोलन के दौरान उसने जनता के बीच नैतिक एकजुटता और अभियान के प्रति लक्ष्य स्थापित करने के साथ–साथ उनके विचारों और आदर्शों का पुनर्निर्माण किया। तीसरा, उसने यां'अन के दक्षिण–पूर्वी पठार नन्निवान की बंजर भूमि पर खेती का काम आरम्भ किया। प्रतिकूल आर्थिक स्थिति में सभी उद्यमियों को भविष्य के प्रति एक सकारात्मक और आदर्शवादी उदाहरण प्रस्तुत करना चाहिए। आपको अपनी कम्पनी के सिद्धान्तों के प्रति स्पष्ट होना चाहिए ताकि अन्य कारणों से असफल कम्पनियाँ आपका अनुसरण कर सकें। इसके बाद आपके कैडरों या कर्मचारियों के पुनःप्रशिक्षण की बारी आती है। अच्छे दिनों में अपने कारोबार के संचालन के लिए हर कोई बाज़ार पर भरोसा करता है, लेकिन बुरे दिनों में हमें धैर्य रखते हुए प्रबन्धन, पुनर्संगठन और कर्मचारियों के कार्य वितरण की दिशा में ठोस क़दम उठाने की ज़रूरत है। बेकार कर्मचारियों की छुट्टी कीजिए और उनके स्थान पर योग्य लोगों को बहाल कीजिए। वे लोग जो बुरे दिनों में भी आपकी कम्पनी से जुड़ने की इच्छा रखते हों, ऐसे लोग अपने इरादों में बहुत स्पष्ट होते हैं। बहरहाल नन्निवान की खेती से हम सबको यह सबक मिलता है कि कठिन दिनों में भी हमें अपनी ज़मीन की हिफाज़त करते रहना चाहिए और न्यूनतम ही सही, उसमें कुछ उपजाकर अर्जित करने की उम्मीद कभी नहीं छोड़नी चाहिए।

❑❑